JN271441

テキスト臨床心理学

別巻　理解のための手引き

下山晴彦　編著

誠信書房

序　論

読者の皆様へ

本書の活用の仕方

　　本書は，読者が『シリーズ・テキスト臨床心理学』全5巻を使いこなすための手引き書です。異常心理学の部分を中心にシリーズ全5巻の要点をまとめ，さらに日本の現状に即して薬物療法（第14章）と倫理の章（第15章）を資料編として新たに書き下ろしました。読者の皆さんは，本書を活用することで，臨床心理学をより深く理解するとともに臨床現場でより適切に実践することが可能となります。以下に，皆さんが本書を有効に活用できるように本書の目的を紹介することにします。

1）臨床心理学の全体像把握のために

　　『シリーズ・テキスト臨床心理学』が全体で扱っている内容は，臨床心理学の歴史と方法，異常心理学のアセスメントと介入，臨床心理学研究，さらには倫理や法律に至るまで多岐にわたります。そのため，全5巻と大部となっており，（特に初心の読者にとっては）全体を把握するのは容易ではありません。そこで，読者が本シリーズの全体構成を把握しやすいように，シリーズ全体で扱っている内容の要点を，異常心理学を中心に整理し，分かりやすく再構成しました。読者は，本書を通して臨床心理学の全体像を把握するための地図を手に入れることができます。

2）現場で利用する携帯版テキストとして

　　本シリーズは，5分冊になっているため携帯することが容易でありません。そのため，臨床現場に持ち込んで活用することが難しくなっています。そこで，読者が携帯でき，臨床現場で役立てることができるように異常心理学の要点を一冊にまとめました。読者は，本書を手元に置き，臨床場面で不明確なことがあれば，すぐに該当箇所

をチェックし，問題理解や介入のポイントを確認することができます。さらに詳しく調べていく必要があれば，その後にシリーズ1～5巻の関連項目を読み込んでいくことになります。関連項目には，その問題をテーマとした論文も数多く引用言及されているので，そこから原論文にあたることもできます。

3）最新知見を整理する（試験対策の）参考書として

　近年の臨床心理学は，エビデンスベースド・アプローチおよび生物-心理-社会モデルに基づき，心理的側面だけでなく，生物的側面や社会的側面も含めて幅広く知見を蓄積しています。本シリーズは，そのような臨床心理学の最新知見を満載しています。ところが，日本では，このような臨床心理学の進歩はほとんど紹介されていないのが現状です。そのために臨床心理学の専門家であってもこのような最新の知見に関しての知識を十分に持ち合わせていません。

　しかし，臨床心理学が専門性を高め，社会的資格を得ていくためには，このような知識を前提にすることが必須となっています。今後，（特に医療領域における）専門資格を得るための試験が行われるようになれば，本シリーズで解説されている知見は，常識の範囲内になるでしょう。そこで，読者は，臨床心理学の最新知見を整理して理解する参考書としても本書を活用できます。

臨床心理学を正しく理解するための本書の役割

　本シリーズで扱われている臨床心理学の概念は，日本で"心理臨床学"と呼ばれているものとは基本的に異なっています。日本では，臨床心理学，心理療法，カウンセリングの区別が曖昧で，それらが混合したものを"心理臨床学"と呼んでいます。しかも，それを臨床心理学と同義としています。このような"心理臨床学"という在り方は，日本独特の概念であり，臨床心理学を理解する上で混乱を招くことになっています。本シリーズを読むにあたっては，臨床心理学と"心理臨床学"の概念の違いについて知っておくことが必要です。そこで，本シリーズを適切に理解していただくために，以下に「臨床心理学とは何か」について簡単に解説することにします。

　いわゆる「臨床心理学」は，欧米の国々では学問としては心理学部に属し，心理学としての実証性を重視します。活動としては，認知行動療法を中心にさまざまな理論を統合し，コミュニティにおける心理援助を専門的に行うことを目指します。そこでは，"専門性"が重視されます。それに対して「カウンセリング」は，教育学部に属し，ロジャース（Rogers, C.）が提唱した人間性を重視する活動として，心理学に拘らない広い領域に開けた人間援助の総合学を目指します。そこでは，ボランティアの人なども組み入れることにみられるように"素人性"（純粋性）が重視されます。また，「心理療法」は，大学ではなく，私的な研究所を中心に発展した活動であり，心理力動学派などの特定の理論を前提とし，その学派の理論を習得し，学派の技法に特化した実践をすることを目指します。そこでは，"学派性"が重視されます。

　日本では，1980年代以降，深層心理学を中心とした心理力動的な学派が心理臨床学

のなかで大きな比重を占めてきています。その点で心理療法が，日本の心理臨床学の理想モデルとなっています。しかし，心理療法は，本来依拠する理論に基づき，厳しく，しかも長期にわたる訓練を必要とします。そのようなことを考えるならば，真の意味で"心理療法家"の名に値するのは，日本の臨床心理士のなかでもほんの一部に過ぎません。むしろ，大多数は，カウンセラーとして総合的な援助活動を行っているのが実態といえるでしょう。したがって，「心理療法」を理想モデルとしながら，実際は「カウンセリング」を実質モデルとして大多数を構成し，本シリーズで扱っているような「臨床心理学」がほとんど機能していないというのが，日本の"心理臨床学"の内実です。このような複雑な捻れを含む状況は，日本の独自な在り方を示すとともに，専門活動としての臨床心理学の発展を難しくしています。

　本来の「臨床心理学」の基礎として最も重視されているのは，実証的なアセスメントです。ところが，日本では，実証的なアセスメントを軽視する傾向が強いのです。それは，「心理療法」を理想モデルとするため，既成の学派の理論に従って事象を解釈し，理解する傾向が強いからです。その結果としてデータに基づいて実証的な判断をする発想や態度が育っていません。それと関連して，本シリーズで最も重視されている臨床心理学研究についても，非常に未熟，あるいは無知な状態に留まっています。自らが信奉する学派の心理療法の理論に基づく実践活動を目標とするならば，その理論の正しさが前提になります。それが日本において実証的な開発研究や効果評価研究の発想が育っていない所以です。

　そのような日本の状況のなかで，（アセスメントや研究を含めた）本来の臨床心理学の最新の知見を提供する本シリーズが出版されたことの意義は大きいといえます。ただし，多くの日本の読者は，"心理臨床学"の概念に慣らされてしまっているために，本シリーズで扱っているような実証的な臨床心理学の体系を学ぶのに困難を覚えることもあるかと思われます。そのような場合，本書は，日本の読者が本来の臨床心理学を学ぶ道案内（ガイドブック）の役割を果たすものとなります。本書を臨床心理学のポイントを指し示す羅針盤として利用し，『シリーズ・テキスト臨床心理学』という，最新知見の宝庫である大地に深く足を踏み入れることが可能となるのです。

本書の構成

　本書の構成に当たっては"臨床心理学の要点整理"と"現場での必携情報の提供"という2点を重視しました。そこで，本書では，異常心理学を中心に臨床心理学の最新知見を整理することにしました。まず，シリーズの第1巻の第II部で解説されている異常行動や精神病理をどのような方法で理解し，どのように分類するのかという観点から，臨床心理アセスメントとDSM-IV-TRの要点を整理しました。次に第3巻から第5巻のすべての内容について順を追って整理しました。さらに資料編を加えてあります。薬物療法については，日本と米国での薬品名が違うこともあるので，日本の読者の便を考えて精神科医の滝沢龍さんに依頼して新たな章を書き下ろしてもらいました。また，第2巻第IV部で解説されている法律と倫理についても日本と米国では事情が異なっていま

す。この部分についても臨床心理士の慶野遥さんに日本の事情に合わせて一つの章を書き下ろしてもらいました。

　最後に，本シリーズを読むのに当たって留意していただきたいことを記しておきます。本書では，記述の枠組みが精神障害の診断分類であるDSMを採用しています。しかし，だからといって臨床心理学を医学モデルに基づくものとして位置づけているわけではありません。そもそも精神障害の英語の原語は，"Mental Disorder"です。これは，精神疾患を意味する"Mental Disease"とは異なるものとして意図的に選択されているのです。"Disorder"は，日本語として障害と訳されていますが，むしろ"不調"といった意味をもつ表現です。したがって，DSMは，心理的な不調を分類したものなのです。

　しかも，本シリーズの記載は，常に生物-心理-社会を平等に扱っており，医学モデルが準拠する生物モデルを第一義的に前提としているわけではありません。臨床心理学は，生物-心理-社会モデルの心理的側面を中心に人間の心理的不調を理解し，その問題の改善を目指す学問であり，活動です。そこで，生物学に準拠する精神医学，心理学に準拠する臨床心理学，社会学に準拠する社会福祉学が協働して議論する共通の枠組みとして，DSMが採用されているのに過ぎないのです。

　したがって，本書は，DSMを枠組みとしながらも，介入については医学的な介入ではなく，臨床心理学的介入を中心に記述されています。臨床心理学の介入は，決して障害を診断すればよいというものではありません。診断を超えて，その障害のもつ意味を理解し，クライエントがより良く生活できるように心理面から援助するのが臨床心理学の独自性です。本書は，そのような臨床心理学の活動の要点をまとめたものです。

　本書が，シリーズ臨床心理学テキスト全5巻を理解するのに少しでも役立つことを，さらに日本の臨床心理学に新たな発展をもたらす契機となることを祈って筆を擱くことにします。

2008年1月19日

シリーズ編訳者

下　山　晴　彦

目　次

序　論　iii
シリーズ『テキスト臨床心理学』全巻目次　xii
DSM-IV-TR の分類・多軸評定　xiv

第1章
臨床心理学は，どのようにして問題を把握するのか　　　1

- 1-1　臨床心理アセスメントとは　1
- 1-2　アセスメントの方法　1
- 1-3　生物学的アセスメント　4
- 1-4　神経化学的アセスメント　6
- 1-5　神経心理学的アセスメント　6
- 1-6　心理生理学的アセスメント　6
- 1-7　行動の一貫性と変動性　7

第2章
臨床心理学は，異常行動をどのように分類するのか　　　8

- 2-1　異常行動の診断分類　8
- 2-2　不安と身体関連の分類カテゴリ　9
- 2-3　精神病と物質関連の分類カテゴリ　10
- 2-4　上記以外の第Ⅰ軸の分類カテゴリ　10
- 2-5　パーソナリティ障害　11
- 2-6　臨床的関与の対象となることのあるほかの状態　12
- 2-7　異常行動の分類に関する問題　12

第3章
不安障害　　　15

- 3-1　不安障害の成り立ち　15
- 3-2　恐怖症　15

- 3-3 パニック障害　18
- 3-4 全般性不安障害　19
- 3-5 強迫性障害　20
- 3-6 外傷後ストレス障害　23

第4章
身体表現性障害と解離性障害　26

- 4-1 身体表現性障害と解離性障害の成り立ち　26
- 4-2 身体表現性障害　26
- 4-3 身体表現性の各障害の特徴　26
- 4-4 身体表現性障害への介入　28
- 4-5 解離性障害　28
- 4-6 解離性障害の原因論　29
- 4-7 解離性障害への介入　30

第5章
摂食障害　31

- 5-1 摂食障害の成り立ち　31
- 5-2 神経性無食欲症　31
- 5-3 神経性大食症　32
- 5-4 摂食障害の原因論　33
- 5-5 摂食障害への介入　35

第6章
心理生理的障害　36

- 6-1 心理生理的障害とは　36
- 6-2 ストレスと病気　36
- 6-3 心臓血管系障害　38
- 6-4 気管支喘息　39
- 6-5 エイズ　40
- 6-6 心理生理的障害への介入　41

目次　ix

第7章
気分障害　43

- 7-1　気分障害とは　43
- 7-2　気分障害の原因論　44
- 7-3　気分障害への介入　46
- 7-4　児童期と思春期のうつ病　48
- 7-5　自　殺　49

第8章
統合失調症　53

- 8-1　統合失調症とは　53
- 8-2　統合失調症の原因論　55
- 8-3　統合失調症への介入　57

第9章
物質関連障害　61

- 9-1　物質関連障害とは　61
- 9-2　物質関連障害の種類と特徴　61
- 9-3　物質乱用と物質依存の原因論　65
- 9-4　物質関連障害への介入　65

第10章
子どもの心理障害　68

- 10-1　子どもの心理障害とは何か　68
- 10-2　注意欠陥／多動性障害　68
- 10-3　行為障害　71
- 10-4　学習能力障害　72
- 10-5　精神遅滞　74
- 10-6　自閉性障害　77

第11章
パーソナリティ障害　　81

- 11-1　パーソナリティ障害とは何か　81
- 11-2　奇異／普通でない行動を示す群　81
- 11-3　派手な／突飛な行動を示す群　83
- 11-4　不安／恐怖に関連する行動を示す群　87
- 11-5　パーソナリティ障害への介入　88

第12章
性同一性障害と性障害　　91

- 12-1　性同一性障害　91
- 12-2　パラフィリア（性嗜好異常）　92
- 12-3　レイプ　95
- 12-4　性機能不全　96

第13章
老　化　　100

- 13-1　高齢者臨床の基本問題　100
- 13-2　高齢者における脳器質性障害　100
- 13-3　高齢と心理障害　103
- 13-4　高齢者への介入とケア　107

第14章
薬物療法　　108

- 14-1　向精神薬　108
- 14-2　副作用　109
- 14-3　抗うつ薬　110
- 14-4　抗不安薬　115
- 14-5　睡眠薬　119
- 14-6　抗精神病薬　121

- 14-7 気分安定薬　126
- 14-8 まとめ　127

第15章
心理専門職の職業倫理　129

- 15-1 職業倫理とは　129
- 15-2 職業倫理の内容　130
- 15-3 現場における職業倫理　131
- 15-4 職業倫理原則の概要——日本臨床心理士会倫理綱領を取り上げて　132

シリーズ『テキスト臨床心理学』全巻目次

テキスト臨床心理学1
理論と方法

第Ⅰ部　臨床心理学の基本テーマ
- ◇第1章　臨床心理学を学ぶにあたって
- ◇第2章　臨床心理学の基礎としての異常心理学

第Ⅱ部　臨床心理アセスメント
- ◇第3章　臨床心理学は，どのようにして問題を把握するのか
- ◇第4章　臨床心理学は，異常行動をどのように分類するのか

第Ⅲ部　臨床心理学的介入1
　　　──個人心理療法
- ◇第5章　人間学・実存主義パラダイム
- ◇第6章　精神分析学パラダイム
- ◇第7章　学習理論パラダイム
- ◇第8章　認知理論パラダイム

第Ⅳ部　臨床心理学的介入2
　　　──生物-心理-社会モデル
- ◇第9章　生物学パラダイム
- ◇第10章　生物的側面を含めて統合的に関わる
- ◇第11章　集団（グループ）療法
- ◇第12章　カップル（夫婦）療法と家族療法
- ◇第13章　コミュニティ心理学

「テキスト臨床心理学1～5」用語集

テキスト臨床心理学2
研究と倫理

第Ⅰ部　臨床心理学の研究方法
- ◇第1章　臨床心理学研究を始めるにあたって
- ◇第2章　臨床心理学の研究法

第Ⅱ部　心理療法の効果研究
- ◇第3章　介入効果研究の課題
- ◇第4章　個人心理療法の効果と課題
- ◇第5章　心理療法の統合への動向

第Ⅲ部　社会的関係に関わる介入法の効果研究
- ◇第6章　社会的関係に介入する方法の効果と課題
- ◇第7章　臨床心理学的介入における民族と文化

第Ⅳ部　臨床心理学に関する法律と倫理
- ◇第8章　臨床心理学の活動に関わる法律
- ◇第9章　臨床心理学における倫理

「テキスト臨床心理学1～5」文献

テキスト臨床心理学3
不安と身体関連障害

第Ⅰ部　不安障害
- ◇第1章　恐怖症
- ◇第2章　パニック障害
- ◇第3章　全般性不安障害
- ◇第4章　強迫性障害
- ◇第5章　外傷後ストレス障害

第II部　身体表現性障害と解離性障害
- ◇第6章　身体表現性障害
- ◇第7章　解離性障害

第III部　摂食障害
- ◇第8章　摂食障害

第IV部　心理生理的障害
- ◇第9章　ストレスと病気
- ◇第10章　心臓血管系障害と気管支喘息
- ◇第11章　エイズ
　　　　　——行動科学にとっての重要課題
- ◇第12章　社会と健康
- ◇第13章　心理生理的障害への介入

テキスト臨床心理学 4
精神病と物質関連障害

第I部　気分障害
- ◇第1章　気分障害の一般的特徴
- ◇第2章　気分障害の原因論
- ◇第3章　気分障害への介入
- ◇第4章　児童期と思春期のうつ病
- ◇第5章　自殺

第II部　統合失調症
- ◇第6章　統合失調症の一般的特徴
- ◇第7章　統合失調症の原因論
- ◇第8章　統合失調症への介入

第III部　物質関連障害
- ◇第9章　物質関連障害の種類と特徴
- ◇第10章　物質乱用と物質依存の原因論
- ◇第11章　物質関連障害への介入

テキスト臨床心理学 5
ライフサイクルの心理障害

第I部　子どもの障害
- ◇第1章　注意欠陥/多動性障害
- ◇第2章　行為障害
- ◇第3章　学習能力障害
- ◇第4章　精神遅滞（知的障害）
- ◇第5章　自閉性障害

第II部　パーソナリティ障害
- ◇第6章　パーソナリティ障害とは
- ◇第7章　奇異な／普通でない行動を示す群
- ◇第8章　派手な／突飛な行動を示す群
- ◇第9章　不安／恐怖に関連する行動を示す群
- ◇第10章　パーソナリティ障害への介入

第III部　性障害と性同一性障害
- ◇第11章　性同一性障害
- ◇第12章　パラフィリア（性嗜好異常）
- ◇第13章　レイプ
- ◇第14章　性機能不全

第IV部　老化と心理的障害
- ◇第15章　高齢者臨床の基本問題
- ◇第16章　高齢者における脳器質性障害
- ◇第17章　高齢と心理的障害
- ◇第18章　高齢者への介入とケア

テキスト臨床心理学　別巻
理解のための手引き

DSM-Ⅳ-TR の分類

Ⅰ軸

通常，幼児期，小児期，または青年期に初めて診断される障害

学習障害
 読字障害，算数障害，書字表出障害
運動能力障害
 発達性協調運動障害
広汎性発達障害
 自閉性障害，レット障害，小児期崩壊性障害，アスペルガー障害
注意欠陥および破壊的行動傷害
 注意欠陥/多動性障害，反抗挑戦性障害，行為障害
幼児期または小児期早期の哺育，摂食障害
 異食症，反芻性障害，幼児期または小児期早期の哺育障害
チック障害
 トゥレット障害，慢性運動性または音声チック障害，一過性チック障害
コミュニケーション障害
 表出性言語障害，受容-表出混合性言語障害，音韻障害，吃音症
排泄障害
 遺糞症，遺尿症
幼児期，小児期，または青年期の他の障害
 分離不安障害，選択性緘黙，幼児期または小児期早期の反応性愛着障害，常同運動障害（以前は常同症／性癖障害）

せん妄，認知症，健忘性障害，および他の認知障害

せん妄
 一般身体疾患によるせん妄，物質誘発性せん妄，物質離脱せん妄，複数の病因によるせん妄
認知症
 アルツハイマー型認知症（早発性：発症が65歳またはそれ以下の場合，晩発性：発症が65歳以降の場合），血管性認知症（以前は多発梗塞性認知症），他の一般身体疾患による認知症，物質誘発性持続性認知症，複数の病因による認知症
健忘性障害
 一般身体疾患による健忘性障害，物質誘発性持続性健忘性障害

物質関連障害

アルコール関連障害
アンフェタミン（またはアンフェタミン様）関連障害
カフェイン関連障害
大麻関連障害
コカイン関連障害
幻覚剤関連障害
吸入剤関連障害
ニコチン関連障害
アヘン類関連障害
フェンシクリジン（またはフェンシクリジン様）関連障害
鎮静剤，催眠剤，または抗不安薬関連障害
多物質関連障害

統合失調症および他の精神病性障害

統合失調症
 妄想型，解体型，緊張型，鑑別不能型，残遺型
統合失調症様障害
失調感情障害
妄想性障害
短期精神病性障害
共有精神病性障害（二人組精神病）
一般身体疾患による精神病性障害
 妄想を伴うもの，幻覚を伴うもの
物質誘発性精神病性障害

気分障害

うつ病性障害
 大うつ病性障害，気分変調性障害
双極性障害
 双極Ⅰ型障害，双極Ⅱ型障害（軽躁病エピソードを伴う反復性大うつ病エピソード），気分循環性障害
一般身体疾患による気分障害
物質誘発性気分障害

不安障害

パニック障害
 広場恐怖を伴わないパニック障害，広場恐怖を伴うパニック障害
パニック障害の既往歴のない広場恐怖
特定の恐怖症（以前は単一恐怖）
社会恐怖（社会不安障害）
強迫性障害
外傷後ストレス障害
急性ストレス障害
全般性不安障害（小児の過剰不安障害を含む）
一般身体疾患による不安障害
物質誘発性不安障害

身体表現性障害

身体化障害
転換性障害
心気症
身体醜形障害
疼痛性障害

虚偽性障害

虚偽性障害

解離性障害

解離性健忘（以前は心因性健忘）
解離性とん走（以前は心因性とん走）
解離性同一性障害（以前は多重人格性障害）
離人症性障害

性障害および性同一性障害

性機能不全
　性的欲求の障害：性的欲求低下障害，性嫌悪障害
　性的興奮の障害：女性の性的興奮の障害，男性の勃起障害，オルガズム障害：女性オルガズム障害（以前は女性オルガズムの抑制），男性オルガズム障害（以前は男性オルガズムの抑制），早漏，性交疼痛障害：性交疼痛症，腟けいれん，一般身体疾患による性機能不全，物質誘発性性機能不全
性嗜好異常
　露出症，フェティシズム，窃触症，小児性愛，性的マゾヒズム，性的サディズム，窃視症，服装倒錯的フェティシズム
性同一性障害
　性同一性障害：小児の性同一性障害，青年または成人の性同一性障害

摂食障害

神経性無食欲症
神経性大食症

睡眠障害

原発性睡眠障害
　睡眠異常：原発性不眠症，原発性過眠症，ナルコレプシー，呼吸関連睡眠障害，概日リズム睡眠障害（以前は睡眠・覚醒スケジュール障害）
　睡眠時随伴症：悪夢障害（以前は夢不安障害），睡眠驚愕障害，睡眠時遊行症
　他の精神疾患に関連した睡眠障害
一般身体疾患に関連した睡眠障害
物質誘発性睡眠障害

他のどこにも分類されない衝動制御の障害

間欠性爆発性障害
窃盗癖
放火癖
病的賭博
抜毛癖

適応障害

抑うつ気分を伴うもの，不安を伴うもの，不安と抑うつ気分の混合を伴うもの，行為の障害を伴うもの，情緒と行為の混合した障害を伴うもの

II軸

精神遅滞

軽度精神遅滞，中等度精神遅滞，重度精神遅滞，最重度精神遅滞

パーソナリティ障害

妄想性パーソナリティ障害
シゾイドパーソナリティ障害
失調型パーソナリティ障害（統合失調型人格障害）
反社会性パーソナリティ障害
境界性パーソナリティ障害
演技性パーソナリティ障害
自己愛性パーソナリティ障害
回避性パーソナリティ障害
依存性パーソナリティ障害
強迫性パーソナリティ障害

臨床的関与の対象となることのある他の状態

身体疾患に影響を与えている心理的要因
投薬誘発性運動障害
対人関係の問題
　精神疾患または一般身体疾患に関連した対人関係の問題，親子関係の問題，配偶者との関係の問題，同胞との関係の問題
虐待または無視に関連した問題
　小児への身体的虐待，小児への性的虐待，小児への無視，成人への身体的虐待，成人への性的虐待
臨床的関与の対象となることのある状態，追加
　治療遵守不良，詐病，成人の反社会的行動，小児または青年の反社会的行動，境界知能，年齢に関連した認知能力の低下，死別反応，学業上の問題，職業上の問題，同一性の問題，宗教または神の問題，異文化受容に関する問題，人生の局面の問題

DSM-IV-TR の多軸評定

I 軸
臨床疾患，臨床的関与の対象となることのある他の状態

- ◇通常，幼児期，小児期，または青年期に初めて診断される障害
- ◇せん妄，認知症，健忘性障害，および他の認知障害
- ◇物質関連障害
- ◇統合失調症および他の精神病性障害
- ◇気分障害
- ◇不安障害
- ◇身体表現性障害
- ◇虚偽性障害
- ◇解離性障害
- ◇性障害および性同一性障害
- ◇摂食障害
- ◇睡眠障害
- ◇他のどこにも分類されない衝動制御の障害
- ◇適応障害

II 軸

精神遅滞

パーソナリティ障害

III 軸

一般身体疾患

IV 軸

心理社会的および環境的問題

- ◇一次支援グループに関する問題
- ◇社会的環境に関連した問題
- ◇教育上の問題
- ◇職業上の問題
- ◇住居の問題
- ◇経済的問題
- ◇保健機関利用上の問題
- ◇法律関係および犯罪に関連した問題
- ◇その他の心理社会的環境的問題

V軸

機能の全体的評定（GAF）尺度

精神的健康と病気という一つの仮想的な連続体に沿って，心理的，社会的，職業的機能を考慮せよ．身体的（または環境的）制約による機能の障害を含めないこと．

コード*（* 例えば，45, 68, 72のように，それが適切ならば，中間の値のコードを用いること）

コード	説明
100 — 91	広範囲の行動にわたって最高に機能しており，生活上の問題で手に負えないものは何もなく，その人の多数の長所があるために他の人々から求められている．症状は何もない．
90 — 81	症状がまったくないか，ほんの少しだけ（例：試験前の軽い不安）．すべての面でよい機能で，広範囲の活動に興味をもち参加し，社交的にはそつがなく，生活に大体満足し，日々のありふれた問題や心配以上のものはない（例：たまに家族と口論する）．
80 — 71	症状があったとしても，心理社会的ストレスに対する一過性で予期される反応である（例：家族と口論した後の集中困難）．社会的，職業的，または学校の機能にごくわずかな障害以上のものはない（例：一時的に学業で後れをとる）．
70 — 61	いくつかの軽い症状がある（例：抑うつ気分と軽い不眠），**または**，社会的，職業的，**または**学校の機能にいくらかの困難はある（例：時にずる休みをしたり，家の金を盗んだりする）が，全般的には機能はかなり良好であって，有意義な対人関係もかなりある．
60 — 51	中等度の症状（例：感情が平板で，会話がまわりくどい，時にパニック発作がある），**または**，社会的，職業的，または学校の機能における中等度の困難（例：友達が少ししかいない，仲間や仕事の同僚との葛藤）．
50 — 41	重大な症状（例：自殺念慮，強迫的儀式が重症，しょっちゅう万引する），**または**，社会的，職業的，または学校の機能におけるなんらかの深刻な障害（例：友達がいない，仕事が続かない）．
40 — 31	現実検討かコミュニケーションにいくらかの欠陥（例：会話は時々非論理的，あいまい，または関係性がなくなる），**または**，仕事や学校，家族関係，判断，思考，または気分など多くの面での重大な欠陥（例：抑うつ的な男が友人を避け，家族を無視し，仕事ができない．子供がしばしば年下の子供をなぐり，家庭では反抗的であり，学校では勉強ができない）．
30 — 21	行動は妄想や幻覚に相当影響されている，**または**コミュニケーションか判断に重大な欠陥がある（例：時々，滅裂，ひどく不適切にふるまう，自殺の考えにとらわれている），**または**，ほとんどすべての面で機能することができない（例：1日中床についている，仕事も家庭も友達もない）．
20 — 11	自己または他者を傷つける危険がかなりあるか（例：死をはっきり予期することなしに自殺企画，しばしば暴力的になる，躁病性興奮），**または**，時には最低限の身辺の清潔維持ができない（例：大便を塗りたくる）．**または**，コミュニケーションに重大な欠陥（例：大部分滅裂か無言症）．
10 — 1	自己または他者をひどく傷つける危険が続いている（例：暴力の繰り返し），**または**，最低限の身辺の清潔維持が持続的に不可能，**または**，死をはっきり予測した重大な自殺行為．
0	情報不十分

〔American Psychiatric Association.『DSM-IV-TR 精神疾患の分類と診断の手引』新訂版，高橋三郎・大野裕・染谷敏幸訳(2003)医学書院〕

第1章
臨床心理学は、どのようにして問題を把握するのか

第1巻 第3章に対応

1-1　臨床心理アセスメントとは

目的と方法

　臨床心理アセスメントは、臨床心理的援助を必要とする事例（個人または事態）について、その人格や状況および規定因に関する情報を系統的に収集分析し、その結果を総合して事例への介入方針を決定するための作業仮説を生成する過程と定義される。

信頼性と妥当性

　アセスメントで用いられる方法は、信頼性および妥当性が保証されている必要がある。信頼性は、測定が時間的にも内容的にも一貫している程度を示すものである。一方、妥当性は、当該アセスメントが測定しようとしているものを、実際に測定できている程度を示すものである。表1.1に、信頼性と妥当性の種類、その意味、指標・判断方法を示す。

1-2　アセスメントの方法

　心理学的アセスメントは、多くの場合、介入する標的を見出し、介入方法を確定するために使われる。また、アセスメントを何度も行うことによって、介入の効果を計るのにも役立つ。以下、主要なアセスメント技法について概観する。

表1.1　信頼性と妥当性の種類

	種類	意味	指標・判断方法
信頼性	評定者間信頼性	2者間での観察、または評定の一致度	2者間の評定値の一致度（κ 係数）、あるいは相関係数
	再検査信頼性	時間を経た安定性	同じ尺度を2度実施したときの得点の相関係数
	内的一貫性	項目内容の等質性	クロンバックの α 係数
妥当性	内容妥当性	項目が測定したい内容を偏りなく反映していること	専門化が想定する内容と一致する項目の収集と選択を吟味する過程
	基準連関妥当性（予測すべき基準・目的が明らかな場合）	併存的妥当性：同時的にとられた指標との関連	同時的に測定された基準との相関係数
		予測的妥当性：将来の行動などを予測できるか	将来的に測定された基準との相関係数
	構成概念妥当性	尺度による測定結果と理論的予測との整合性	当該尺度を用いた研究（関連の予想される変数との相関の検討）の蓄積

臨床面接

　言語的な手段を用いて被面接者を理解するために情報収集をする手続きである。一概に面接といっても，その構造化の程度には差がある。臨床面接の場合，構造化の程度は弱く，手続や話される内容が明確に決められているわけではない。そのため，各々の面接者によって得られる情報に相違が見られ，信頼性が低くなる。しかし，臨床面接では通常数回にわたってクライエントの情報が収集され，その過程の情報が修正されるため，単純に1回の面接で臨床面接の信頼性や妥当性を論じることは出来ない。一方，構造化された面接を用いることで，診断の信頼性を高めることも可能である。

◆ 臨床面接の特徴 ◆

- 被面接者の反応の仕方に注目する。
- 面接者がどのようなパラダイムに沿って面接を行っているかによって収集される情報の種類が異なる。
  ➡ 目的によって面接方法を変化させることで，科学者が実験を行うときと同じように，臨床心理士が求めている情報だけを得ることも出来る。
- クライエントとの間に信頼関係（ラポール）を築くことが重要となる。
- 共感的に応答することで，クライエントの防衛を緩め，悩みの種となっていることを語り，自らの問題をいろいろな角度から見直すように援助する。
- 面接から得られた情報が常に正確な情報とは限らないことに注意する必要がある。

◆ 構造化面接 ◆

- 質問項目とその順序，言葉遣いが明確に決められている面接。面接者はそれらを変更してはならない。マニュアル化された診断面接（たとえば，構造化診断面接：SCID）は，ここに分類される。

心理学的検査

　特定の課題に対する被験者の遂行能力の評価，あるいはその人のパーソナリティ測定のために標準化された手続である。以下，代表的な心理学的検査である自己報告式パーソナリティ検査，投映式パーソナリティ検査，知能検査について概観する。

1）パーソナリティ検査（質問紙法検査）

　被検者が検査に記載された多数の質問項目が自分に当てはまっているか否かに答え，その結果からパーソナリティを測定する方法。大規模標本に基づいて標準化の手続を踏んだものも多く，高い信頼性，妥当性を示している。代表的なのとして，MMPIがある。

◆ MMPI ◆

- MMPIは，医師による診断，および配偶者や臨床心理士による評価との関連を検討した結果，高い基準連関妥当性がみられた。その点で優れた信頼性を備えている。
- 分析結果は，プロファイルによって表示されるため，被検者の特徴を体系的に把握することが可能である。このようなプロファイルは，施行者の判断を加えて初めて診断の参考資料となる。そこには，被検者のパーソナリティ機能，対処法，そして介入の障害となる要素も含まれる。
- MMPIには，意図的に行われた虚偽反応を発見するため，虚偽尺度，およびF尺度が設けられている。

2）投映法パーソナリティ検査

　一組の曖昧な基準刺激を被検者に提示し，それに対する被検者のさまざまな反応から，パーソナリティを測定する方法。被検者の反応は無意識過程によって決定されており，反応はその人本来の態度，動機，行動様式を明らかにするとの仮定（＝投映仮説）が前提となっている。代表的な投影法パーソナル検査として，ロールシャッハ・テストや，主題統覚検査（TAT）がある。

◆ ロールシャッハ・テスト ◆

- ロールシャッハ・テストは相当な時間と労力がかかるにもかかわらず，それに見合った情報が得られない。そのため，米国ではロールシャッハ・テストが利用される機会は少なくなっている。
- 現在，最も広く利用されているロールシャッハ・テストの利用法として，被検者の反応の形式に焦点を

当てるエクスナー法がある。
・エクスナー法とは，評定者間一致度の高さ，鍵変数による解釈方略を特徴とする，包括的システムによるロールシャッハ・テスト解釈法の一つ。包括的システムでのスコアリングは，大部分が90％以上の一致率を示し，解釈によって示される指標は統合失調症やうつ病と高い関連を示すとされる。ただし，信頼性，妥当性が十分ではないとの指摘もある。

3）知能検査

被検者の知的能力のアセスメントを行う標準化された方法。言語力，抽象概念，非言語的推論，視覚空間能力，注意力，集中力，知的処理の早さなど，知性を構成するいくつかの機能を測定する。代表的な検査としてウェクスラー式知能検査やスタンフォード・ビネー式知能検査などがある。

知能検査は，基準関連妥当性に優れている。ただし，知能検査は，心理学者が知能とみなしたものしか測定していない。したがって，知能に対してステレオタイプの見方を生み出し，それが悪影響を及ぼす危険性がある。また，知能検査の他にも，感情知能（Emotional Intelligence：EI）が注目されるようになっている。EIでは，他者の必要としているものを敏感に感じ取る能力が評価される。

―◇ 知能検査の利用法 ◇―
・学力検査と組み合わせて学習障害を査定し，学習計画の問題点を同定する。
・精神遅滞（知的障害）の判定をする際に活用する。
・知的天才児を見出し，適切な教示を与えるために用いる。
・神経心理学のテスト・バッテリーの一部として痴呆の評定のために用いる。

行動および認知アセスメント

行動理論や認知理論のパラダイムに依拠する臨床心理士は，SORCで表される4要因に注目する。また，行動や認知のアセスメントに必要な情報は，行動の直接観察，面接および自己報告，そしてさまざまな認知アセスメントの方法で収集される。

―◇ SORC ◇―
・Sは刺激を意味する。これは，問題に先立って存在し，その問題を引き起こした環境的状況のことである。
・Oは有機体を意味する。これは，皮膚の下で作用していると考えられる生理・心理的要因のことである。
・Rは反応を意味する。行動療法を重視する臨床心理士は，この反応に最も注目し，どのような反応行動が最も問題となっているかの決定を行う。
・Cは結果を意味する。問題行動を強化することになる出来事のことである。

1）行動の直接観察

行動療法を重視する臨床心理士は，単に行動を観察するだけでなく，生起した現象を説明するために学習理論の用語を用い，学習理論を参照枠として現象を理解する。

―◇ 行動観察 ◇―
・観察者は，観察された現象にみられる行動のつながりをさまざまな部分に分割し，解釈する。
・学習理論に基づき，そのような現象が生起する状況を変化させる方法を明らかにする。
・統制された実験的環境で介入が行われるため，介入の効果を評価するのに有効な資料を得ることができる。
・刺激と反応を媒介する要因にも注目する。

―◇ 行動分析 ◇―
・問題行動は，それに先行する事象，および後続する事象によって強化されているとの立場に基づく。
・以下の①～⑤の一連のプロセスを通して問題行動の成り立ちを分析する。
・①問題となる行動の明確化，②標的行動についてのデータ収集，③介入計画の立案，実施，④介入効果の評価，⑤フォローアップを行う。

2）セルフ・モニタリング

行動を行っている本人に自分自身の行動のチェックをさせる方法。セルフ・モニタリングによって自分の行動を観察すること自体が行動変容の要因となることに留意する必要がある。セルフ・モニタリングの代表的方法として，生態学的即時記録アセスメント（Ecological Momentary Assessment：以下EMA）があげられる。

---◆ EMA ◆---
- 実際に出来事が起きているその場で（即時に）思考，気分，およびストレス要因について記載する方法をとる。
- 過去の記憶に基づいて記録した場合に伴う思考，気分，経験についての情報の間違いを防ぐことができる。
- 過去を想起するだけでは得られない情報を得られるので，臨床場面でも有効である。

3）面接法と自己報告式評定

面接では，巧みな質問をしながら，その質問に対する反応を注意深く観察し，先述したSORCの要因を見極めていく。自己報告式評定では，通常の質問紙法と比較して領域が特定された，より細やかな内容の質問紙を用いてクライエントのSORCについて検討する。

4）認知アセスメントに特化した方法

認知理論と実証データに基づいた方法。過去の記憶をたどり，その特定の状況において自らが通常考える内容を報告する自己報告形式の質問紙法が代表的である。自己報告形式の質問紙として機能不全的態度尺度（Dysfunctional Attitude Scale：DAS）などがある。

1-3　生物学的アセスメント

異常心理学では，ある種の心理的異常は身体的異常に起因するとみなされている。したがって，脳の構造と機能を分析することも，心理学的アセスメントに含まれる。

人間の脳の構造と機能

脳は，頭蓋という防護のための覆いの中にあり，3層の非神経性組織である髄膜という膜に包まれている。3層の膜とは，外側にある硬い膜である硬膜，中間にあるクモの巣のようなクモ膜，内側にあるやわらかい膜である軟膜である。

上から見ると，脳は中央の烈溝によって左右対称な二つの大脳半球に分けられており，大脳のほとんどは二つの大脳半球からなる。

二つの半球の連絡路となるのが，脳梁とよばれる神経線維の束である。半球の上面，側面，そして下面の一部は大脳皮質と呼ばれ，ニューロンの細胞体が6層にわたってぎっしりと詰まっている。

皮質は，起伏が非常に激しい。凸部は脳回，凹部は溝，あるいは烈溝と呼ばれる。深い烈溝は，大脳半球を葉と呼ばれるいくつかの脳領域に分割する。

前頭葉は，中心溝の前の領域である。頭頂葉は，その後方で外側溝の上部にあたる。側頭葉は，外側溝の

表1.2　生物学的アセスメントの方法

脳のイメージング（画像化）	CTスキャンやMRIによって脳の構造を画像化する。脳の機能研究には，ポジトロンCTやfMRIが用いられる。
神経化学的アセスメント	神経伝達物質およびレセプターの検死学的分析，神経伝達物質の代謝物の検査，およびレセプターのポジトロンCTによる画像化を行う。
神経心理学的アセスメント	ハルステッド―ライタン，ルリア―ネブラスカ・テストなどの行動検査により，動作性速度，記憶，空間認識他の能力を測定する。検査における障害は，脳の機能不全箇所を特定する助けとなる。
生理学的アセスメント	皮膚電位などの自律神経系，もしくはEEGなどの中枢神経系における電気活動を測定する。

下に位置し，後頭葉は頭頂葉・側頭葉の後方にある。これらの領域の特定部位にはさまざまな機能が局在する傾向がある（図 a 参照）。

脳の半球を中央で縦断すると，重要な構造が見えるようになる。大脳皮質の灰白質は，脳の内部にまで広がっているわけではない。脳の内部の大部分は白質であり，この部分は髄鞘化された繊維の太い束からなっており，これが皮質の細胞体と脊髄など脳の下位中枢の細胞体を結び付けている。それらの下位中枢にも灰白質が集中している部分があり，そこは核と呼ばれている。

各半球の深部には，大脳基底核と総称される四つの核，および脳室と呼ばれる空洞がある。脳室は，脊髄の中心管とつながっており，脳脊髄液で満たされている。

脳内の重要な五つの機能領域

脳内の重要な五つの機能領域を図 b に示した。
- 間脳：前部で大脳半球に，後部で中脳に接しており，核の集まりである視床や視床下部からなっている。視床は，身体の各感覚領域からやってくるインパルスを大脳に送信する中継基地の役割をはたす。視床下部は，代謝・体温・水分平衡・発汗・血圧・睡眠・食欲を統制している。
- 中脳：大脳皮質と橋・延髄・小脳・脊髄を結び付けている神経線維索の集まりである。
- 脳幹：橋と延髄からなっており，主に神経の中継点として機能している。橋は，小脳と延髄をつなぐ神経束，および小脳と皮質運動野をつなぐ神経束によって構成される。延髄は，脊髄からの上向性神経束および脳の高次中枢からの下向性神経束が行きかう主要通路として機能している。
- 小脳：大部分は大脳と同様，外側の皮質を灰白質，内側を白質とする，起伏にとんだ二つの半球から成り立っている。小脳は，姿勢，および平衡感覚に関与して，運動時の身体のスムーズな協調に影響を与えている。
- 大脳辺縁系：大脳の下面に接し，哺乳動物の大脳皮質よりも早い時期に発達した部分で，情動の内臓的，身体的表出や食欲などの一次的動因をつかさどっている。

脳のイメージング――脳の画像化

次に示す神経学的検査が，脳の機能不全を診断する有効な手段として用いられている。

―◆ CT スキャン，CAT スキャン ◆―

・脳の異常を構造的に把握するのに有効な検査法である。この検査により，脳の組織の退化を示す脳質の拡大や，腫瘍や血栓の位置を特定することができる。

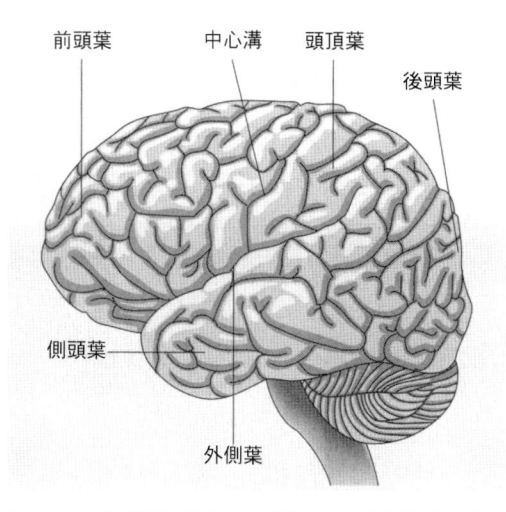

図 a　左大脳半球の表面。各葉と二つの主要な裂溝を示している

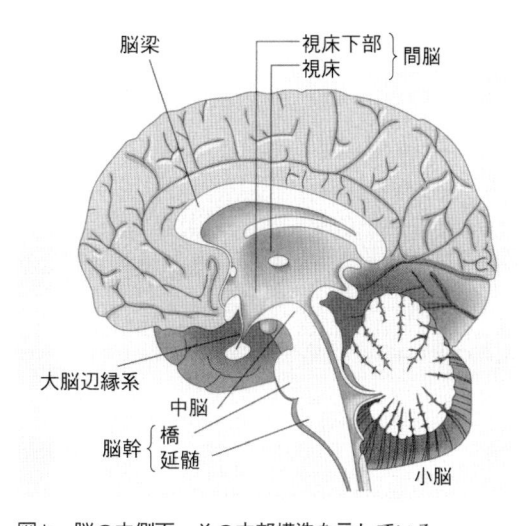

図 b　脳の内側面。その内部構造を示している

──◇ MRI（磁気共鳴画像法），fMRI ◇──
- X線を用いずにより高精度の画像を得ることができるという点で，CTスキャンより優れている。MRIによって，脳の構造をより精密に捉えることが可能となり，従来では手術不可能だった脳腫瘍の位置を特定し，除去できるなど，多くのメリットが指摘されている。

──◇ ポジトロンCT，PETスキャン ◇──
- 陽電子放出による断層撮影は，より高価でかつ侵襲的であるが，脳の構造と機能双方をアセスメントすることを可能とした。

1-4 神経化学的アセスメント

脳内にある神経伝達物質を調べる方法として，PETスキャンと酵素を利用する分析がある。

──◇ PETスキャン ◇──
- 生体の脳内レセプターや特定の神経伝達物質の総量を測定する。
- うつ病や統合失調症では特定の神経伝達物質やレセプターが関与しているとされるため，これらの精神障害のアセスメントにおいて有効である。

──◇ 酵素を利用する分析法 ◇──
- 代謝産物の多くは酸であり，神経伝達物質の不活性時に算出され，尿・血液・脳脊髄液から検出される。代謝産物の多寡は，特定の神経伝達物質の多寡を示している。
- 抑うつ患者のセロトニン代謝は低いという事実が抑うつセロトニン理論において重要な役割を果たしていることが示されている。

1-5 神経心理学的アセスメント

脳の機能不全が思考，感情，行動に影響を与えるという立場から，脳の器質的機能不全に起因する行動障害のアセスメントを行う。

──◇ ハルステッド-ライタン・テストバッテリー ◇──
- 異なる機能測定を目的とする検査を組み合わせ，結果のパターンによって脳損傷の有無の識別や位置の判断を行うもの。腫瘍，脳卒中，頭部外傷などに起因する脳損傷の検出，痴呆の識別にも効力を発揮することが実証的に示されている。
  - ➡ ①触覚遂行検査-時間：被検者は目隠しをしたまま，さまざまな形のブロックを板面の空間に当てはめる。最初は利き手，次はその反対の手，最後に両手で行う。
  - ➡ ②触覚遂行検査-記憶：遂行時間検査のあとに，被検者は記憶しているその板面の様子を絵に描くように教示を受ける。この記憶検査と先の遂行時間検査はともに，右脳の頭頂葉部分の損傷識別に有効である。
  - ➡ ③発声音知覚検査：被検者は，真ん中に長い"e"（イー）の音を含む二つの子音から構成される無意味語を聴き，選択肢のなかから先ほど聴いた無意味語を選ぶ。脳の左半球，特に頭頂葉と側頭葉領域の機能を測定する。

──◇ ルリア-ネブラスカ・バッテリー ◇──
- 269の項目から成り，動作性スキル，リズム調整能力，触覚・運動感覚，言語・空間，言語理解，言語表現，読み，書き，計算，記憶，知的処理の11分野の行動技能スキルのアセスメントを行う。
- そのスコアパターンから脳の各部位における障害の有無を識別する。高い信頼性，妥当性が示されている。

1-6 心理生理学的アセスメント

学問としての心理生理学は，心理的出来事の後に引き続いて生じる，もしくは個人の心理特性と関連する身体的変化に研究の関心を置いている。実験的手法を用いて，恐怖や失望を感じているとき，また睡眠時，問題解決を行っているときなどの心拍数，筋緊張，血流量，脳波を測定し，人間の生理的変化を捉えようとする。脳イメージング技術と併せて，生理学的機能の

アセスメントを実施することで、より全体的な人間理解が可能となる。

―◆ 皮膚電位反応のアセスメント ◆―
・不安、恐怖、怒りなどの情緒は、交感神経を活性化し、汗腺の活動を促進させる。汗腺の活動が活発化すると皮膚の電気伝導性が高まる。この電気伝導に注目して、自律神経系の活動を測定する。しばしば情動喚起の指標として用いられる。

―◆ 脳波図（Electroencephalogram；EEG）◆―
・頭蓋に貼られた電極が頭蓋内の脳の電気的活動状況を記録し、異常な脳はパターンによって、てんかんを診断し、脳の損傷や腫瘍の位置を特定する。

1-7 行動の一貫性と変動性

人間の行動は、時間の経過とともに変わるのか、それとも一貫して変わらないのか。つまり、人間の行動がさまざまな状況においても同じように対応するパーソナリティ特性をもっているのか、それとも行動は状況依存的なのかという問いは、アセスメント方法や介入方法を開発する点で重要である。現状では、状況変化における行動は、伝統的なパーソナリティ理論家が考えていたものよりも高い変動性を持ち、かつ学習理論に基づく研究者が信じていたものよりは高い安定性を保つといえる。

―◆ 特性論 ◆―
・ある人の思考・感情・行動は、状況に関係なく一貫性をもったものであり、特定の性格特性をどの程度もっているかに基づいて理論的に予測可能であると考える。

―◆ 状況論 ◆―
・状況が変われば人間の行動は変わるという行動の非一貫性に基づいて、人の思考・感情・行動について予測する立場。

第2章
臨床心理学は，異常行動をどのように分類するのか

第1巻 第4章に対応

2-1 異常行動の診断分類

臨床心理学において異常行動の分類は，クライエントが精神障害を患っている場合に，特に重要な役割を果たす。問題の原因の介入方法を見出すためには，まず症状が正確に分類されることが必要なのである。診断は，診断基準という明確な区別に基づく作業となる。そのような区別の基礎となっている分類のための決定因は，異常行動の理解や介入に有用となる情報と密接に関連している。

分類の歴史

20世紀の初期においては，異常行動の分類については研究者間で一致が見られなかった。そこで，幅広く受け入れられる分類体系の作成が試みられた。WHOは，1939年に『国際死因リスト』に精神障害を加えた。1948年に国際死因リストが拡張され，異常行動の分類を含めたあらゆる疾病を包括的に記載した『疾病・障害・死因の国際統計分類』（ICD）となった。米国の精神科医は，WHOの分類体系とは異なる独自の『診断・統計マニュアル』（DSM）を出版した。その後DSMは版を重ね，最新版のDSM-IVでは，それまでの版よりもより明確な根拠に基づいた診断分類が提示されている。

米国精神医学会の診断分類システム（DSM-IV-TR）

DSM-III以降に採用された診断システムとして多軸診断がある。多軸診断とは，1人の患者を，表2.1に

表2.1 DSM-IVの多軸分類

第I軸	パーソナリティ障害および精神遅滞を除く精神障害（臨床疾患，臨床的関与の対象となることのある他の状態）	臨床疾患と，パーソナリティ障害と精神遅滞以外で臨床関与の対象になることのある，障害や疾患を記録する。
第II軸	精神遅滞，パーソナリティ障害	パーソナリティ障害と精神遅滞を記録する。
第III軸	一般身体疾患	精神疾患への理解または管理に関連する可能性のある，現存の一般身体疾患を記録する。
第IV軸	心理社会的および環境的問題	心理社会的および環境的問題で，第I軸，第II軸の診断，治療，予後に影響することのあるものを記録する。不幸な出来事や環境的な困難，対人関係上のストレスなどの社会心理的ストレッサーの強さの程度を診断するものである。
第V軸	機能の全体的評定尺度	過去1年間の最高の適応状態を臨床心理士が判断し，0点から100点の間で点数をつける。

示す五つの軸で評価することである。第Ⅰ軸と第Ⅱ軸を分離することで，クライエントが第Ⅰ軸の症状に加え，パーソナリティ障害のような第Ⅱ軸に分類される障害を併発している可能性に注意を向けることができる。第Ⅲ～Ⅴ軸によって，症状以外の要因に関する情報も収集され，患者の総合的な状態を的確に理解することができる。

2-2　不安と身体関連の分類カテゴリ

不安障害

何らかの非合理な，もしくは過大な恐怖感が中核的な問題となる障害。表2.2に下位分類を示す。

表2.2　不 安 障 害

恐怖症性障害	広場恐怖：1人での外出や乗り物に恐怖を感じる。 社会恐怖：不特定の人びとを前にした恐怖。 特定の恐怖症：特定のものや状況への恐怖。
パニック障害	突然不安に襲われて気が動転し，ふらつき・めまい・呼吸困難といった状態を示す（パニック発作）。パニック発作に対する不安（予期不安）とパニック発作を反復する。
全般性不安障害	過剰な不安と心配を主訴とする。患者は，常に漠然とした不安を感じ，何かに脅かされている感覚を持ち，疲れやすくなっている。
強迫性障害	不合理だと自覚しているにもかかわらず，ある思考やイメージを引き起こす強迫観念，そして強迫観念による不安，苦痛を減らそうとする強迫行為を繰り返す。
外傷後ストレス障害	不安や自律神経系の症状がみられ，フラッシュバックを伴う。外傷体験後4週間経過して上記の症状が見られる場合，外傷後ストレス傷害（PTSD）と診断される。
急性ストレス反応	強い不安，自律神経症状が見られるが，外傷後ストレス障害ほど持続しない。

身体表現性障害

生理学的病因が見出せないにもかかわらず，生理的症状を呈すもの。身体化障害をもつ人は，複数の身体的訴えをもち，そのために長い間服薬と通院を行ってきている。表2.3に下位分類を示す。

表2.3

転換性障害	身体麻痺，無感覚症，盲目などの運動器のもしくは感覚機能の損失を訴える。
疼痛性障害	長期間にわたるひどい痛みに苦しむ。
心気症	些細な身体感覚を重度の疾病の兆候であると誤って思い込んでしまう。
身体醜形障害	容姿に欠陥があるというイメージにとらわれている。

解離性障害

心理的解離では，突然の意識の変容が起こり，記憶とアイデンティティに重大な影響がおよぶ。表2.4に下位分類をしめす。

表2.4

解離性健忘	過去の記憶のすべて，あるいはある特定期間の記憶を選択的に失うといった症状を呈する。
解離性とん走	新しい地へ突然予期せぬ放浪の旅に出て，新たな地で新たな生活を始める。このとき，以前のアイデンティティは忘れられている。
解離性同一性障害	二つあるいはそれ以上の人格を持ち，それぞれ複合的で，そのときどきで優位な人格が現れる。
離人症性障害	自己隔絶感，非現実感を伴う重い人格感喪失の経験である。

摂食障害

食べることに関する異常。表2.5に示す二つの主要なカテゴリから構成される。

表2.5

神経性無食欲症	通常太ることへの強い恐怖のため，食事を拒否し，やせ衰える。
神経性大食症	頻繁に過食をし，その後に自発的嘔吐や下剤の乱用といった強迫的な活動が伴うことがしばしば見られる。

2-3 精神病と物質関連の分類カテゴリ

■ 気分障害

躁状態とうつ状態の気分変動を特徴とする障害で，再発を繰り返す（表2.6）。

表2.6

大うつ病	睡眠障害，食欲低下など基本的機能の低下に見られる身体症状，および抑うつ，無気力，不安焦燥感といった精神症状を特徴とする。自殺念慮や自責感があり，気分が日内変動する。
躁病	エネルギーが充満している状態で，多弁，活動過多，観念奔走，誇大妄想などを特徴とする。
双極性障害	躁病とうつ病のエピソードを周期的に反復する障害。

■ 統合失調症

連合弛緩，自閉，感情的不調和，アンビバレンスなどの基本症状，および幻覚，幻聴，妄想，関係念慮などの副症状を中核とする精神障害で，幻覚，幻聴，思考障害，精神運動興奮を特徴とする陽性症状，あるいは感情の平板化，情緒的引きこもり，疎通性の障害を特徴とする陰性症状に分けられる。また，病態像に応じて妄想型，解体型，緊張型，残遺型に分類される。これらの症状をもつことで，社会的な関係や就業のための能力は著しく低下する。

■ 物質関連障害

アルコール，アヘン類，コカイン，アンフェタミンなどの物質摂取が，社会的・職業的機能の障害をきたすほどに行動を変化させた場合に診断される。物質の摂取や中断をコントロールできなくなり，その物質の使用をやめた場合には，心理的混乱と摂取した物質への激しい渇望を示す離脱症状が生じる。

2-4 上記以外の第Ⅰ軸の分類カテゴリ

■ 通常，幼児期，小児期，または青年期に初めて診断される障害

幼児期から小児期，そして青年期の間に発症する知的・情緒的・身体的・発達的な障害が含まれる（表2.7）。

表2.7

分離不安障害	家や親から離れることに過剰な不安を抱く。
行為障害	繰り返し社会のルールを侵す。
注意欠陥／多動性障害	必要な状況においても，注意を維持し，活動をコントロールすることが困難である。
精神遅滞	標準以下の知的機能と適応機能の障害を示す。
広汎性発達障害	自閉症，つまりコミュニケーション技能の習得における問題と対人関係の障害を含む。
学習障害	発話，読み，書き，計算能力における遅滞を示す。

■ 性障害および性同一性障害

性の意識や行動に関する障害。表2.8に示すカテゴリから構成される。

表2.8

パラフィリア	露出，覗き見，サディズムやマゾヒズムといった風変わりな行為から性的満足を得る。
性機能不全	通常の性行為をやり遂げられない障害である。たとえば，勃起不能，早漏，女性のオルガニズム生涯などがこれにあたる。
性同一性障害	自らの解剖学上の性を嫌悪し，それとは逆の性をもつ人間に自己同一化する。

せん妄，痴呆，健忘，およびその他の認知障害

認知能力が著しく阻害された症状を扱う（表2.9）。

表2.9

せん妄	意識混濁，注意散漫，思考滅裂の状態である。このような状態は，物質乱用以外にもさまざまな医学的状態で生じる可能性がある。
痴呆	知的能力，特に記憶力の低下が見られ，アルツハイマー病，脳卒中，その他のさまざまな医学的状態および物質乱用との関連が指摘されている。
健忘	せん妄と痴呆がない場合の記憶障害である。

睡眠障害

睡眠に関する異常。表2.10に示すカテゴリから構成される。

表2.10

睡眠異常	睡眠の量（たとえば，不眠や過眠），質（たとえば，睡眠後の熟眠感の欠如），タイミング（たとえば，いつもの時間に眠れなくなる）に障害が生じる。
睡眠時随伴症	睡眠中に異常な事態（悪夢や睡眠遊行）などが生じる。

適応障害

生活上の強いストレスに続いて感情的あるいは行動的症状を生じた場合に適用される。ただし，その症状は第Ⅰ軸のどの診断基準をも満たすものであってはならない。

衝動制御障害

行動が不適切で制御できないように見える数々の状態を含む（表2.11）。

表2.11

間欠性爆発性障害	物を壊したり人を傷つけたりする暴力的行動のエピソードをもつ。
窃盗癖	金銭的価値や使用といった目的なしに盗みを繰り返す。
放火癖	意図的に火事を起こし，それによって快感を得る。
病的賭博	ギャンブルを問題からの逃避手段として利用する。ギャンブルに熱中し，やめられない。
抜毛癖	髪を引っ張りたいという衝動に逆らえず，髪の毛がなくなるほどに髪の毛を抜いてしまう。

虚偽性障害

身体的，あるいは心理的状態の訴えを捏造するものである。しかも，それが明らかに病人という役割を心理的に望んだ結果としてなされた場合に適用される。

2-5 パーソナリティ障害

第Ⅱ軸に分類されるパーソナリティ障害とは，固定的で長期間持続する不適応な行動パターンおよび内的体験である。A，B，Cの三つの群に分けられる。

A群

奇異な，普通でない行動を示す群である。表2.12に示すカテゴリを含む。

表2.12

シゾイド	人づきあいに無関心なことを中核症状とし，引きこもりなどの孤立した生活態度，および感情の平板さのような限定された感情表現を特徴とする。
失調症型	思考，行動，感情，および社会的対人関係的様式における風変わりな態度を中核症状とし，関係念慮，奇妙な知覚体験を特徴とする。
妄想性	広範にわたる不信感，猜疑心を中核症状とし，他人が悪意を抱いていると感じ，友人，配偶者の誠実さや信頼を疑いやすいことを特徴とする。

B 群

派手な，突飛な行為を示す群である。表 2.13 に示すカテゴリを含む。

表 2.13

反社会的	衝動性，攻撃性，無責任で反社会的な行動，他人の権利を無視し侵害する行動を中核症状とし，自己中心的で深い情緒を伴わない対人関係を特徴とする。
境界性	不安定な対人関係，自己像，および感情を中核症状とし，理想化とこき下ろしの両極端，見捨てられ不安，慢性的な空虚感，自殺企図，ならびに自傷行為などの衝動性を特徴とする。
演技性	注目欲を中核症状とし，芝居がかった態度，人の注意を引こうとする，過度な情緒表現を特徴とする。人と環境の影響を受けやすい。
自己愛性	他者を利用し，共感性が欠如していることを中核症状とし，賞賛獲得欲求などが見られる点が特徴的である。

C 群

不安や恐怖に関連する行動を示す群である。表 2.14 に示すカテゴリを含む。

表 2.14

回避性	対人関係における恐れを中核症状とし，批判される，拒絶される，恥をかくことに対する恐れから他人関係が浅く，引っ込み思案，臆病である点が特徴的である。自己評価，自尊心が低い。
依存性	世話をして欲しいという過剰な欲求を中核症状とし，従属的で一人で決められないという点，分離不安，見捨てられ不安などの感情をもつ点が特徴的である。
強迫性	完全さの追求を中核症状とし，完全主義や対人関係の統制に対する囚われ，柔軟性，開放性，効率性を犠牲にする点が特徴的である。

2-6 臨床的関与の対象となることのあるほかの状態

このカテゴリは，正式には精神障害に分類されないが，メンタルヘルス活動を利用したことのある人を分類する対象とするためのものである。この分類自体は精神障害とはみなされないが，医学的関与または治療の対象となる状態である。

- 学業上の問題（例：学習遅滞）
- 反社会的行動（例：常習的盗み）
- 詐病（仕事をサボるなどの目的のために，身体的・心理的症状を装う）
- 対人関係の問題（兄弟や配偶者と安定した人間関係を結べないこと）
- 職業上の問題（仕事に関する不満足）
- 身体的あるいは性的虐待
- 死別
- 治療への不服従
- 宗教上の問題（信仰に対する疑問）
- ライフイベント上の問題（就学の開始のような生活の移行に伴う困難）

2-7 異常行動の分類に関する問題

異常行動を分類すること自体がそもそも不適切な行為であるとの批判に加えて，DSM の分類システムの適切性に関する批判もある。

診断分類すること自体の是非

分類行為そのものに反対する人たちは，たとえば誰かを「うつ病である」とか「不安障害である」と診断分類した場合，個人に関する情報の欠落が起こり，その結果，対象となっている人の個性が見落とされてしまうと考える。しかし，私たちが物事を知覚，思考する際には，常に何らかのパラダイムに基づいてカテゴリ化し，分類をする。したがって，分類自体に対して反対する人は，人間の思考においては分類活動が不可避であることを見落としている。もちろん，分類するにあたって非常に重要な情報を見落として，些細な情報に基づいて患者を分類している可能性も十分にあり

うることである。したがって，省かれる情報が分類システムの目的にとって重要か否かという点に留意する必要がある。加えて，分類は人にマイナスの影響を及ぼすこともありうる点にも注意が必要である。診断を下すことで否定的な烙印（スティグマ）を押され，友人や恋人の対応が代わり，就職も難しくなるかもしれない。したがって，臨床心理学にかかわるものは，診断による烙印の可能性を認め，それを食い止めていかなければならない。

診断分類することの意義

　異常行動にはさまざまなタイプがあり，実際にそのタイプがお互いに異質のものであるなら，それらを分類することは必要不可欠である。なぜならば，その違いを区別することができてこそ，異常行動と関連する要因を探り，有効な介入をすることが可能となるからである。言い換えるなら，ある診断分類が形成されて初めて，その診断が適用される患者に光が当たり，その診断分類の病因の発見と介入法を目指した研究がなされるともいえるのである。

　たとえば，目の前にいくつかの食材があるとしよう。それらの食材をすべて炒めたとする。ある食材はおいしい炒め物になるかもしれない。だが，別の食材は非常に不味くなる可能性がある。そこで今度は，食材を特徴ごとに野菜，果物と分類したとする。すると，野菜は炒め物で，果物は生のままで，それぞれ美味しく食べることができた。このように，対象をある観点から分類する（＝野菜か果物）ことで，その対象に適した介入（＝調理法）が可能となる点が，診断分類を行うことの利点である。

診断行為への批判

　診断行為への批判は，"不連続な診断カテゴリでよいのか"というものと，"診断カテゴリに信頼性と妥当性があるのか"というものである。

1）区分的か連続的か

　DSMは，区分的分類の形式をとっている。つまり，「はい」／「いいえ」の2分法で分類を行うものである。それに対しては，正常な行動と異常行動の連続性が排除され，不連続なものという誤った印象を与え

てしまうという批判がある。区分的分類とは異なる分類法として，次元的分類がある。

──◆ 次元的分類 ◆──
・分類の対象は，一つの量的次元上に位置づけられなければならないとの前提に立つ
・量的次元の一つに区分点，あるいは閾値を設けることにより，区分的分類を包括することができる。
・次元的分類はDSMを構成するほとんどの症状に適合しうる。

2）信頼性の問題 ──診断分類システムの試金石

　分類システムや検査が対象に適用される場合には，どの程度厳密に科学的観察が成されているかが問題となる。信頼性は，この科学的観察の程度を示す測度である。分類システムが有用であるためには，分類評定が，異なる評定者の間で一致を見なければならない。したがって，評定者間信頼性を示すことが重要となる。DSM-Ⅲ以前は診断の信頼性は不十分であったが，近年の診断カテゴリでは改善されている。

3）妥当性の問題

　DSMにおける診断分類は推測された構成概念であり，証明されたものでも実体があるものでもない。構成概念が妥当であるかは，病因や予後などその構成概念と関連するさまざまな要素とどれだけ適切に結びついているかによって判断される。

4）DSMの問題点

- 区分的か連続的かの問題は未解決である。
- 診断を決定する際の基準が理想的なものかという点も不明確である。
- 第Ⅰ軸と第Ⅱ軸の信頼性は，日常の臨床活動における診断ではそう高くない。
- DSMの基準によってなされた診断が患者にとって有益か否かは定かではない。
- DSM－Ⅳ－TRの診断基準に基づいた評定であっても，いまだに主観的な要因を排除することはできない。
- DSM診断の変更が肯定的なものだけではない。

DSMはあまりにも多くの子どもを十分な正当性なしに精神障害として分類してしまっているように思える（例：学習障害）。

第3章
不安障害

第3巻 第Ⅰ部に対応

3-1 不安障害の成り立ち

かつては，不安が主要な原因と想定された状態はすべて「神経症」という分類のなかにまとめられていた．DSM－Ⅲ以降，想定される原因ではなく，観察可能な行動に基づいて分類されるようになった．その結果，「神経症」のなかで不安兆候がはっきりと現れる状態を「不安障害」とし，不安兆候は必ずしも観察されない状態が「身体表現性障害」と「解離性障害」となった．

不安障害成立の経緯

表3.1 不安障害の概念成立の経緯

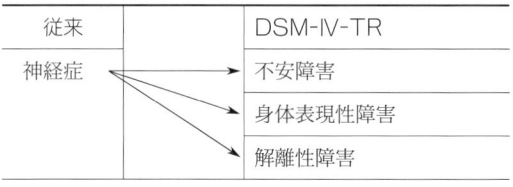

従来	DSM-Ⅳ-TR
神経症	不安障害
	身体表現性障害
	解離性障害

＊不安障害は，主観的に体験される不安感が明確に存在する場合

不安障害の主要カテゴリ

- 恐怖症（phobias）
- パニック障害（panic disorder）
- 全般性不安障害（generalized anxiety）
- 強迫性障害（obsessive-compulsive disorder）
- 外傷後ストレス障害（posttraumatic stress disorder：PTSD）
- 急性ストレス障害（acute stress disorder）

3-2 恐怖症

恐怖症とは

恐怖症は，患者を混乱させるような恐怖感を媒介とする回避行動である．その際の回避行動は，特定の対象や状況が引き起こす危険とは不釣合いなものである．また，本人もそれを根拠のないものと認識している．

恐怖症の判断基準
- 対象や状況が引き金となって生じる，過度の，非合理的・継続的な恐怖．
- 引き金となる恐怖や状況にさらされることで，激しい不安が生じる．
- 本人は，その恐怖が非現実的なものであると認識している．
- 引き金となる対象や状況は，激しい不安によって，回避されるか，持ちこたえられる．

恐怖症の種類と特徴

1）特定の恐怖症

定義：特定の対象や状況の存在や予期により引き起こされる正当根拠のない恐怖感

恐怖の対象：血液，傷，注射，飛行機やエレベーターなどの閉所にいるという状況動物や高所や水の中などの自然環境，寒さ，他人（他人を当惑させること

への恐怖）など。文化的な違いも存在する。

2）社会恐怖

定義：他者の存在に関する継続的で不合理な恐怖

特徴：他者からの評価を受ける，自分の不安な様子が他人に知られる状況の回避。ひどく汗をかくことや赤面することに対する恐怖などがある。他の恐怖症よりも問題の及ぶ範囲が非常に広く，心理的衰弱などの悪影響の程度が大きい。

恐怖症の原因論

1）精神分析理論

恐怖症状を，抑圧されたイドの衝動により生み出された不安に対する，ある種の防衛とみなす。不安は，イドの衝動が関連する象徴的な対象や状況へと置き換えられたものであり，恐怖感を引き出す刺激となる。それらを避けることによって，抑圧された葛藤に対処するのを回避することができると説明されている。

2）行動理論

恐怖症が獲得される過程としての学習に注目する。そこには，下記のような学習のタイプが含まれる。同様の経験が将来起きるかもしれないという認知的素因が恐怖症を発症する素因として重要とされる。環境をコントロールできなかったという生育歴との関連も考えられている。

◆ 回避的条件づけ ◆

- 恐怖症の反応は，学習された回避反応である。古典的条件づけによって，本質的に苦痛で恐ろしい出来事と中性的刺激とを組み合わせて提示すると，人は学習によって条件刺激を恐れる。
- その条件刺激から逃れたり回避したりすることで，この条件づけられた恐怖を低減できることを学習する。

◆ モデリング ◆

- 他者の反応を模倣することによって恐怖を学習する。
- 他者を観察することや，他者が出来事について描写した説明などによって行われる代理学習によっても恐怖は学習される。

◆ 準備学習 ◆

- 有機体は，生理的に敏感に反応しやすい準備刺激により恐怖感を学習する。たとえば，ネズミは電気ショックと味覚の連合はできないが，吐き気と味覚の連合は学習できる。

3）認知理論

一般的な不安や特定対象への恐怖について，人びとの思考回路が素因としてどのように働いているか，どのように維持されているかに焦点を当てている。不安は，さまざまな多義的情報を不安なものと解釈し，そこから将来の否定的な出来事を予想する傾向と関連するとみなす。

認知が不安を引き起こすのか，不安が認知を引き起こすのかについては，刺激の解釈の仕方によって実験室内でも不安が生じることが報告されている。恐怖が持続し，患者にとって不合理なものであるように見えるのは，恐怖が意識にのぼらない，初期の自動的プロセスを通して生じるためと説明される。

4）生物学的素因

ストレスフルな出来事の後に恐怖症を発症しやすい生物学的素因が想定されている。

◆ 自律神経系 ◆

- 汗をかく，赤面するなどの自律神経系の興奮しやすさと，興奮した結果に対する恐怖感が恐怖症の原因とされる。

◆ 遺伝要因 ◆

- 遺伝的な影響が関係していると指摘されている。
- 血液と注射に対する恐怖症は家系に影響を受ける。
- 二卵性双生児より一卵性双生児で一致率が高いことが示されている。

恐怖症への介入

1）精神分析的方法
- 介入の目的は、障害がもつ強い恐怖と回避的行動の下にある、抑圧された葛藤を解放することである。
- 介入技法には、自由連想法、夢分析などがある。恐怖の対象に直面化することの重要性も認識されているが、恐怖の改善は単なる症状の改善にすぎず、恐怖症を生み出した意識下の葛藤が解決されたとはみなさない。

2）行動主義的方法
- 介入は、学習された恐怖症の回避反応に焦点を当てる。
- 介入技法には、系統的脱感作法、恐怖状況への直面化、イメージを用いた脱感作、フラッディング、対人スキルの学習、モデリング、エクスポージャー（曝露法）、オペラント条件づけによるシェイピングなどがある。
- フラッディングとは、強度の恐怖を引き起こす原因に患者を直面化させる介入技法。強迫性障害や外傷後ストレス障害に対する介入として用いられる。
- 血液と注射恐怖症を抱える人は、恐怖場面では筋肉の緊張が促されるため、リラクゼーションは症状悪化につながる。
- モデリングは、恐怖の対象になっているものに対して、恐れずに関わる他者の映像か、実際の様子を見せる状況直面化の技法である。
- 恐怖感情より回避行動と接近行動に焦点を当てる場合は、エクスポージャーとシェイピングが、両方に注目する場合は系統的脱感作も併用される。

3）認知的方法
- 行動療法と同様、恐怖のあまり直面できないと考えていた対象に直面化することが、認知療法の介入のテーマである。
- 恐怖症の恐怖感情は、その個人に、極端で不合理なものであると認識されているので、特定の恐怖症に対する認知療法は懐疑的にとらえられてきた。
- 社会恐怖を抱える人に対して、認知療法と対人スキル訓練が併用される。

4）生物学的方法
- 恐怖症を含む不安障害の治療においては抗うつ薬が一般的に使われる。
- 選択的セロトニン再取り込み阻害薬（SSRI）が有望視されている。
- 薬物はやめるのが難しく、患者が服薬を中止すると病気が再発しやすいという問題が指摘されている。

子どもの恐怖症

1）学校恐怖症
原因として、分離不安と学校に対する恐怖があるとされている。

◆ 社会恐怖としての選択性緘黙 ◆
- 会話そのものには何も不自由はないが、学校では誰とも全く口をきかず、何を聞かれても返事をしない。しかし、家庭では母親に普通に話している状態など。

2）子どもの恐怖と恐怖症への介入
- 不安を抑えるための活動を行いながら、同時に恐れている対象に次第に直面化させていく方法。
- 一般的、根拠のない恐怖と回避行動の消去にはエクスポージャー（曝露法）の技法を用いる。
- モデリングも効果的であるとされている。
- 恐怖の対象や状況への接近行動に対して報酬を与える。
- 介入の際には、子どもの認知容量に焦点をあてることが重要になる。つまり、根拠のない不安を和らげるため、子どもの偏った思考と壊滅的な結果の想定を分析する。
- 時間を制限した介入が有効であることが示されている。

3-3 パニック障害

パニック障害とは

　パニック障害は，不安発作に似た発作が特別の原因なしに突然出現するもので，この発作が頻発して生活に種々の支障を生じさせるものをさす。
- 症状は，動悸，息苦しさ・過呼吸，このまま死ぬという恐怖などが典型的。
- 吐き気，めまい感，手足のしびれ，自己コントロールを失う恐怖や狂気への恐怖。
- 1回の発作は，ふつう数分から30分，長くとも1時間以内に自然消失。
- 状況依存性発作とは，きっかけとなる状況と発作が強く結びついている場合をいう。
- 状況非依存性発作とは，リラックスしているとき，寝ているときなど平穏な状態においても生じる場合をいう。
- 生涯罹患率：男性2％，女性5％以上
- 一般的には青年期に発病し，ストレスフルなライフイベントに関連している。
- 他の不安障害と診断された患者の80％以上がある程度パニック発作を経験しているなど他の障害との重複診断も多い。

> **パニック障害の判断基準**
> - 頻繁に生じる，予測のつかないパニック発作。
> - 最低でも1ヵ月間，発作の再発，もしくは発作の結果，すなわち発作による行動の変化に対する心配を抱えていること。

―◆ 広場恐怖症 ◆―

　公共の場所に出ることに対する一連の恐怖であり，逃げることも助けを見出すこともできないために不安が生じ，さまざまなことができなくなる場合をいう。

パニック障害の原因論

1) 生物学的理論
- 遺伝的要因が関連していると考えられている。たとえば，二卵性双生児よりも一卵性双生児において一致率が高い。
- ノルアドレナリン系の過活動によって引き起こされると指摘されている。
  - ➡ サルの青斑核と呼ばれる脳橋のなかにある神経核への刺激により，パニック障害のようなものが引き起こされた。
  - ➡ 青斑核における過活動を妨害する薬剤がパニック発作の治療に有効。
  - ➡ ガンマアミノ酪酸ニューロンにおける異常に起因しているとの指摘もある。
- 僧帽弁逸脱症候群などの病気によって引き起こされる身体感覚が，パニック障害を発病させることもありうる。
- 過呼吸との関連を指摘する研究結果もある。通常よりも二酸化炭素濃度の高い空気を吸うことによって，二酸化炭素受容体が過敏反応する。

2) 心理学的理論
- まず，二酸化炭素の過吸入や呼吸亢進など，生物学的刺激がパニックの誘因となる。次に，その生理的反応に関してどれほど恐怖を感じるかによって，パニック症状を呈するか否かが異なってくる。そこで，心理学的介入も有効になってくる。
- パニック発作は，不安時の体内の感覚に対して古典的に条件づけられている。つまり，説明のつかない生理的な興奮が，そのような感覚を恐れている人に生じたとき，パニック発作につながる。
- 広場恐怖症は，公共の場それ自体が恐ろしいのではなく，公共の場でパニック発作が起きることを恐れる。

パニック障害と広場恐怖症への介入

1) 生物学的アプローチ
- 薬物投与
  - ➡ プロザックなどのセロトニン再取り込み阻害剤やトフラニールなどの三環系抗うつ薬
  - ➡ アルプラゾラムやザナックスなどのベンゾジアゼピン系
- 薬物投与の問題点として，投薬量や治療期間の不足による薬効低下，イライラ感や体重増加，心拍

数や血圧の増加などの副作用，記憶力低下や運転困難などの認知・運動神経への影響などが挙げられる。

2）心理学的アプローチ

- エクスポージャーに基づく介入は広場恐怖症の軽減に有用とされる。
- 広場恐怖症ではない配偶者を巻き込んだ家族療法に効果が見られる。
- 認知的で直面化を伴う，パニックコントロール法を用いた介入。
  - ➡①リラクゼーション訓練
  - ➡②エリスとベックの認知行動理論に基づく介入法の統合
  - ➡③パニック発作を引き起こす身体内の刺激への直面化

安全な状況下でパニックと関連する感覚を引き出す→リラクゼーションを用いて認知的な対処方略を行う
  - ➡身体内の感覚を統制可能なものであると再解釈する

3-4 全般性不安障害

全般性不安障害とは

出来事や活動に対する過剰な不安，心配が慢性的に持続することを特徴とし，疲労，心悸亢進，集中困難，過度の筋緊張などの症状を呈する。

- 発症時期は，青年期以降。
- 誘因として，ストレスの高い出来事が考えられる。
- 生涯罹患率は，女性の方が2倍多い。
- 他の不安障害との併発率が高く，改善が難しい。
  5年後のフォローアップでは症状が完全に消失したケースは18%であった。

全般性不安障害の判断基準
- 過剰な不安と心配。
- 心配を制御することが難しい。
- 患者は次のうち三つかそれ以上の症状が伴う：落ち着きのなさ，疲労しやすい，集中困難，いらだたしさ，筋肉の緊張，睡眠障害。

全般性不安障害の原因論

1）精神分析学理論

- 全般性不安の本質を自我とイドの間に起こっている無意識的な葛藤とみなす。
- イドの衝動→無意識下で罰に対する不安を抱く→自我がそれを抑圧→葛藤→持続的な不安

2）認知行動理論

- 危険刺激への意識の集中が原因とする。
- 歪んだ認知過程から生じるとみなす。今後起こりうる災難など，危険刺激に注意が向きやすい。歪んだ認知として曖昧な刺激を危険と判断する傾向があり，自分の身の回りで不穏な出来事が起こりやすいと信じる。このような危険刺激に対する過敏な感受性は，その刺激が自覚できない場合にも表れる。
- 心配への注目：心配が負の強化となっている。心配によって死，障害，病気にまつわる過去のトラウマなどに起因する否定的な感情から気を逸らすことができる。それは，患者にとって有利な結果であり，したがって，心配は強化される。

3）生物学理論

遺伝的素因との関連性が指摘されている。
- 二卵性双生児よりも一卵性双生児の方が高い一致率を示している。
- GABA組織が欠落しており，不安が統制不可能になる。そこで，ベンゾジアゼピンを処方することで，GABAの分泌量を増やすことで不安を抑制する。

---◆ GABA ◆---
・γ-アミノ酪酸と呼ばれるアミノ酸の一種で，主に抑制性の神経伝達物質として機能する。

全般性不安障害への介入

1）精神分析的方法

精神分析理論では，全般性不安障害を抑圧された葛

藤に起因するものであると考える。そこで、患者がそうした葛藤の源に直面できるように援助する。患者の過去と現在においての対人関係の葛藤に焦点を当てる。"いま、ここ"で他者ともっと適応的にかかわれるような心理力動的介入を行う。介入の結果は総じて好ましいものである。

2）行動論的方法

行動療法では、不安をある特定できる状況に対する一連の反応として理解する。漠然と漂う不安も、一つ、あるいは複数の恐怖症によって引き起こされた不安として捉えなおす。系統的脱感作、リラクセーション・トレーニングを実施する。結果として、不安が統制可能であると考えるようになり、効果的であることが報告されている。

3）認知論的方法

認知理論では、無力感が全般性不安障害の患者の基底にあると考える。そのため、患者がある種の有能感を持てるように、自己主張（アサーション）などのスキルを獲得していくよう援助する。
- 言語による教示、モデリング、オペラント条件づけによる行動形成を組み合わせる
- 患者を不安になる状況に直面させ、リラクゼーションと状況の論理的分析を適用できるように援助して、エクスポージャーを活用する。
- ベンゾジアゼピンを用いた介入との比較では認知行動的介入の方が効果的であるとされる。

4）生物学的方法

ベンゾジアゼピンなどの抗不安薬が用いられる。プラセボよりも有効であることが報告されている。ただし、眠気、記憶の脱落、抑うつ、依存などの副作用があり、服用をやめてしまう場合が多い。

症状の改善を外的要因に帰属するため、服用をやめると症状が再発する。患者は、薬物治療に頼っている限り不安や心配事は統制不可能なままであると思い続けている。

3-5 強迫性障害

強迫性障害とは、執拗で統制のできない考えが次から次へと心のなかに湧いてきたり（強迫観念）、あるいは、ある行動を何回も繰り返さざるを得なくなったりして（強迫行為）、その結果、毎日の生活がひどく苦痛で不自由なものになってしまうことを特徴とする障害である。

- 発症時期としては、10歳前後、または青年期後半、もしくは成人期の初期が多い。発症が遅い事例では、妊娠、出産、家庭内の葛藤、仕事上の困難など、ストレスの高い出来事が誘因となる。
- 男性は発症年齢が女性よりも早く、確認強迫を伴うことが多い。女性の発症は遅く、洗浄強迫がよく見られる。
- うつ患者が強迫性障害を呈することや強迫性障害の患者がうつ状態を訴えることがある。
- 不安障害（特にパニック障害や恐怖症）、さまざまなパーソナリティ障害との同時罹患も見られる。

強迫性障害の判断基準
- 強い不安を引き起こす、反復的、持続的な思考、衝動、または心象。
- 強迫行為：苦痛を和らげる目的で行う反復行動および心のなかの行為。

◇ 強迫観念 ◇

強迫観念は、ありそうもない否定的な出来事が起こる可能性に関する過度で反復的な懸念で満たされる。以下のような特徴がある。

- 侵入的でしつこく反復される思考、衝動、イメージ。
- 制御不可能
- 本人にとって不合理ではないものもある。

◇ 強迫観念の分類 ◇

- 汚染の不安
- 性的または攻撃的な衝動を表現することに対する不安
- 身体の機能不全に関する心気症的な不安

―◆ 強迫行為 ◆―

苦痛の減少，あるいは災難の予防を目的として，駆り立てられるように行われる反復的な行為。このような行動は，表面上の目的と現実的に結びついていない，過剰な点が特徴的である。

- 清潔さや秩序性を追及し，数時間，ないし一日中，複雑な儀式的行為に費やす。一方，ある行為を楽しんでやっている限り，それは強迫行為とみなされない。その行為が自我違和的なものである場合，強迫行為とみなされる。
- 強迫行為を行う人の78％は，自分たちの儀式的行為を止めることができず，その行為に不条理性を感じている。強迫行為の例には以下のようなものがある。
- ある特定のもの，たとえば茶色いものはすべて避ける。
- お守りや体の一部に触れるなどのような魔術的な防衛行為を反復する。
- ガス栓や蛇口はひねったかなどのように，自分が行った行為が本当に実行されたかどうかを確認するため，7，8回にわたりチェックしたりやり直したりする。
- 食べるというようなある一つの行為をとてつもなくゆっくり行う。

―◆ 強迫性障害と対人関係 ◆―

- 強迫行為が家族，友人，職場の仲間を心配させ，ときには怒らせてしまう。患者自身も，そのような強迫行為を迷惑だと思ってしまう自らの気持ちに罪悪感を覚えることも多い。
- 他者に迷惑をかけてしまうことで抑うつ感情や不安感をもち，それがさらに人間関係を悪化させてしまうことがある。
- 個人に焦点を当てた介入だけでなく，夫婦を対象にして介入を実施する必要がある。

強迫性障害の原因論

1）精神分析理論

精神分析理論では，強迫観念も強迫行為もどちらも厳しすぎるトイレット・トレーニングのために統制がきかなくなった性的あるいは攻撃的衝動という本能衝動から発したものと考える。こうした人は，肛門期に固着し，イドと防衛機制との戦いの結果，症状が顕在化するとみなす。

―◆ アドラーの理論 ◆―

- 強迫性障害は無力感から起こるものとする。
- 子どもを溺愛する両親や過度に支配的な両親によって，子どもの有能感の発達が阻止されると考える。
- 有能感の発達が阻止された子どもは，劣等感コンプレックスを抱くようになる。その結果，無意識的に自分の支配力を発揮でき，有能感を感じられる居場所を切り開こうとする。そのため，強迫的な儀式的行為を行う。

2）行動理論および認知行動理論

強迫行為は，恐怖感の減少という結果によって強化され，獲得された行動であると考える。実際に自己報告によって測定された不安感や，心理生理的反応によって測定された不安感は，強迫行為によって軽減されるという現象がみられる。

認知行動理論では，強迫観念は，自分が価値のない人間だと感じないために，有能あるいは完璧でなくてはならないという非合理的な必要性から生じるとみなす。強迫観念は以下に示す悪循環のプロセスを生み出す。

- 患者を不安にさせる。
- 起こりうる不快な出来事について思いを巡らすことがその出来事の発生の可能性を高めるのだと信じることによっても助長される。
- このような侵入思考を抑制しようと試みるが，結局は徒労に終わる⇨考えないようにすることは，かえってその考えにとらわれて頭から追い払えなくしてしまうことにつながる。

3）生物学的理論

①脳科学的原因論

脳炎や頭部の外傷，脳腫瘍などが強迫性障害の形成に関係する。

- PETスキャンを用いた研究では，強迫性障害の患者の前頭葉で，自らの思考への過度な関心を示すと思われる活性化が見られた。
- 強迫性障害患者の被核は，健常者に比べて小さいこともわかっている。

②神経化学的原因論
- セロトニンの再吸収を妨げる抗うつ薬が，強迫性障害を治療する上で効果的である。
  ➡ 抗うつ薬がセロトニン・ニューロンのシナプス伝達を促進させることから，強迫性障害は，セロトニン・レベルが低い，またはセロトニン受容体が少ないことと関連している。
- セロトニンと関連する別の神経伝達物質系が関連している可能性に指摘されている。
- ドーパミンとアセチルコリンなども関連が指摘されている。
- 遺伝的要因も，強迫性障害の素因となりうる。

強迫性障害への介入

一般的に，強迫性障害患者が完治することは難しい。介入によって症状が改善され，患者の統制感も増し，患者の日常生活での目立った問題が減ることはあるものの，強迫性障害の傾向が完全に消滅することはない。

1）精神分析的方法

精神分析では，恐怖症患者や全般性不安障害と同様，抑圧を解き，患者が真に恐れているものに直面できるように介入が行われる。しかし，精神分析的，あるいは心理力動的アプローチでは十分な成果は得られていない。

2）行動療法 ——エクスポージャーと儀式制止法

強迫的な儀式的行為に対する行動療法として最も広範囲で行われ，一般的に受け入れられている方法として，エクスポージャーと反応妨害を合わせて行う方法がある。強迫行為が生じる状況に積極的に直面させ（イメージさせ），そこで普段とる儀式的行為を制止させる。そのようにして不安を喚起する刺激に身を曝させることにより，不安を消去させていく。この方法の有効性は，実証されている（たとえば，介入群の86％が改善）。ただし，儀式的行為の抑制は，強迫性障害患者にとって困難なことであり，とてつもなく不快であることに留意すべきである。なお，強迫性障害とうつ病が併発している場合には，このエクスポージャーと儀式制止法にはあまり効果がない。

3）論理情動行動療法

強迫性障害に関する論理情動行動療法では，「何事も完璧に行われなければならない」といった患者のもつ誤った信念に焦点を当て，それを棄却し，新たな信念を獲得することが目標となる。介入としては，強迫観念が示す恐れが実際に起こるのかを試し，それによって自らの信念の誤りに気づくようにもっていく。

4）生物学的方法

①薬物療法

SSRIや三環系抗うつ薬などのセロトニンの分泌を増大させる薬物がよく用いられる。これらの薬物はある程度効果があることが認められている。フルオキセティン（プロザック）のようなセロトニン再取り込み阻害薬は，プラシーボや三環系抗うつ薬よりも効果があるといわれている。プロザックをエクスポージャーと反応妨害を用いた介入と比較した研究では，どちらの介入法も右半球の尾状核の代謝活動を低下させて強迫性障害を改善させることが示された。
  ➡ 強迫性障害の患者は，この部位の活動が過剰であると考えられる。

②外科手術

上述されたさまざまな方法を実施しても成果が得られず，患者が深く絶望している場合には，強迫性障害の治療に精神外科手術が行われることがある。
- 現在おこなわれているのはシングラトミーという施術法である。脳梁近縁の帯状束の白質部分を2〜3cm切断することによって，ある程度の改善と，治療効果の持続が報告されている。

3-6 外傷後ストレス障害（PTSD）

外傷後ストレス障害（PTSD）とは

外傷的な出来事を経験した後，強い恐怖，無力感，感覚の麻痺，外傷的な出来事の再体験（フラッシュバックなど），睡眠障害などの多様な精神症状を生ずる障害。ある研究において，身体障害をもたらす外傷的出来事を経験した人のうち，外傷後ストレス障害（以下PTSD）を発症したのは25％に過ぎなかった。そこで，現在の研究は，極度のストレスを体験したあとにPTSDを発症する人としない人を区別する要因の探求が始まっている。

外傷後ストレス障害（PTSD）の判断基準
- 強い恐怖を感じる出来事への直面。
- 外傷的な出来事が再体験され続けている。
- 外傷と関連した刺激の持続的回避と反応鈍麻。
- 過覚醒の症状：過剰な驚愕反応。
- 症状の持続期間が一ヵ月以上。

◆ **外傷体験** ◆
- 「実際に危うく死ぬ，または重傷を負うような出来事」か，「自分や他人の身体の保全に迫る危機を，その人が体験したり目撃したりした」などの深刻なもの。

◆ **急性ストレス障害** ◆
- 外傷的出来事を体験して4週間以内に症状が起こり，最低2日間，最大で4週間持続するもの。
- PTSDとほぼ同様の症状を示す。

PTSDが呈する症状の3大カテゴリ

1）外傷体験の再体験（フラッシュバック）
- 外傷体験となる出来事が頻繁に想起される。
- それに関係する恐ろしい夢をよく見る。
- その出来事を象徴する刺激，あるいは特定の体験をした特定の日時になると，そのたびに強烈な情動的興奮が喚起される。

2）外傷体験に関連した刺激の回避と感情鈍麻
- 他者への関心の低下，疎外感，肯定的感情の喪失などが見られる。
- 外傷体験について考えまいとするか，あるいは心に浮かんでくる刺激から目をそむけようとした結果，実際にその出来事を思い出せなくなることもある。

3）過覚醒の症状
- 入眠や続けて眠ることの困難を示す。
- 集中困難，刺激に対する過敏さ，驚きやすさなども見られる。

4）その他の特徴
- 不安
- 抑うつ
- 怒り
- 罪悪感
- 物質乱用
- 結婚不和
- 身体的健康の低下
- 自殺念慮，自殺企図
- 衝動的な暴力
- 腰痛，頭痛，胃腸障害などのストレス関連性の心理生理的問題

外傷後ストレス障害の原因論

1）発症に関連する因子

①危険因子
- 女性であること
- 幼少期に親と別離していること
- 家族の中に何らかの障害を訴えるものがいること
- 過去の外傷的経験
- すでに何らかの障害（不安障害，またはうつ病）を抱えていること
- 自責的傾向
- 情動焦点型のコーピングをとりやすいこと
- 外傷体験の程度が酷いほど，PTSDになりや

すい。
- ②予防因子
  - ●知的能力の高さ
    - ➡外傷体験に対して適切なコーピングを実行しやすい。
  - ●社会的サポートの質，量
- ③強化因子
  - ●トラウマを経験している最中の解離症状（離人症，現実感喪失，記憶喪失，体外離脱体験を含む）も，トラウマに関しての記憶を頭から取り除こうとする行為と同様に，PTSDを強化してしまう。

2）心理学的理論

　学習理論では，古典的条件づけによって理解しようとする。

3）生物学的理論

- ●双子や家族の研究により，遺伝的用因果関係している可能性が指摘されている。
- ●外傷体験は，ノルアドレナリン組織を活性化させ，ノルエピネフリンのレベルを上げることによって，健常者よりも驚きやすくなり，感情を表出しやすくする。
- ●ノルアドレナリン系を刺激することによってPTSD患者の70％にパニック発作が，40％にフラッシュバックが起こる。
  - ➡PTSD患者は，ノルアドレナリン受容体の感受性が高い。

■ 外傷後ストレス障害への介入

　どのような介入にせよ，外傷後ストレス障害を扱う専門家は，一致してソーシャル・サポートの重要性を指摘している。自分が拠り所をもっていること，また誰かが自分の苦痛を和らげようと思っていることを知っているかどうかが，単なるストレスの体験で終わるのか，それともPTSDを患うかを分ける重要な鍵となるかもしれない。

1）ストレス・デブリーフィング

　外傷的出来事から24～27時間の間，PTSDが発症する前に介入し，起こったことを細かく回想して，その恐怖に対する感情表現をうながす。ただし，このアプローチは論争を巻き起こしている。介入効果は実証されておらず，侵入的で侵害的かもしれない点で，悪影響を与えるとの指摘もある。

- ➡外傷的出来事の直後は，まだ心の準備ができていない被害者に外傷的出来事の記憶に直面できるように励ましたり強制させたりするよりは，少し距離を置いた方が被害者のためになると考えられる。また，外傷的出来事を経験しても大半の人は，PTSDにならないことを考慮する必要がある。

2）認知行動的アプローチ

　最近の認知行動療法の研究では，綿密なアセスメント，介入の詳細，そして適切な統制群に基づいて，いくつかの結果が報告されている。

①エクスポージャー

　恐怖感を持つ患者を恐れているものに，どのように直面させるのか，不安階層表などを用いて，計画的に介入法を決定する。イメージなどを用いて外傷的出来事に直面化させる。このアプローチは，薬物治療やソーシャル・サポート，安心できる援助環境などよりも効果的であることが示唆されている。従来は，恐怖反応の消去につながるとされていた。現在では，恐怖反応を誘発する刺激の意味を変えることが明らかにされている。

②フラッディング

　慣れ，あるいは消去による恐怖反応の減少を目的として，強い恐怖反応を喚起する刺激に患者が長時間，身を曝す介入法。初期段階から強い不安を喚起する刺激を用いる点で，段階的に不安刺激に曝す方法をとるエクスポージャーと異なる。手続きとしては，外傷的出来事を思い描かせることで，フラッディングを行う。統制群と比較して，抑うつ，不安，外傷的出来事の再体験，驚愕反応，いらいら感の症状が減少したとの報告がある。

　しかし，介入の初期段階で患者の症状が悪化することもある。また，臨床心理士が患者の恐ろしい体験をきいて，うろたえてしまうこともある。

───◇ 仮想現実法 ◇───
- 患者が思い浮かべることのできるイメージ以上に，あるいは患者が想像したいと思っている以上に印象的で強烈なイメージがエクスポージャーに適用できる。

───◇ EMDR（Eye Movement Desensitization and Reprocessing）◇───
- 患者に外傷体験に関連した光景をイメージさせ，そのイメージを頭に留めさせたまま目の前で動かしているセラピストの指を目で追わせる。これを恐怖感が減じるまで続ける方法。
- 1度か2度のセッションで終わり，エクスポージャーを用いた介入法よりも効果的だとされる。

- 心理学，学習と脳機能に関する神経化学の知見と矛盾しているとの批判もある。

3）精神分析的アプローチ

患者を励まして外傷体験を語れるようにし，きっかけとなった出来事に直面していくよう援助する。外傷体験と患者の外傷前の正確との間の相互関係に注目しつつ，防衛機制について論じたり，患者の転移反応について分析したりする。

4）生物学的アプローチ

抗うつ薬（SSRI），精神安定剤の処方。
　➡ うつ病が改善すると，外傷後ストレス障害も改善することがある。

第4章
身体表現性障害と解離性障害

第1巻 第Ⅱ部に対応

4-1 身体表現性障害と解離性障害の成り立ち

かつては身体表現性障害と解離性障害のいずれも,「神経症」のカテゴリに含まれていた。DSM－Ⅲ以降,不安兆候が必ずしも観察されない状態を,「身体表現性障害」と「解離性障害」として分類することとなった。身体表現性障害と解離性障害は,どちらの障害も何らかのストレスを引き起こす体験に関連して発症する。両者が同時に生じることもある。

①身体表現性障害
　生理学的根拠がないのに身体上の欠陥や機能不全があるかのように身体症状を訴える。
②解離性障害
　意識,記憶,および同一性(アイデンティティ)において著しい障害が現れる。

4-2 身体表現性障害

身体表現性障害とは

心理的問題が身体的症状として示される障害。身体症状については,意志による統制ができないが,生理学的所見は見出されない。不安と結びついていると推測される。

身体表現性の各障害

身体表現性障害は,表4.1にまとめた下位分類から構成されている。

表4.1

障害	特徴
疼痛性障害	心理学的要因が痛みの発症と維持に重要な役割を果たす
身体醜形障害	身体的外見について,空想的あるいは誇張された欠陥にとらわれている
心気症	重大な疾患に罹患しているのではないかという恐怖にとらわれている
転換性障害	いかなる生理学的原因も伴わない感覚性症状あるいは運動性症状
身体化障害	繰り返し生じる多彩な身体的愁訴で生物学的根拠をもたない

4-3 身体表現性の各障害の特徴

疼痛性障害

1) 特徴
- 著しい苦痛や欠陥を引き起こすような痛みを感じる。
- 痛みの発症や維持,強度には心理学的要因が重要な役割を果たしている。
- この痛みがあることによって,気の進まない活動を回避することができる。
- 注目や同情を得ることができる。

2）判断の難しさ

主観的な痛みの体験は心理的な影響を常に受けている現象であり、身体的に起因する痛みと明確に区別することは難しい。

身体醜形障害

1）特徴
- 外見について空想的で誇張された欠陥にとらわれている（顔、肌、身長など）。
- 青年期後期発症で、主に女性に生じる。しばしば美容整形を利用。
- うつ病、社会恐怖、パーソナリティ障害を併発することも多い。

2）判断の難しさ
- 主観的要因や好みの問題が重要な役割を果たす。
- "魅力的"と判断するあり方には社会文化的要因の影響も大きい。
- 強迫性障害、摂食障害、妄想性の障害の症状の一つとみることも可能。

心気症

1）特徴
- 自分が深刻な疾患に罹患しているのではないかという恐怖感にとらわれ、医学的に問題がないにもかかわらず、いつまでも疾患に拘り、医療機関に頻繁に通う。
- 成人前期に発症し、慢性の経過をたどる傾向がある。
- 不安障害や気分障害を併発することも多く、それらの障害の一つの症状とする見方も可能。

2）判断の難しさ
身体化障害との区別が難しい。

転換性障害

1）特徴
- かつてはヒステリー（hysteria）と呼ばれたもの。身体的器質や神経系は正常であるにもかかわらず、視力の喪失や感覚の麻痺といった感覚的症状や運動的症状が突如発現する。
- 身体症状としては、腕や脚の部分的・全体的な麻痺や発作、筋肉の協調運動の障害、皮膚がチクチク疼く感覚、無感覚症、視野狭窄、盲目状態、失声症、無嗅覚症などがある。
- 身体症状は、ストレスの高い状況で症状が突然現れる。そのため、何らかの行為や責任を負わなくてよかったり、他者の注目を引いたりできるようになる疾病利得がある。
- 青年期〜成人期初期に発症。罹患率は女性のほうが多い。発症には、何らかのストレスが先立つ。症状は突然消失することもある。
- うつ病、物質乱用、パーソナリティ障害（特に境界性パーソナリティ障害や演技性パーソナリティ障害）を伴うこともある。

2）判断の難しさ
- 神経学的根拠を持つ類似症状との区別が難しい（例：手袋麻痺と手根管症候群）

転換性障害の判断基準
- 一つあるいはそれ以上の運動機能あるいは感覚機能に影響する症状があり、神経学的症状または医学的症状が示唆される。
- 症状は葛藤やストレスに関連する。
- 症状形成は意図的だと意識されず、医学的に説明できない。

3）転換性障害の原因論

①精神分析的理論
- 精神分析的概念は、フロイトが転換性障害の治療過程で発展させていったものであり、精神分析理論の中核を占める。
- 強く感情的に興奮した経験が原因となって発症す

ると仮定。ただし，その感情は表出されず，その出来事は意識から切り離され記憶に残っていないという"無意識"過程が想定されている。

②行動主義の理論
行動主義的見地では転換性障害を何らかの目的のために症状を訴える詐病と見なす。つまり，身体的問題を抱える患者役割をとると何らかの報酬が得られる点に注目する。

③生物学的理論
転換性障害の遺伝的要因を支持する研究は見られない。

身体化障害

1）特徴
- 医学的関心を得ようと複数の身体愁訴を繰り返し，何度となく医療機関に赴く大げさで演技的に訴えを表現する。
- 成人期初期に発症。仕事に関する面で障害を引き起こすことが多い。

身体化障害の判断基準
- 過去数年にわたる多数の身体的愁訴がある。
- 四つの疼痛障害，二つの胃腸障害，一つの性的症状，さらに一つの偽神経学的症状。
- 症状は医学的根拠に起因せず，何らかの医学的症状があるとしても，それが過剰である。

4-4　身体表現性障害への介入

介入の際の注意点
- 身体表現性障害の患者は内科医を訪れることの方が多く，臨床心理士に紹介されることを嫌がるため，症状と心理的要因の関係を納得させようとするのは得策ではない。
- 心理的介入で症状がよくなることが患者の自尊心を害する可能性がある。そこで，症状を直接の介入ターゲットとせずに，ストレス対処法を教え，身体的な限界や不快感はあったとしても，より活動的になるよう励まして自己統制感を高めるように援助することが役立つ。
- 不安感や抑うつに介入することで身体表現性の気がかりが減る。近年，強迫性障害と身体表現性障害の合併症が注目されており，強迫性障害に有効なエクスポージャーや反応妨害法などが身体表現性障害にも有効とされる。

1）疼痛性障害への介入
心因性の痛みと実際の医学的要因に基づく痛みを明確に区別しようとするのは有効ではない。そこで，その痛みが，単に患者の思い込みなのではなく本物の痛みであることを認めて，リラクセーション訓練をし，患者が痛みにこだわらずにとった行動に対して報酬を与える。

2）心気症への介入
認知行動的なアプローチが効果的とされる。身体症状に対して選択的注意を向けていることを指摘し，悲観的思考を再構成し，医学的保証を求め続けることを思いとどまらせる。

3）解離性障害への介入
短期心理力動的介入が有効とされる。

4）身体化障害への介入
- 恐怖感
  - ➡エクスポージャーや他の認知療法の技法
- "病気である"ことからくる依存
  - ➡家族療法，アサーション，対人スキル訓練。
- 根底にある不安感や抑うつ感の根源
  - ➡リラクセーション訓練，認知療法
- 自己の生理的過程の自己調整
  - ➡バイオフィードバック

4-5　解離性障害

解離性障害とは
同一性（アイデンティティ），記憶，意識の感覚に変容が生じる状態。表4.2に示す障害を含む。

表 4.2

障害	特徴
解離性健忘	ストレスフルな経験の後で、記憶を喪失する
解離性とん走	住み慣れた家を離れたり、新しい同一性を獲得したりすることに伴って記憶を喪失する
離人症性障害	自分が自分でないような体験
解離性同一性障害	少なくとも二つのはっきりと区別される人格変容が生じ、それらは互いに独立して行動する

1）解離性健忘

- 何らかのストレスがかかった経験の後で、重要な個人的情報を突然思い出せなくなる。
- 話したり読んだり考えたりする能力、個人の才能や以前に獲得した知識は保持している。
- 健忘状態は、数時間から数年間に及んで持続し、突然回復する。
- 完治することが多いが、まれに再発することもある。

2）解離性とん走

- 完全に記憶を失うだけでなく、家を出て仕事を放り出し、新しい同一性を身につけてしまう。
- 結婚生活での口論、対人関係における拒絶、経済職業的問題、徴兵、自然災害などのひどいストレスを体験した後で起こる。
- とん走は短期間で終わることが多く、通常は完全に回復する。

3）離人症性障害

- ストレスによって突然に自己に対する感覚や自己の体験様式が混乱し、現実感が希薄となり、自分が自分でないという感覚が生じる。
- 他の解離性障害とは異なり、記憶障害が見られない。
- 普通でない感覚（手足のサイズの急激な変化、ロボットになった感じ、など）を体験するようになる。
- 統合失調症、パニック障害、外傷後ストレス障害、境界性パーソナリティ障害などでも似たような状態が生じる。パーソナリティ障害、不安障害、うつ病を併発することも多い。
- 青年期に発症することが多く、慢性化しやすい。

4）解離性同一性障害

- 1人の人間に少なくとも二つの分離した自我状態、あるいは人格が存在し、それらは相互に独立して存在し、異なる時に出現し、支配力を行使する。それらは異なる様式の個性、感情状態、行動を有している。
- 介入は、そのうちの中核となる人格によって求められる。
- 通常、児童期に発現する。しかし、成人期、それとして診断されることはほとんどない。
- 罹患率は、女性に多く、完治は難しい。
- うつ病、境界性パーソナリティ障害、身体化障害などと併発することが多い。
- 頭痛や物質乱用、幻覚、自殺企図、性機能不全、自傷行為を伴う。
- 解離性同一性障害の分離した人格は一貫して組織的であり、思考障害や行動上の混乱は示さないという点で統合失調症とは異なる。

解離性同一性障害の判断基準
- 二つまたはそれ以上の人格あるいは同一性が存在する。
- 少なくとも二つの人格が繰り返し患者の行動を統制する。
- 重要な個人的情報の想起が不能。

4-6 解離性障害の原因論

一般的には、強いストレスによって記憶が高められる。たとえば、外傷後ストレス障害などでは、外傷体験が繰り返し思い出される。しかし、解離性障害では、逆に忘却や解離が起こる。したがって、解離性障害は、ストレスの強い出来事やそれに関する記憶から自分を守るための回避反応として生じるとみなされている。

解離性同一性障害の原因論

幼少期にかなりひどい身体的虐待，性的虐待を受けていた。

後天的に生じた社会的役割を演じている。

4-7 解離性障害への介入

精神分析的理論

「患者は人生の大半を抑圧や解離した状態にある」という仮説に基づき，精神分析の技法を用いて抑圧の解除を目指す。成人した患者が外傷的記憶を思い起こし，それを通して子どものころの危険はもはや存在せず，現在の生活は過去の亡霊に支配されるものではないと洞察することを期待する。しかし，近年，記憶回想療法が解離性障害の症状を悪化させる危険性が指摘されている。

薬物療法

解離性同一性障害に伴う不安感や抑うつ感の改善には精神安定剤や抗うつ剤などが効果的な場合もあるが，解離性同一性障害事態には効果がない。

解離性同一性障害の介入原則

- 介入目標は，複数人格の統合（べつべつの人格への分離はもう必要ないと納得させる）。
- どの人格も彼らは一人の人間の一部であり，その人格は自己発生的なものであるということを理解するよう援助されなければならない。
- セラピストがそれぞれの人格を名前で呼ばなければならないのは，便宜的な理由からであり，決して独立した自立的な人格の存在を確定する手段として用いてはならない。
- すべての人格は公平にそして思いやり深く対応されなければならない。
- セラピストは，複数の人格同士の共感と協働を促進すべきである。
- 複数の人格を生み出したであろう幼少期の外傷的体験を考慮して支持的援助を行う。

第5章
摂食障害

第3巻 第Ⅲ部に対応

5-1 摂食障害の成り立ち

　摂食障害は，ここ30年の間に注目が増している障害である。DSMには1980年代に初めて，子どもや思春期初期における障害の下位カテゴリの一つとして現れた。そして，DSM-Ⅳで，神経性無食欲症（Anorexia Nervosa）と神経性大食症（Bulimia Nervosa）から成る独立したカテゴリとなった。両者は，いくつかの共通した臨床的特徴をもっている。最も重要なものは，体重増加への恐れである。なお，DSM-Ⅳ-TRでは，さらなる検討のために"むちゃ食い障害"も付加されている。

5-2 神経性無食欲症

　英語名に含まれる"Anorexia"（アノレキシア）という語は，食欲をなくすという意味である。しかし，ほとんどの神経性無食欲症の患者は，実際には食欲や食べ物への関心を失うことはない。また，以下の四つの特徴をもつ。

神経性無食欲症の特徴

- 正常体重の最低限，またはそれ以上を維持することの拒否。たとえば，その年齢と身長の標準体重の85％以下の体重が続くような体重減少。体重減少は概して，ダイエットによって達成され，それには排出行動，過活動がみられる。
- 患者は，体重が増えることに恐怖心を感じる。その恐怖心は体重減少によって軽減することはない。患者は，自分が十分に痩せていると感じることはない。
- 患者は，自分の体型に関して歪んだ感じ方をする。衰弱しているときでさえも，超過体重であるとか，腹部や臀部，太ももなど身体のある部分がとても太っていると思い続けている。そのような身体のサイズをチェックするために，概して患者は頻繁に体重を量り，あちこちの身体部分のサイズを測り，鏡に映った自分の姿を批判的に凝視する。患者の自尊心は，痩身を維持することと密接に関連する。
- 女性の場合は，極度の衰弱により無月経，すなわち月経周期が欠如することが生じる。四つの分類基準のうち，無月経は最も重要ではないようである。それは，四つの分類基準に合致する女性と，三つに合致するけれど無月経ではない女性の間に，違いはほとんど見られないからである。

神経性無食欲症の診断

- 発症は，概して10代前半～半ば。ダイエットのエピソードの後や，ストレスがきっかけで起こる。
- 生涯罹患率は1％未満であるが，性差は少なくとも男性の10倍は，女性のほうに発症しやすくなっている。
- しばしばうつ病，強迫性障害，不安障害，パニック障害，アルコール依存症，さまざまな人格障害といった他の障害も併せ持つ。

> **神経性無食欲症の判断基準**
> ● 正常体重を維持することの拒否。
> ● 体重が不足している場合でも、体重が増えることに対する強い恐怖を抱く。
> ● ボディ・イメージの障害。
> ● 初潮後の女性における無月経。

1) 下位類型

二つの下位類型がある。両者には大きな差異がある。

● 制限型：激しく食物を制限することにより体重減量を行う。
● むちゃ食い－排出型：むちゃ食いと排出行動を定期的に行う。

2) 神経性無食欲症とうつ病

神経性無食欲症とうつ病には強い関連がある。患者は、ストレスがかかるライフ・イベントを経験したとき、否定的な情動状態を作るような形で、そのイベントを解釈する傾向がある。

神経性無食欲症における身体的変化

食事制限および下剤の使用により、たくさんの望ましくない生理学的変化が生じる。

● 血圧の低下、心拍数の減少、腎臓と胃腸の損傷、骨量の低下、皮膚の乾燥、爪が脆くなること、ホルモンレベルの変化、軽い貧血などが起こる。
● 頭髪が抜けたり、細く柔らかなうぶ毛が増加したりすることもある。
● カリウム、ナトリウムといった電解質の量が変化する。電気分解された塩分のレベルが低下すると、疲労、虚弱、不整脈を招き、死に至ることもある。
● EEG（脳波）の異常、神経学的障害も、頻繁にみられる。脳室や脳溝の膨張といった、脳の構造に変化が生じることもある。ただし、それらは、可逆的なものである。

── ◆ 歪んだボディ・イメージ ◆ ──
・自らの身体のサイズを大きく見積もり、理想の体型としては痩せている状態を選ぶ。
・身体のサイズに関してこのような歪みが存在するにもかかわらず、実際の体重を報告する際には正しい体重を言う。それは、患者が頻繁に体重を量っているからである。

神経性無食欲症の予後

● 約70％の神経性無食欲症患者は、6～7年かけて最終的には回復する。しかし、再発することも多い。特に痩せることに価値を置く文化において、患者の自分自身に対する歪んだ見方を変化させるのは、非常に難しい。
● 神経性無食欲症は、生命を脅かす病である。
● 死亡率は一般人の10倍、心理的障害を抱える人の2倍である。

5-3 神経性大食症

英語名の含まれる"Bulimia"という語は、ギリシャ語で"雄牛の飢え"という意味からきている。この障害は、一気に大量の食物を消費するエピソードと、それに伴う体重増加を防ぐための嘔吐、絶食、過度の運動といった代償行動を含む。神経性無食欲症と神経性大食症の目立った違いは"体重減少"である。神経性無食欲症の患者は過激な量の体重を減らすが、神経性大食症の患者はそうではない。もし、むちゃ食いと排出行動が神経性無食欲症と、そのために生じた体重減少の文脈のなかで生じる場合には、神経性大食症と診断されない。その場合は、むちゃ食い－排出型の神経性無食欲症が診断となる。

神経性大食欲症の特徴

1) むちゃ食いのエピソード

● むちゃ食いは、大抵隠れて行われる。それは、ストレス状況下や、否定的な感情が生起したときになされ、不快で満腹になるまで続く。
● 食べ物は、あっという間に食べつくされる。甘い物が使用されることが多い。
● 患者の報告によれば、むちゃ食いのエピソードの間は、食べることを制御できないという感覚がある。それは、解離状態にも似た経験である。
● 患者は、大抵むちゃ食いを恥ずかしいと思い、そ

れを隠そうとする。

2）排出行動のエピソード
- むちゃ食いが終わると、嫌悪感、不快感、体重増加への恐怖心が起こり、神経性大食症の第2のステップへと進む。
- むちゃ食いによるカロリーの影響を帳消しにしようとして排出行動にはしる。
- 自己誘発性嘔吐（喉に指を押し込んで嘔吐？意思によって嘔吐）／絶食／過度の運動／下剤／利尿剤の乱用などによって体重を減らそうとする。
- 患者は、自らの身体に対して大きな不満足感を抱いている。患者の自尊心は、正常体重を維持することに過度に依存している。

神経性大食症の診断
- 発症は、概して思春期後期から成人期初期。90％が女性。罹患率は、1～2％。
- 合併症で特に多いのは、うつ病、境界性人格障害、不安障害、物質依存、行為障害。
- 自殺率は高く、自殺企図は大うつ病、神経性無食欲症の患者に匹敵する。

神経性大食症の判断基準
- 繰り返されるむちゃ食い。
- 体重増加を防ぐための代償行動を繰り返す。
- この3ヵ月にわたり少なくとも週2回、上記のことが起こる。
- 自己評価は体形および体重の影響を過剰に受けている。

1）下位類型
排出型と非排出型（代償行為として絶食や過剰な運動を行う）がある。

2）神経性大食症の予後
- 70％が回復、10％が多くの症状を維持。
- 早期介入の場合、予後が良い。物質乱用や抑うつのエピソードがある場合、予後が良くない。

神経性大食症における身体的変化
- Body Mass Index（通称BMI）は正常であるにもかかわらず、無月経を含む生理不順が起こりうる。
- 頻繁な排出行動により、カリウムの欠乏が引き起こされる。
- 頻繁な下剤使用は下痢を引き起こし、電解質の変化、不整脈も引き起こされる。
- 食べ吐きの繰り返しは、生理不順を招き、胃痛、気管支痛も生じる。胃酸により、歯のエナメル質の欠如も生じる。唾液腺の膨張も起こる。

5-4　摂食障害の原因論

生物学的要因

1）遺伝学
- 神経性無食欲症も神経性大食症も、同じ家族のなかで生じやすい。
- 摂食障害の双生児研究においても、遺伝子的な影響の存在は示されている。
- 遺伝連鎖分析の手法を用いた最近の研究では、神経性無食欲症の患者と第一染色体が関係するというデータが報告されている。

2）摂食障害と脳

①視床下部
コルチゾールなど、視床下部によって統制されたホルモンが、神経性無食欲症の患者では異常になる。しかし、視床下部モデルでは、ボディ・イメージの歪みや、太ることへの恐怖は説明できない。

②内因性オピオイド
内因性オピオイドは、飢餓状態のときに放出されるので、神経性無食欲症と神経性大食症、双方に対して何らかの役割を果たしていると考えられる。

③セロトニンなどの神経伝達物質
- 神経性無食欲症では、セロトニンシステムがうまく機能していないことを示す研究が見られる。また、血漿内と脳脊髄液内のセロトニン代謝は増加するということを示す研究も見られる。
- 神経性大食症では、セロトニン代謝の減少が一致して示される。
- 神経性無食欲症と神経性大食症にしばしば効く抗

うつ薬が，セロトニンレベルを増加させることで知られていることからも，セロトニンが重要であると考えられる。

社会文化的影響

- 太ることの心的葛藤：欧米の文化では，痩せていることを理想とする。しかし，実際には運動不足や栄養過多で太り過ぎが多くなり，葛藤が生じている。
- 太ることへの否定的意味：太ることには，自己コントロールができない，弱い人といった否定的な意味が含まれる。
- 身体への不満：自己の身体への不満は，摂食障害の強力な予測因子である。
- ダイエットの一般化：ダイエットが一般化している。ダイエットを契機として発症することが多い。
- 女性の身体の対象化：女性は，他人からどう思われるかを意識して，自分の身体を見る。想像上の自己と，文化により対象化された女性像の乖離を感じるときに，自分の身を恥ずかしいと思う。この恥ずかしさが摂食障害に関連していることが明らかになっている。
- ジェンダーの影響：社会文化的価値に関して，男性は業績で評価されるのに対して女性は身体の対象化が進行している。自分の体重にことさら関心を持たなければいけない女性たち（モデル／ダンサー／体操選手）は，摂食障害のリスクが高い。
- 異文化研究：摂食障害は，工業化されていない国よりも先進工業国においてより多く生じる。文化によって，摂食障害の出現率は多様である。

心理力動的見解

- 中核となる原因を不安定な親子関係とみなす。
- 摂食障害患者には，低い自尊心や完全主義のようなあるパーソナリティ特徴が見られる。
- 摂食障害の症状が，何らかの欲求を満たしていると考える。例えば，痩せていることで性的に成熟したくないという欲求を満たしている。

――◇ 摂食障害のパーソナリティ特徴 ◇――

・神経性無食欲症の病前性格は，完璧主義，内気，従順。
・神経性大食症の病前性格は，演技的，情緒的に不安定，社交的。
・MMPIを用いた研究では，研究神経性無食欲症は抑うつ，社会的孤独，不安得点が高く，神経性大食症は，神経性無食欲症よりも，多様かつ深刻な精神病理を示した。
・パーソナリティ研究では，摂食障害患者の自尊心は低いという，心理力動的理論と一致する結果が得られている。

認知行動論的見解

1）神経性無食欲症

- 太ることへの恐怖と，歪んだボディ・イメージが自己飢餓状態や減量への力強い動因とみなす⇨痩せを達成・維持することは，太ることへの不安が減ることで負の強化を受ける。ダイエットと減量は，セルフコントロールが出来たという感覚により正の強化を受ける。
- 完璧主義と自己に対する自信のなさによって，人は，自分の外見を特に意識するようになる。そのような場合，ダイエットは有力な強化子となる。

2）神経性大食症

自尊心が低い患者は，コントロールしやすい体重や体型に注目する。

努力して体重や体型をコントロールするという結果を得ることで，満足しようとする⇨食事に関して厳しいルールを設けて，非常に厳格な食事制限を守ろうとする⇨この厳しすぎるルールは，必然的に失敗し，失敗はむちゃ食いに転ずる⇨むちゃ食いの後，体重が増えることに対する嫌悪感や恐怖感が生じて，嘔吐などの代償行動をとる⇨排出行動は，一時的に食べ過ぎたことによる不安を減少させる⇨しかし，実際には，このむちゃ食いと排出のサイクルが続くことによって自尊心が低下する⇨この自尊心の低下がまた更なるむちゃ食いと排出のきっかけとなる⇨このような悪循環によって望み通り体重は維持するものの，結果的には深刻な身体的問題が生じる。

5-5 摂食障害への介入

　概して摂食障害の患者は，自分に問題があるということを否定する。そのため治療的介入を受けるように持っていくのは困難であり，患者の９０％以上が治療的介入を受けていない。神経性無食欲症への介入には，ときとして強制的な入院治療が用いられる。これは，患者の食物摂取を次第に増加させ，体重の増加を慎重にモニターする必要があるからである。神経性無食欲症と神経性大食症いずれも生物学的治療と心理学的介入が行われている。

生物学的介入

- 薬物の使用は，体重増量にはごくわずかな効果しかない。特に神経性無食欲症の中核症状については，薬物治療による大きな改善は殆ど見込めない。
- 神経性大食症は，しばしば抑うつを伴うのでさまざまな抗うつ薬が使用される。なかでもSSRIが注目されつつある。ただし，再発を防ぐためには，抗うつ薬の処方に認知行動療法を併用する必要がある。

神経性無食欲症への心理学的介入

　神経性無食欲症への介入は，次の２段階の介入プロセスがある。
　第１段階：合併症と死を避けるため，まず体重を増やすことへの援助を行う。患者は，しばしば非常に衰弱しており，身体的機能がかなり低下している。そこで入院治療が絶対的に必要となる。患者がきちんと食物を摂取する必要があることに加えて，短期間で体重を増やすには，オペラント条件づけに基づく行動療法プログラムが効果的である。
　第２段階：増加させた体重を維持することを援助する。ここではSSRIが効果的である。

---◆ 摂食障害の家族の特徴 ◆---

- 家族療法のセラピストであるミニューチン（Minuchin）の見解を示す。
- 症状を呈する家族メンバー（つまり摂食障害患者）は，家族内の葛藤から関心を逸らす役割を担っている。
- したがって，家族療法によって，摂食障害を個人の問題ではなく，家族関係の問題として理解しなおし，家族の葛藤を前面に押し出すことが有効である。
- 患者は，家族の葛藤から注意を逸らす役割を引き受ける必要が無くなり，その結果として摂食障害の症状から解放される。

神経性大食症への心理学的介入

　フェアバーン（Fairburn）による認知行動療法的アプローチが標準的な介入法となっている。以下にそのポイントを示す。

- 普通の食行動パターン，つまりむちゃ食いと排出行動をせずに一日三食と，おやつを食べるという食行動の学習を介入の目標とする。
  ➡ 規則正しい食事で空腹を満たすことで，結果的に排出行動によって相殺される膨大な食べ物に駆り立てる衝動をコントロールすることが目指される。
- 嘔吐をしたい衝動をコントロールするためには，リラクセーションを用いる。
- 認知行動療法を用いて患者が抱いている不適切な思い込みを修正していく。
- むちゃ食いをしたくなるときの出来事，思考，感情を同定し，その状況に対するより適応的な対処方法を決める。
- 社会的評価を気にしないようにして理想体重に関する社会的基準や，女性が痩せているべきだとする圧力を問い直すよう励ます。
- むちゃ食いと排出行動への欲求に打ち勝った患者は，抑うつや低い自尊心といった関連する問題も改善する。

第6章
心理生理的障害

第3巻 第Ⅳ部に対応

6-1 心理生理的障害とは

- 感情要因が原因で引き起こされるか，感情要因によって悪化する可能性のある身体的症状によって特徴づけられる障害（喘息，高血圧，頭痛，胃炎など）を指す。
- かつて心身症（psychosomatic disorders）と呼ばれていた障害である。
- 実際に身体へのダメージを含む。その点で実際の身体的ダメージのない障害（心気症，身体化障害，転換性障害など）とは異なる。

> **身体疾患に影響を与えている心理的要因の特質**
> - 一般身体疾患が存在している。
> - 心理的要因がその身体疾患に好ましくない影響を与えている。たとえば，治療を妨げる，健康リスクを高める，症状を悪化させるなどの悪影響を与えている。

◇ 行動医学と健康心理学 ◇

- 心理的要因が健康や病気に及ぼす影響を研究する学問として行動医学（behavioral medicine）と健康心理学（health psychology）がある。
- これらの領域の研究者は，心理的要因が健康と病気に広範囲の影響を及ぼしているという事実に基づき，病気の始まりや深刻度に影響をあたえるストレスの役割を調査するだけでなく，心理的介入やヘルスケア・システムの研究も行っている。
- 病気の治療だけでなく，予防もまた主要なテーマとなっている。

6-2 ストレスと病気

■ ストレス概念の定義

ストレス（stress）という語は，異常な心理や行動の引き金となる環境的状況という意味で用いられる。ただし，ストレスを厳密に定義することは難しい。ストレスを一種の刺激とみなす立場では，具体的刺激をストレッサー（stressor）と呼ぶ。

■ コーピング

- コーピング（coping）は，人びとがどのように問題や問題が生み出す否定的な気分を取り扱うかについての概念。
- ストレスフルな状況への対処の個人差を示すのに適している。
  ➡ 同じようにある状況をストレスフルだと評価したとしても，その出来事にどのように対処するかによって，ストレスの影響は異なってくる。
- ラザルス（Lazarus）らは，問題焦点型と情動焦点型のコーピングの二つの次元を提案している。

◇ 問題焦点型コーピング方略 ◇

- 問題解決のために直接働きかけたり，解決に役立つ情報を探したりする行動。

◆ 情動焦点型コーピング方略 ◆
- ストレスに対する否定的情緒反応を軽減するための行動。
- この他，上記両型の側面にかかわる方略として，回避型コーピング方略も提案されている。

◆ 回避型コーピング方略 ◆
- 対処すべき問題の存在を認めるのを避ける，あるいは問題への対処を怠るといった行動。

ストレスとソーシャル・サポート

ソーシャル・サポートは，ストレスと病気の調節媒体としての役割を果たしている。次の二つのタイプがある。

1）構造的ソーシャル・サポート

人がもつ社会的関係の基本的なネットワークを指す。たとえば，配偶者がいるか否か，友達は多いか少ないかといったもの。死亡率を予測する優れた変数となる。

2）機能的ソーシャル・サポート

個人の関係性の質的側面に関連している。たとえば，必要なときに頼りにできる友達がいるのかといった側面と関連している。

3）ソーシャル・サポートの肯定的影響
- ソーシャル・サポートの高い人は，健康に良い行動（例：身体に良い食事をし，喫煙をせず，アルコールを摂りすぎない）が増える。
- ソーシャル・サポートの有無は，直接的にも生理学的過程に影響を及ぼす。
- すべての研究がソーシャル・サポートの肯定的影響を見出しているわけではない。人間は，非常に大きなストレスがかかった場合，それに圧倒されてしまい，ソーシャル・サポートが機能しないことがある。

ストレスと病気の関する理論

1）生物学的理論

生物学的なアプローチでは，心理生理的障害は，特定器官の脆弱性，ストレスに反応する際の特定器官システムの過剰反応，ストレスホルモンにさらされる影響，ストレスにより引きおこされる免疫システム内の変化が原因で起きると考えられている。

◆ 身体脆弱性理論 ◆
- 遺伝要因，幼少期の疾病，食事習慣といったものが特定の組織に傷害をもたらす。その結果，その組織部分が弱くなり，ストレスに対して脆弱になる。
- ストレスと特定の心理生理的障害との関係は，身体器官のどこが虚弱であるかで決まる（たとえば，生まれつき呼吸器系が弱い人は喘息になりやすい）。

◆ 特異反応理論 ◆
- 人は，ストレスに対する自動的反応の個人的なパターンをもつ。動悸が高まる人もいれば，呼吸数は増えても動悸は変わらないという人もいる。
- 個人はそれぞれの仕方でストレスに反応し，最も反応した身体組織が，後に心理生理的障害の生じる部位の候補になりやすくなる（たとえば，ストレスに対して血圧を上昇させるという反応をした人は，本態性高血圧になりやすくなる）。

①ストレスホルモンへの長期的な曝露
- ストレスが生み出す生理的変化は，それが短期間の場合には適応的だが，長期間となると有害となる。
- もし持続的にストレスに適応しなくてはならないのであれば，身体は代償を払うことになる。適応の代償として身体に課せられる持続的な負担は，アロスタティック負荷（allostatic load）と呼ばれる。

②ストレスと免疫システム
- ストレスに続く免疫システムの変化が実際に病気に対するリスクを増すのに十分な影響力をもつかどうかは，未だ明確となっていない。

● ストレスとの関連で免疫システムが担う役割を検討し，実際の病気における免疫システムの変化にせまる研究領域は，感染症研究においてなされている。

2）心理学的理論

心理学的理論は，無意識的な情動の状態，パーソナリティ特性，認知的評価，ストレスに対する特有のコーピングスタイル（対処様式）といった要因を考慮して，心理生理的障害とされるさまざまな病気の形成を説明しようとする。

①精神分析的理論
● 特定の葛藤と，それとの関連で連想される否定的情動の状態が心理生理的障害を生じさせると主張。
● 心理生理的な各障害は，それらに特有の無意識的情動状態が引き起こしているとの見解。

②認知行動論
● 人間は，単に身体的脅威以上のもの，つまり敵意，後悔，心配といった否定的情動を認知する。これらの知覚は，交感神経とストレスホルモンの分泌を刺激する。
● 否定的情動は，耐えられる限界以上の長期間，身体の生物的システムを覚醒させ続けたり，身体を緊急状態にさせ続けたりすることがある。
● 人間は，高度な心理的能力をもつようになったがゆえに，限界を越えた身体的な危機を自ら引き受けることになってしまったと理論化できる。

6-3　心臓血管系障害

心臓血管系障害（cardiovascular disorders）は，心臓と血液循環器系における医学的障害である。ここでは，特にストレスに影響される二つのタイプの心臓血管系障害，すなわち本態性高血圧と冠状動脈性心疾患に焦点をあてる。

本態性高血圧

本態性高血圧（essential hypertension）とは，高血圧のうち，明らかな器質的問題をもたないものを指す。これは，血圧を調整する身体のさまざまなシステムにいろいろな問題が生じて起こる状態だと考えられている。血圧の上昇は，ある素因や体質をもつ人びとにおいてみられるものであり，それが慢性的な高血圧につながることが推測されている。

1）体質的要因としての怒り
● 怒り自体は，心臓血管系障害に悪いものではない。不健康につながるのは，過大な，あるいは不適切な怒りである。
● 怒りを変数として考えた場合，"怒り易さ"が最も重要な変数であることが示されている。
● 男性では怒り易さと血圧の高さが関連していたが，女性では関連性はみられなかった。

2）素因としての心臓血管系の反応性
● 心臓血管系の反応性とは，ストレスに反応する際の血圧と心拍の増大の程度である。
● 心臓血管系の反応性は，その後の血圧を予測できる。特に心拍数は，血圧の最も優れた予測因子となっている。
● 高血圧の家族歴をもつ人ともたない人とを比較したハイリスク研究からも，反応性が重要な要因であることが指摘されている。
● 反応性は，他のリスク要因，たとえば社会階層や人種のようなものとも関連している。

冠状動脈性心疾患

冠状動脈性心疾患（coronary heart disease）には，二つの型がある。狭心症と，心筋梗塞，つまり心臓発作である。疾病のリスクを高める要因としては，年齢／性行為（男性に多い）／喫煙／血圧の上昇／血清コレステロールの増加／左心室の増大／肥満／慢性的な身体的不活発／過度のアルコール摂取／糖尿病などがある。

1）狭心症
● 胸骨の後ろの辺りが突然痛みだし，しばしば左肩から腕にかけてその痛みが広がる。痛みは，血液が十分な酸素を心臓に運ばないために起こる（局所貧血と呼ばれる）。

- 狭心症も貧血も，激しい身体的または感情的活動によって引き起こされるが，休息をとることや，薬を飲むことでおさまる。
- 狭心症の発作から心筋がひどくダメージを受けることはないといわれている。

2）心筋梗塞
- より重篤な疾病で，今日米国の死亡原因の主要なもの。
- 狭心症と同様に心筋梗塞も，心臓への酸素供給が不十分なことから起こる。
- 狭心症とは異なり，心臓発作は，心臓に永久的なダメージを与える。

3）ストレスと心筋梗塞

急性のストレスは，心筋梗塞の要因となり得る。また，夫婦葛藤や経済的不安のような慢性的なストレスもまた関係している。さらに仕事の緊張高さが心筋梗塞のリスクを増加させる。たとえば，意思決定の権限がないことや，仕事で自分のスキルを生かす機会が乏しいことに加えて，仕事が多くありすぎるのに時間が少なすぎるといった厳しい雇用状況がストレスを生み出す。

4）冠状動脈性心疾患の素因

①心理的素因―タイプA行動パターン
- タイプAの人とは，達成欲求や上昇欲求が強く，何が何でもトップになりたいという強い競争心をもっている。彼らの生活は，緊迫感に満ち，せっかちで，他者に対してはひどく攻撃的で敵対心に満ちている。
- 最近の縦断調査では，怒りの統制の問題が冠状動脈性心疾患の割合の高さと関連することも示されている。タイプAパーソナリティのなかでも，他者への敵意を内包する生活態度である冷笑的態度（cynicism）が重要な予測因子であると示唆する研究もある。
- 冠状動脈性心疾患と不安や抑うつのような感情との関連性を研究の対象にするために，新たにタイプDというパーソナリティが提唱されている。

タイプDは，否定的情動の高さ（高い不安，怒り，抑うつを経験する傾向）と，これらの情動を隠すことによって定義される。

②生物的要因
- 生物的素因に関する研究は，反応性に焦点をあてている。
- 心拍数の極端な変化や，その結果生じる血管内を通る血流の変化は，動脈を損傷することがあり，心拍数の反応性は，冠状動脈性心疾患と関連がある。
- 人間を対象とした研究では，実験的なストレスにより導かれた心拍の反応と貧血が冠状動脈性心疾患の発症や心臓血管系の問題の生起を予測した。

6-4 気管支喘息

気管支喘息（asthma）は，世界では約1億人が罹っている。気管支喘息の罹患率は上昇している。気管支喘息を患う1500万人のうち3分の1は，子どもである。気管支喘息関連の疾患による子どもの死亡は，1978年と1993年の間で78％も増えている。

気管支喘息の特徴

下記の症状は，1時間以内に軽快するか，さもなければ数時間，時には数日間も続くことがある。

- 気管支喘息の発作では，刺激に過敏に反応して肺における空気の通路が狭くなる。そして，呼吸の際に（特に息を吐くときに）極端に苦しくなったり，喘鳴を引き起こしたりする。この狭まりは，ウイルスの感染，アレルギー，汚染，喫煙，運動，風邪，情緒的状態によって引き起こされる。さらに，免疫システムが媒体となって肺の組織の炎症が起こる。その結果，粘液の分泌過剰が生じ，浮腫ができることもある。
- 喘息発作は，周期的に起こる。ほぼ1日，また数週や数ヵ月に分かれていることもあり，その程度はさまざまである。発作は，朝早い時間に最も頻繁に生じる。
- 激しい運動によって引き起こされる気管支喘息もある。

- 喘息発作は，ほとんどの場合，突然起こる。患者は，胸部の息苦しさを覚え，喘鳴を起こし，咳き込んで痰を吐く。ひどい発作は，脅威的な体験であり，パニック発作の原因ともなり得る。
- 喘息に苦しんでいるときは，正常時よりも息を吐くのに時間がかかり，水泡音と言われるホイッスルのような音が聞こえる。

気管支喘息の原因

要因をアレルギー性，感染性，心因性に分類する見解がある。これらの3分類に加えて，環境的な要因，たとえばカフェインや運動のようなものも想定されている。

①心理的要因

本来，病原菌やアレルギーから生じた喘息でも，心理的ストレスが発作を誘発することもあり得る。喘息患者は，多くの発作が不安のような情動によって誘発されると報告している。また，母親のストレスが高く，家族に問題があると評定された子どもの間に，喘息の割合が高いとの報告がある。しかし，すべての調査が喘息における親子関係の特徴を見いだしているわけではない。

②生物的要因

最近の研究では，喘息を形成する，遺伝要因と環境的要因との相互作用に焦点が当てられている。呼吸器システムが喘息を引き起こす生理的素因となっている場合，何らかの心理的ストレッサーがそこに存在したなら，それは，その生理的素因と相互作用を起こして喘息を発症させる可能性が強い。

6-5 エイズ

エイズ（AIDS：acquired immunodeficiency syndrome）は，常に命を脅かす病である。エイズは，身体の免疫システムがHIVによってひどく損傷を受け，その結果，致死的な疾患に対する高いリスクに曝されることになる。致死的な疾患は，エイズによって弱体化した免疫システムによって生じた機会を捉えて発症する。

1981年の発見以来，エイズは，現代の最も深刻な感染病としてあり続けている。エイズは，もともとゲイの男性の病気であるといわれていた。しかし実際には，男性女性の両方において異性愛者で病気が増加している。検査を受けていない多くのHIV陽性者は，病気に気づかないまま，自らは健康であると思っている。そのようなHIV陽性者が，他者に感染をもたらしているのである。

エイズの特徴
- 自己破壊的な行動によって生じる場合がある。
- 医学的手法によっては，現在のところ治癒や予防ができない。
- 心理学的方法によって予防できる。

①病気の蔓延

感染リスクが高い行動は，次のようなものである。
- 感染のリスクのある性的行為（性的嗜好とは関係ない）。
- 静脈注射の薬物使用者の間で生じるもの。
- HIV陽性の母からの出産
- 薬物の乱用

②病気の予防
- 一般的に注射針を取り替える指導プログラムや注射器の無料配布を実施。
- HIV検査で陰性の相手を選び，その相手と一夫一婦制を守ること。
- 実際には，性的行動が活発な人にはコンドームに使用を勧めることが有効な予防。
- アルコールや薬物を使用した後の性交渉を避けることも，有効な予防につながる。
  → 最も安全な方法は，一夫一婦的な関係でコンドームを使うこと。

③効果的な予防活動のポイント
- HIVの感染について正確な情報を提供する。Q&A形式の販売案内のようにオンラインや地域のエイズ組織からのパンフレットで利用可能とする。
- 性行為のパートナーの感染リスクを正確に説明する。
- ハイリスクな状況になるきっかけを指摘し，注意を促す。

- コンドームの使用の仕方を教示する。その際，コンドームの利用が性的に刺激にもなることを示唆する。また，コンドームの使用は自分の健康行動をコントロールできる証拠であることを強調する。
- 行動の変化が如何に感染リスクを減らすことになるかを詳細に説明する。
- 性的な事柄について自己主張するスキルを含めて対人スキル訓練を提供する。HIV感染のリスクを減らしながら性的関係を保つことに役立つ対人スキルを提供する。
- 安全な性行動の規範作りなど，広範なソーシャル・サポートを促進するコミュニティ活動を展開していく。

6-6 心理生理的障害への介入

　心理生理的障害では，実際に身体機能の障害が存在する。そのため，心理療法を進めていくうえでは内科医との協力が必要となる。薬物が，患者の特定身体システムにおける損傷や辛さを緩和させるという効果を過小評価するわけにはいかない。しかし，薬物による治療は，患者が心理的ストレスに感情レベルで反応しているという事実を考慮してはいない。患者が示す心理的反応の重要性は，心理療法的介入が必要であることを意味している。

　すべての立場のセラピストが，不安，抑うつ，怒りを軽減することが心理生理的障害の介入に最も有効であるという点で一致している。

高血圧の治療と冠状動脈性心疾患のリスク低減

　重症ではない本態性高血圧には薬物療法以外の方法が探求されてきている。薬物療法以外の介入としては，次のような方法がある。
- 体重の減量，塩分制限，禁煙，有酸素（エアロビック）運動，アルコール摂取の減量が行われ，効果をあげている。
- 体重の減量は，睡眠時無呼吸症も改善する。
- 減量，塩分制限，定期的運動は，コレステロールの有害なレベルを低減するのにも役立つ。

- 心理学的アプローチとして，筋肉のリラクセーション訓練（時にはそれに補足的にバイオフィードバックを加える）を活用して，高血圧の患者に交感神経系の興奮を鎮める方法を教えるということがある。

――◆ バイオフィードバック ◆――
- 付随意運動のコントロールスキルを習得するのに有効である。
- 不安は，一般的に自律的（不随意的）神経システムに関与している状態とみなされている。心理生理的障害は，しばしばこのシステムの神経が分布する組織の損傷によって起きる。
- そこで，研究者やセラピストは，この自律的神経システムに関与できるバイオフィードバックに関心をもってきた。

ストレス・マネジメント

　ストレス・マネジメント（stress management）は，生活していく上での課題に対処していくのを援助するための一連の技法のことである。下記のようものがある。

①覚醒低減

　これは，筋緊張をほぐしてリラックスさせるための訓練である。時にはバイオフィードバックを用いることも。深くリラックスする方法を教え，これを日常生活のストレッサーに対して適用できるように援助することは，個人のストレスを低下させるのに確実に役立つ。また，免疫機能は，リラクセーション訓練で改善できるという結果もいくつか出ている。ストレスそれ自体は，その人にとって予測不可能，コントロール不能，またはその両方と認識される状況への反応とみなすことができる。そこで，リラクセーション訓練は，各人の自己効力感を高め，コントロール不能な力のなすがままになっているのでないという考え方をもてるように援助する。

②認知再構成

　これは，エリスやベックの方法を含むものである。その要点は，認知のあり方が感情や行動に与えるという仮説に基づき，その人のもつ信念体系を変

化させ，体験をより明瞭に論理的に解釈できるよう援助することである。そのための方法として，情報提供も行う。不確実性を減らし，自己コントロール感を高めるために情報を提供することは，ストレスを減らすことにも有効である。

③行動主義的スキル訓練

難しい課題に対処するためのスキルをもっていないならば，その課題に圧倒され，自信を失ってしまうのは当然である。そこで，ストレス・マネジメントでは，時間の使い方や効果的な優先順位の付け方といった課題対処スキルを取り上げる。また，必要なスキルに関する教示や練習を含んでいる。他者の権利を侵害しないように好き嫌いを表現する自己主張スキルの訓練も含まれている。

④環境変化へのアプローチ

このアプローチは，個人ではなく，環境が問題であり，環境の変化に方向づけるという立場をとる。健康におけるソーシャル・サポートの肯定的役割にも注目する。ソーシャル・サポートが人びとの健康維持や疾病への対処に役立つならば，多くのサポートを得ることが健康な生活に結びつくと考えられる。また，職場に関わる環境変化のアプローチもある。個人のプライバシーを尊重し，管理を少なくするように職場環境を変えることは，日々の生活の重要な部分におけるストレス要因を減じることになる。

痛みのマネジメント

急性・慢性の痛みのコントロールのポイントは，以下の3点である。

- 注意を逸らすこと（distraction）
  - ➡ 人が受け取ることができる注意資源は，限定されている。そのため，ひとつの入力ルートに注意を向けた場合，他の入力ルートの処理は妨害されるのである。
- この人間の限界が，痛みを経験する際には肯定的な利点をもたらす。
- 不安の低減，楽観主義，自己コントロール
- 自らが従事していることへの使命感

①急性の痛み

次のような手続きをとる。

- 急性の痛みを訴えた場合，鎮痛剤が与えられ，自己管理するように指示される。
- 服薬を自己コントロールしている患者は，痛みの感覚が大いに減じる。
- 患者コントロール性鎮痛においては，自己コントロールの肯定的影響が，痛みに焦点化することの否定的影響よりも勝っている。
- 経験される痛みが少ないほど，気分がよくなる（それゆえ痛みが少ない）。そして，より通常の日常的活動に従事し，それが健康の感覚を強め，痛みを軽減する。

②慢性的痛み

慢性的痛みを理解するためには，痛み，つまり痛みを与える刺激の知覚と，苦しみと痛み行動とを区別することが有効である。

- 苦しみ：痛みを与える刺激に対する情動的反応
- 痛み行動：痛みや苦しみに関連する観察可能な行動

そして，苦しみや痛み行動に焦点を当てる。

- ➡ 痛みに負けて動けなくなるのではなく，痛みに屈せずに痛みをもちつつも活動することが推奨される。
- ➡ 慢性的な痛みに対して適切な対処ができれば，活動や機能を増す。
- ➡ その結果として，実際の痛みの経験が減少することさえある。

第7章
気分障害

第4巻 第I部に対応

7-1 気分障害とは

気分障害の徴候と症状

気分障害とは，うつ病における悲哀感から，躁病における非現実的な高揚感と焦燥感までを含めて感情が正常に機能しなくなった状態である。

1）うつ病の特徴

- 強い悲哀感，無価値感や罪悪感，他者からの引きこもり，不眠，食欲不振，性欲減退，日常活動における興味や喜びの喪失といった特徴を示す感情の状態。日常で経験する不安や悲哀感とは程度や頻度が異なる。
- 併発：パニック発作，物質乱用，性機能不全，パーソナリティ障害など
- さまざまな形態がある
  - ➡ 子どものうつ病：身体的不調の訴えに結びつく
  - ➡ 高齢者のうつ病：注意散漫や記憶喪失などが特徴
  - ➡ 文化による異なる：文化によって許容される行動が異なるため。
- 時間経過とともに軽快していく（再発の可能性あり）が，それには平均5ヵ月以上かかる。また，自殺の可能性もある。慢性化した場合，発病前の機能水準まで戻れるとは限らなくなる。

2）躁病の特徴

- 多動，多弁，考えの飛躍，注意散漫，実行不可能で大袈裟な計画，突然生じる無計画な活動が見られる。強烈で，しかも根拠のない気分の高揚と焦燥感といった情動状態。
- うつ病エピソード進行中の患者が突然躁病になることもある。一方，躁病エピソードのみの患者は報告が極めて稀。

気分障害の分類

DSM-IV-TRでは，気分障害を大うつ病（単極性うつ病）と双極性障害に大別する。それらに比較して軽度の状態を慢性気分障害に分類する。

1）大うつ病

- 高い罹患率：米国では5.2〜17.1%。女性が男性の2〜3倍多い。
- 20世紀半ばから末にかけて，着実に上昇し，発症年齢は低下した。
- 再発傾向が強い（約80%が再発を経験，平均再発回数4回）。うつ病患者の12%が2年以上の慢性的障害になる。

> **うつ病の判断基準**
> - ほとんど一日中，2週間のうちほとんど毎日，悲哀感，抑うつ気分，もしくは，通常の活動における興味・喜びの喪失が存在し，さらに，次の症状のうち最低四つが存在すること。
> - 不眠（insominia）：入眠困難，中途覚醒後の睡眠困難，早朝覚醒：あるいはなかには，逆に長時間眠っていたいという患者もいる。
> - 活動レベルの変動，動けなくなったり（精神運動性の遅滞），イライラ落ち着かなくなったりする。

- ●食欲低下，体重減少，あるいは逆に食欲増大と体重増加。
- ●活力の喪失，ひどい疲れ。
- ●否定的自己概念：自己批判，自責：無価値感や罪悪感。
- ●頭がまわらない，優柔不断といった集中困難の訴えや証拠。
- ●死や自殺を繰り返し考えること。

2）双極性障害

- DSM-IV-TRでは，躁病エピソードもしくは躁病とうつ病両方の症状が現れる混合性エピソードを含むものと定義される。双極性I型障害患者のほとんどがうつ病エピソードも経験する。
- 罹患率は人口の約1％（大うつ病より低い）。平均発症年齢は20代。男女の比率は同じ。
- 大うつ病同様に再発傾向が高く，50％以上が4回以上のエピソードを経験。

躁病エピソードの判断基準

- ●高揚し，易怒的な気分が，少なくとも1週間持続し，さらに以下の症状のうち三つが持続していること（気分が単に易怒的な場合は四つ）。
- ●仕事面，社交面，性的側面における活動レベルの増大。
- ●普段より多弁：早口。
- ●観念奔逸，または，いくつもの考えが競いあっているという主観的印象。
- ●睡眠欲求の減少。
- ●自尊心の肥大：特別な才能や権力や能力を持っているという信念。
- ●注意散漫：注意が容易に転導される。
- ●後先おかまいなしの浪費など，まずい結果になる可能性が高い快楽的活動に熱中すること。

3）慢性気分障害

①気分循環性障害

抑うつ気分と軽躁状態を同時，あるいは交互に，あるいは間に2,3ヵ月正常な状態が入る形で断続的に経験する。躁と抑うつのエピソードを経験する。

②気分変調性障害

慢性的に抑うつ状態となっている。抑うつ的な気分を含むが，自殺念慮を含まない三つ以上の症状があり，それらが2ヵ月以上持続していることが診断基準で，大うつ病と区別される。

7-2　気分障害の原因論

心理学理論

1）精神分析理論

- うつ病への潜在可能性：口唇期における欲求充足が不十分，あるいは充足過剰であると，人間はこの段階に固着し，この段階の欲求充足に依存的になる傾向ができる，と考える。
- うつ病発生のメカニズム：愛する人を失う（死，別離，愛情の消失）と，悲哀者（残された者）は，その失った人間を自己と一体化することで，喪失を打ち消そうとする。が，それは多くの場合，空しい努力となる。無意識に否定的な感情を失った相手に抱くため，自分自身に対して憎悪と怒りを感じてしまう，というのがフロイトの推論。
- こうした理論を強力に支持する研究データは出ていないが，フロイト以後も彼の基本的仮説が影響を及ぼし続けた点は，評価されるべき。

2）ベックの認知理論

うつ病患者が抑うつ的に感じるのは，彼らの考えが否定的な解釈に偏っているためと仮定する。

- 児童期，青年期に不幸な経験をしたり，拒絶されたり，批判されたり，親の抑うつ的な態度に触れることで，否定的なスキーマを学習する。
- 通常，人は多くの種類のスキーマをもっており，こうした知覚的スキーマのセット（「ミニパラダイム」）を用いて生活を秩序立てている。しかし，うつ病患者の場合は，過去の状況と少しでも似ていると否定的スキーマを働かせてしまう。
- うつ病患者の否定的スキーマは，認知的偏りによっていっそう堅固になり，現実知覚を歪める。そして否定的な自己評価をもたらすスキーマのため，絶えず自分が無力だと感じる。
- 自己，周囲の世界，将来について否定的な見方を保持し続けてしまう。

3）無力感／絶望感の認知理論

①学習性無力感理論

個人が受動的になり，自分の人生を統制できない感覚をもってしまうのは，以前にうまく統制できなかった不快な経験や外傷体験があったためで，これらが無力感をもたらし，うつ病へと発展すると仮定する。

②帰属理論と学習性無力感

学習性無力感モデルの改訂版である。人が自分の行動について行う説明の仕方のことである帰属に注目した。うつ病になりやすい人は，「抑うつ的帰属スタイル」をもち，悪い結果を個人特性・普遍性・安定性の要因に帰属する傾向が強い。否定的な出来事の直後には情緒的反応（抑うつ気分）が起きる。その後の帰属の過程で原因探しが行われ，普遍性・安定性の要因に帰属されると抑うつ気分が長引くと考える。

③絶望感の理論

あるタイプのうつ病（絶望感うつ病）は，絶望感（hopelessness）によって生じる。絶望感とは，自分が望む結果にならないだろうという予測や，自分が適切に対処できないような望ましくない結果になるだろうという予測のことである。否定的ライフイベント（ストレッサー）が絶望感に陥りやすい病的素因と相互作用して発症すると考える。ここでの素因は，上述の帰属スタイルの他に，低い自尊心や否定的なライフイベントはひどい結果をもたらすと考える傾向である。絶望感の理論によれば，うつ病と不安障害の同時罹病を直接的に説明することが可能となる。無力感が確信的に予測されると，うつ病と不安の両要素を伴った症候群が生じ，最終的には否定的な出来事が起こるに違いないという確信に至り，絶望感が生じるとみなす。

4）うつ病の対人関係理論

うつ病の病因や生成過程に人間関係が関連していることと想定する。
- 社会的支援が不足⇨否定的ライフイベントへの対処が困難⇨うつ病になりやすくなる。
- うつ病患者の非言語行動（沈黙やゆっくりとした話し方，消極的な自己開示，悲観的な情動など）が他者の否定的反応を引き出している。
- 常に安心を探そうとする態度は，他者にとって煩わしい。
- 否定的な自己概念によって他者からの肯定的フィードバックを本物かどうか疑ってしまい，本物かを繰り返し確かめようとするので他者をいらつかせてしまう。
- うつ病発症と配偶者／家族との関係悪化は同時に起こることが多い。
- そのような対人関係の困難さは，うつ病の結果であると同時に，原因である可能性もある。

5）双極性障害の理論

否定的ライフイベントと結びついた帰属スタイルと非機能的態度は，躁病症状の増加も予測できる。したがって，うつ病の認知理論が双極性障害にも適用可能であることを示唆されている。また，躁状態は心理的衰弱に対する防衛の一つとして理解することもできる。しかし，生物学的過程が気分に多大な影響を与えることは明らかである。したがって，うつ病・躁病の生物学的要因を追求することは当然である。特定の神経伝達物質レベルを上げる薬物療法が有効なことも生物学的要因が重要であることを示している。

①遺伝学データ

双極性障害については，遺伝的要素が強い。単極性うつ病については，遺伝的要素は重要ではあるが，双極性障害ほどではない。男性よりも女性の方が遺伝的要素が強いことが示唆されている。
- 双極性患者の一親等における気分障害出現頻度：約10～25%
- 低年齢に発症しているほど近親者での発症危険性が高い
- 一親等での発症率／双極性障害：6.45%，単極性うつ病：10%
- 双生児研究：一卵性双生児：70%，二卵性双生児：25%
- 連鎖分析：18番目と21番目の染色体における遺伝子に注目

②神経化学
- ノルエピネフリン水準が低下するとうつ病に，上昇すると躁病になるとされている。セロトニン水準が低下するとうつ病になるとされている。
- 薬物の効果が，うつ病や躁病とノルエピネフリン・セロトニンとの関連を示す根拠となっている。
- 三環系抗うつ薬（例：イミプラミン　トフラニールR）は，前シナプスニューロンから放出されたノルエピネフリンとセロトニンが，前シナプスニューロンに再取り込みされるのを阻害する⇨シナプス間隙の神経伝達物質の濃度が上昇し，神経インパルスの伝達が容易になる。
- モノアミン酸化酵素（MAO）阻害薬（例：トラニルシプロミン　商標パルネート）は，モノアミン酸化酵素による神経伝達物質の非活性化を妨害⇨シナプス間隙のセロトニンとノルエピネフリン双方の濃度が上昇⇨神経伝達物質水準の異常な低下を補正する効果が生まれる。
- 選択的セロトニン再取り込み阻害薬（SSRI）（例：フルオキセチン　商標プロザック）は，従来の薬より選択的な効用があり，とりわけセロトニンの再取り込みを阻害する⇨単極性うつ病の治療に効果的⇨セロトニン水準の低下とうつ病の間の深い関連を示す。

③神経・内分泌系
- 〈視床下部―脳下垂体―副腎皮質軸〉がうつ病に関連している。
- 脳の辺縁領域は感情に密接に結びつく⇨視床下部に影響⇨内分泌腺の統制・ホルモンに影響⇨自律神経系のうつ病症状。
- うつ病患者は，コルチゾール（副腎皮質ホルモン）の水準が高く，その原因は視床下部から甲状腺刺激ホルモンが過剰に分泌されるからと考えられる。コルチゾールの過剰分泌は，副腎の肥大化を引き起こし，海馬にも異常をもたらす。

7-3　気分障害への介入

うつ病は定型的経過を辿るので治療的介入の上では好都合である。しかし，症状が消失するまで待つことが本人にも周囲の人びとにも困難となる。また，再発する傾向や自殺の危険もあり，注意深い介入が重要である。心理学的介入と生物学的介入がある。どちらかのみの場合でも，あるいは両方を組み合わせた場合でも効果は認められる。

うつ病の心理療法

1）力動的心理療法

うつ病は自分自身に無意識に向けられた怒りから生じると考え，抑圧された葛藤を洞察できるよう援助し，自己の内面に向いている敵意を発散できるように促すことを目的とする。有効性を調べた研究は少ない。

2）認知行動療法

否定的スキーマや思考の誤りが深い悲哀感や低い自尊心の原因とする。

①ベックの認知療法

セラピストがうつ病患者の考え方や自己の見方を変えようとする。行動療法的要素も取り入れて，宿題-成功体験-肯定的自己感を持つ機会を活用する。介入効果は確認されており，再発予防効果を示すデータも出されている。

②エリスの論理情動療法

「価値のある人間であるためには，あらゆることに有能でなければならない」という非合理な信念を変えようとする。

③国立神経保健研究所の研究プログラム

1977年に開始されたベックの認知療法に関する大規模な研究。3ヵ所で認知療法と対人関係療法，薬物療法（イミプラミン）の効果を比較した研究。介入要素を含む三つの介入方法は同程度に有意な成功を達成し，ほとんどの部分でプラセボ群よりも優れていた。

④マインドフルネスに基づく認知療法

うつ病の介入成功後の再発防止に焦点をあてた心理療法である。再発しやすいのは，抑うつ的な気分と大うつ病エピソードにおける否定的で自己卑下的かつ絶望的な思考が絶えず連結することが原因と仮

定する（回復しても，悲しくなったりがっかりしたりすると，うつ病だったときと同じ考え方を始めてしまう）。この思考パターンが復活すると，軽い抑うつ状態が持続するようになり（強化），やがて重い状態へ変化する。抑うつ的になっていることを認識させ，"脱中心化（decentered）"の視点を身につけることで，抑うつに関連した思考や感情に対して距離をおいた関係をつくることを目的とする。自分の思考を自己の核心的様相や現実の正確な反映と捉えるのではなく，"心的心象"としてとらえる視点（「思考は現実ではない」「私は私の思考とは別物」）を重視する。うつ病エピソードを3回以上もつ患者には，この方法が統制群（通常の治療）よりも再発を減じる効果があることが示されている。

⑤社会的技能訓練

他者との関係に満足感をもてないといううつ病の特徴に対して，社会的な関係を改善できるよう援助することに焦点を当てる。生活技能訓練（Social Skill Training：SST）に基づく介入がうつ病の軽快に効果があるとの研究報告がある。

⑥行動活性化療法

考え方を変えるだけの認知療法では，不十分として，明確な行動的アプローチを採用して実際に行動を活性させることに重点を置く。

双極性障害への心理学的介入

認知行動療法，薬物療法，病気についての心理教育，家族への介入，対人・社会リズム療法を用いることが双極性障害への介入として有効であるとされる。介入目標は，以下となる。
- 躁病エピソードがいかに他者との人間関係を妨害しているかについて患者に認識させる。
- おそらく一生続く慢性的な障害であること，適切な薬物療法と行動・思考を変えていくための介入の必要性を患者自身が受け容れられるように支援する。
- 日常の行動を習慣化すること・対人関係の問題を減らすこと・薬物をきちんと服用することについて患者を支援する。

1）病気に関する心理教育

クライエントと家族を対象にして，「双極性障害がどういうものか」，「家庭でのストレスを減らすよう取り組むことが望ましいこと」，「服薬を続ける必要性」を教示する。

2）家族への介入

家族に対して，「病気についての教育」，「家族間のコミュニケーションを高めることへの取り組み」，「問題解決能力を高める訓練」を施行する。

3）対人・社会リズム療法

24時間周期のリズムと寝起きのサイクルは，そのサイクルが肯定的・否定的にかかわらず，さまざまなライフイベントによって乱される。そこで，ストレスや躁病エピソードを引き起こすライフイベントへの対処に関して患者を支援する問題解決的介入を行う。

生物学的介入

1）電気けいれん療法

患者の脳に70～130ボルトの電流を流して故意に発作を引き起こし，一時的に意識不明の状態にする。短時間で切れる麻酔をかけ，電流を流す前に強力な筋肉弛緩剤を注射する。筋肉の痙攣発作は傍から見てもほとんど分からず，患者は数分後に目覚めるが，自分に施された治療については何も覚えていない。
- 効果：重篤のうつ病に対する治療としては最善のものとされる（理由は不明確）。
- 危険性：一時的ではすまされない記憶喪失や混乱状態などの危険性も認められている。
- 他の穏便な介入を長年続けてもあまり効果が上がらなかった場合のみ施行されることが多い。

2）薬物療法

①うつ病の薬物療法

抗うつ薬は，次の三つのグループに分けられる。
- 三環系抗うつ薬：イミプラン（トフラニール），アミトリプチリン（エラビール）など。

- 選択的セロトニン再取り込み阻害薬（SSRI）：フルオキセチン（プロザック），セルトラリン（ゾロフト）など。
- モノアミン酸化酵素（MAO）阻害薬：トラニルシプロミン（パルネート）など。
- 効果：50〜70%が改善されるとの研究結果が出ている。各グループそれぞれの臨床的効果には差がないとされているが，SSRIは副作用が少ないことに利点があるため，最も頻繁に処方されている。
- 問題点：適した期間や適した服用量の処方がなされていないことが多い。また，服薬をやめた後でうつ病が再発することが多い。

② 双極性障害の薬物療法
- 炭酸リチウム：単極性うつ病よりも双極性障害に有効とされる。
  → 効果：躁病エピソードの消失と再発予防に大きな効果がある。
  → 危険性：リチウムの血清レベルが高くなりすぎたときにリチウム中毒（震え，吐き気などから不整脈，昏睡，死亡などまで幅広い）の危険性が生じる。また，服薬を中断すると，躁病エピソードの再発の危険性が高まる。
- カルバマゼピン（テグレトール）とジバルプロックスナトリウム（デパケン）。
  → 両者とも有効な治療薬ではあるが，再発を予防するために作られたものではない。

③ 薬物の分類と副作用
表7.1に関連する薬物の種類とそれに伴う副作用をまとめたので参照のこと。

7-4 児童期と思春期のうつ病

児童期と思春期のうつ病の特徴

１）成人のうつ病との比較
- 類似点：抑うつ気分・快感を体験する能力の喪失・疲労・集中困難・自殺観念
- 相違点：児童期と思春期は，自殺企図と罪悪感が高率。それに対して成人期は，早朝覚醒・食欲減退・体重減少・早朝の抑うつ感が高率

２）罹患率
- 就学前の児童期：1%未満，就学中の児童期：2〜3%，
- 思春期：成人に匹敵（男性：女性＝1：2。女性7〜13%）

３）併発
他の疾患を併発している割合が高い。この場合の方がうつ病の症状も深刻である。
- うつ病の子どもの70%近くが不安障害もしくは深刻な不安症状を併発
- 行為障害や注意欠陥障害の子どもによく併発

児童期と思春期のうつ病の原因論
- 遺伝子的影響
- 家族を中心とする人間関係（お互いに対して暖かさがなく敵意が多い）
- 仲間やきょうだいとの否定的相互作用（原因にも

表7.1

分類	属名	商品名	副作用
三環系抗うつ薬	イミプラミン	トフラニール	心臓発作，脳卒中，低血圧，かすみ目，不安，疲れ，口の渇き，便秘，胃の障害，勃起不能，体重増加
	アミトロプチリン	エラビール	
MAO阻害薬	トラニルシプロミン	パルネート	致命的な重症の高血圧，口の渇き，めまい，吐き気，頭痛
選択的セロトニン再取り込み阻害薬	フルオクセチン	プロザック	神経質，疲労感，胃腸障害，めまい，頭痛，不眠
リチウム	リチウム	リチウム	震え，胃の不快感，協応動作の困難，めまい，不整脈，かすみ目，疲労感，死亡

- 認知の歪みや否定的な帰属スタイル（原因にも結果にもなりうる）

児童期と思春期のうつ病への介入

1）薬物療法
- フルオキセチンはプラセボよりも症状を弱めるが，症状が完全に消えることはまれである。
- 選択的セロトニン再取り込み阻害薬の方が三環系抗うつ薬よりも優れている。
- 子どもと若者においては，抗うつ薬の効果はプラセボと変わらない。

2）心理社会的介入
成人に対して効果が認められている対人スキル訓練，問題解決技法，認知的技法などを含んだ介入が，子どもにとっても有効である。ただし，成人に比べて若年者の場合は，認知の偏りや期待や帰属といったものよりも環境におけるストレッサーの方が重要な場合が多い。そこで，子どもや若者だけでなく，家族や学校を含んだ包括的なアプローチによって，さらに効果的な介入が可能になる。
- 対人関係療法の，うつ病の若者用に修正されたもの（思春期特有の問題に焦点）
- 学校における認知行動的介入（家族療法や支持的心理療法よりも有効とされる）
- 認知行動療法
- 認知行動的集団療法（うつ病への対処行動についての教育を含んだもの）
- 対人スキル訓練
- 認知的介入
- リラクセーション訓練

7-5　自殺

西洋社会において，自殺は，法的にも宗教的にも罪とみなされていた。今日の米国では，ほとんどの州で自殺を後押しすることや指示することを犯罪とする法律を定めている（自殺未遂を軽犯罪としてあつかう州もある）。うつ病と双極性障害の患者の多くは自殺念慮をもち，時には実際に自殺を試みる。

しかし，抑うつ状態にない人（境界性パーソナリティ障害やアルコール依存症の患者）が自殺を企て，時に死にいたることも多い。

自殺をめぐる事実と神話

1）自殺に関する事実
自殺については，次のような事実が明らかになっている。
- 統計によると，米国では約20分ごとに誰かが自殺している（10万人あたり約12人）。自殺率は高年齢層において増加している。
- 離婚や配偶者を失うことにより自殺率は4〜5倍に高まり，その影響力は加齢とともに高まる。
- 自殺は残された人間自身が犠牲者である。
- 米国における自殺未遂と既遂の割合は，自殺未遂：既遂＝200：1である。

2）自殺未遂者と自殺者における違い
表7.2に自殺未遂者と自殺者の違いをまとめたので参照のこと。

3）自殺にまつわるいくつかの神話
自殺に関しては，誤った言説が流布している。そのような言説を信じた場合，自殺予告に対して誤った対応をする危険性が生じるので要注意である。表7.3にそのような神話をまとめたので参照のこと。

自殺についての見解

1）自殺学者が考える自殺者
人生を突然終わらせるために選択された劇的な行為を，慎重に実行する人物だけでなく，長い期間にわたり自らに重大な損傷や死をもたらす可能性のある行為を続ける人物も含まれる。

2）自殺者の遺書の特徴
- 自殺者はしばしば特定の詳細なメッセージを残す（例：残されたペットにはある特定のメーカーのペットフードを与えて欲しい）。

表 7.2

特徴	自殺未遂者	自殺者
性差	大多数が女性(男性の3倍)	大多数が男性(女性の4-5倍)
年齢	若年層に多い	年齢とともに増加
方法	致命的危険性は少ない方法(薬, 手首切傷など)	暴力的方法(銃, 飛びおりなど)
よくみられる診断	気分変調性障害	大うつ病
	境界性パーソナリティ障害	アルコール依存症
	統合失調症	
中心的感情	怒りを伴った抑うつ感情	絶望感を伴った抑うつ感情
動機	状況の変化	死
	助けを求める叫び	
病院での経過	不幸感からの回復は早い	
行ったことに対する態度	助かったことへの安堵感	
	繰り返さないことを約束	

表 7.3

1. 「自殺すると言っている人は, 自殺しないものである」
2. 「自殺は, 何の警告もなしに行われる」
3. 「自殺をするのは, 特定の階級の人だけである」
4. 「ある特定の宗教の信者は, 自殺を考えないはずだ」
5. 「自殺の動機は, 単純なものである」
6. 「すべての自殺者は, 抑うつ状態にある」
7. 「身体的病気の末期状態にいる患者は, 自殺をすることがない」
8. 「自殺をするのは, 正気の仕業ではない」
9. 「自殺は, 太陽の黒点や月の満ち欠けなどの宇宙的要因によっても影響される」
10. 「情緒的問題が改善されると, 自殺の危険性は減る」
11. 「自殺は, その人間一人の問題である」
12. 「自殺者は, 明らかに死にたくてしかたがなかったのである」
13. 「自殺について考える人は, ごくわずかである」
14. 「人に(特に抑うつ的な人に)自殺について尋ねると, その人を追い詰めてしまい, やらなくて済んだかもしれない自殺へと導いてしまう」
15. 「致命的とは思われない方法で自殺を試み未遂に終わった人は, そもそもそれほど本気で自分の命を絶とうとは思っていなかった」

● 遺書に書かれた怒りや敵意の量は偽の遺書より本物の遺書の方が多い。

3) 自殺の動機
● 自己の内界に向けられた攻撃性
● 他者に罪悪感を抱かせることで達成される報復
● 他者に対する愛情の強要
● 過去の失敗と認識されているものへの償い
● 受け容れがたい感情の消去
● 再生願望
● 他界した愛しい人間との再会への願望
● ストレスや障害や痛みや空虚感から逃れる願望や必要性など

4) メディアの影響
メディアで自殺報道をすることが, 自殺者を急増させてしまう危険性がある。

自殺に関する理論

1) 自殺に関する精神分析学的理論
人は, 愛情と憎悪の両価的感情を向けていた人物を失い, その人物を自らのなかに取り入れると, 攻撃的な感情が自分自身に対して向けられる。このような感情が強くなれば人は自殺を図る。

2) デュルケムの社会学的自殺理論
自殺破壊行為は一種の社会現象である。そして, 以下の3種類に分類される。
● 利己的自殺:家族やコミュニティとの結びつきが

ほとんどない人が疎外感より。
- 愛他的自殺：強い集団意識を持ち社会のためを思って自分自身を犠牲に。切腹も含む。
- アミノー的自殺：個人と社会の関係における突然の変化（倒産や災害など）がきっかけ。

3）シュナイドマンの自殺へのアプローチ

ほとんどの自殺は，強烈な苦しみの原因となっている問題を解決しようとする意識的な努力行為である。この解決法は，意識を断ち，我慢できない苦しみを終わらせるものであり，そこには希望を抱こうとする態度や建設的に行動しようとする意識は残っていない。表7.4にシュナイドマンの自殺へのアプローチのポイントをまとめたので参照のこと。

自殺（念慮）への介入

1）予測と予防

心理検査の結果をもとに自殺行為を予測することが可能になれば，理論的にも実践的にもかなりの価値がある。下記のような研究はなされているものの，自殺の予測は困難である。たとえ，信頼性のかなり高い検査があったとしても，自殺というそう頻繁には起こらない出来事を，純粋な統計学的視点から正確に予測することは不可能だからである。
- 自殺企図と絶望感との間の有意な相関関係→絶望感が自殺の強力な予測要因に
- 「生きる理由に関する質問紙」
  ➡ 自殺の実行を思いとどまらせるような生活上の事柄を知ることは，アセスメントにおいても介入においても重要
- 生活満足感と自殺行為との間には優位な相関関係
  ➡ 生活満足感が自殺の予測要因に

2）自殺念慮への直接的介入

自殺しようとしている人間と面接するセラピストは，通常の患者や精神障害の患者の場合よりも多くのエネルギーと時間をかけて対応しなければならない。セラピストは，自殺しようとしている人びとの生活において唯一の重要な人物となる事を認識すべきである。自殺しようとしている人間が見せる極端な依存や

表7.4

I．自殺に広く認められる目的は，問題解決である。
II．自殺に広く認められる目標は，意識の終結である。
III．人を自殺に追い込むと広く認められている要因は，我慢できないほど強烈な心理的苦痛である。
IV．自殺において広く認められるストレス要因は，心理的要求が満たされない状態である。
V．自殺において広く認められる感情状態は，絶望感と無力感である。
VI．自殺において広く認められる認知状態は，迷いである。
VII．自殺において広く認められる知覚状態は，狭窄状態，すなわち視野が狭められた状態である。
VIII．自殺において広く認められる行為は，「その場から消えること」である。
IX．自殺において広く認められる対人行動は，自殺しようという気持を伝達することである。
X．自殺において広く認められる一貫した特徴に，終生続く対処行動パターンがある。

助けようとする努力に対して時に示される敵意や恨みを覚悟しなければならない。次頁の表7.5に自殺しようとする人に対する場合のガイドラインを示したので，参照してほしい。

自殺する人間に共通する性格特性に焦点を当てるシュナイドマンのアプローチのポイントは以下のとおりである。
- 強い心理的苦痛と苦悩を緩和する。
- 耐え難い苦しみや虚しさ以外にも選択肢があることを認識させ，患者の視野を広げる。
- 自己破壊的行為を，少しでもいいから止めるように促す。

3）自殺予防センター

大部分が臨床心理士や精神科医の監督指導を受けている非専門家が，自殺の危機にある人びとのために24時間通してコンサルテーションを提供している。
- 職員の仕事：「電話を受ける」⇨「相手が実際に自殺を試みる可能性について査定」⇨「電話の相手との間に人間的なつながりを作り，相手が自殺

表7.5 自殺しようとする人に対応する一般的なガイドライン

一般的心構え

1. 自殺について率直にかつ現実的に話し合う。
2. 自殺をしようとする行動や動機について非難することは避ける。
3. 自殺は問題解決のための行動であることを認めつつも、その方法は適切ではなく、また効果的解決法ではないことを示す。
4. 他のセラピストなど、クライエントにとって重要な他者に協力を求める。
5. 面接の回数を増やし、面接のなかで長期的な目標に向かって取り組んでいくような介入方針を設定する。
6. 患者に対して影響を与えるさまざまな要因に常に注意を払い、セラピスト一人が患者の自殺行動の責任をすべて引き受けるような状況になることを避ける。
7. 同僚と専門的なコンサルテーションをたえず行う。
8. 介入を拒む人とも時期を見て接触をもつようにする。

危機前の心構え

9. 危機的状況を予測し先手を打つ。
10. 自殺や自傷行為の危険性を継続的に評価する。
11. クライエントの近くで見守る。
12. 緊急時対応や危機管理や自殺予防に関する地域のサービス機関を利用する。
13. クライエントにセラピストや警察、救急センターや病院、その他重要な他者の電話番号を記してあるカードを手渡す。
14. 患者の家の電話番号と住所、ならびに彼らにとって重要な他者の電話番号と住所の控えを持ち歩く。
15. ある期間(短期間)は自殺をしてはならないという約束をとりかわし、常に最新のものに更新していく。
16. 患者の主治医と連絡をとり、治療薬を過剰に処方すると危険であることを知らせておく。
17. セラピストの関心を得るために自殺の話をしたり自殺念慮を抱いたりするという手段を患者にとらせてはならない。
18. セラピストが心配していることを率直に表現し、その場かぎりでない温かさと配慮を示す。
19. 問題を解決するための自殺以外の方法をはっきりと示し、それを確固たるものにしていく。
20. 患者が自殺をした場合にセラピストはどのような反応をするのか患者に認識させる(たとえば、もしも患者が命を落としたら、セラピストは悲しい気持を抱きながら生活を続けていくだろう、というように)。
21. 患者が自殺をした場合の他者の反応について、患者が確実に想像できるようにしておく。

を思いとどまるよう努力」
- 自殺をしようとする人間への共感:波長合わせ:自殺しようとしている人間の状況を本人の感じているままに把握し、共感を伝える。

4) 自殺犠牲者―残された者

死因が自殺である場合は残された者の悲嘆は長期に持続しやすい。そこで、自殺の衝撃に対処できるよう残された者を支援するためのピア・グループができている。自殺犠牲者支援のポイントは、社会的支援、感情を自由に表現する機会、建設的な情報、専門家への紹介などを提供することである。

第8章
統合失調症

第4巻 第Ⅱ部に対応

8-1 統合失調症とは

　統合失調症（schizophrenia）とは，思考，感情，行動の大きな混乱を特徴とする精神障害である。日本では，2002年に「精神分裂病」から呼称を変更となった。統合失調症の症状は，思考，言語，知覚，注意，運動，行動，感覚あるいは情動，生活機能といったいくつかの主要な領域の障害にまとめられる。症状が重なり合って，家族およびその家族や友人に深く影響を及ぼす。たとえば，認知力低下や意欲喪失から職を失いホームレスになったり，奇妙な行動のため友人を失ったり，他者から嘲笑と迫害を受けることもある。薬物依存率や自殺率が高いのは，否定的な感情を軽減しようとする試みとも考えられる。

統合失調症の臨床症状

1）陽性症状

　たとえば幻覚や妄想といったように，ある種の機能の過剰や歪みに由来する症状から構成される。その多くは，患者が急性期にあることを判断する材料となる。

①妄想

　現実に反する信念。統合失調症に共通する陽性症状。
- 被害妄想：多くの国をまたがる大規模調査でも患者の65%にみられた。
- 被害妄想以外の形態
  - ➡自分のものではない思考が，外的な力によって注入されてしまう。
  - ➡自分の考えがメディアによって放送されたり，他者に伝わってしまったりして，自分が何を考えているかが他人に知られてしまう。
  - ➡自分の考えが，外的な力によって突然予期せず，盗まれてしまう。
  - ➡自分の感情や行動が，外的な力によって支配されてしまう。
- 妄想は，患者の約半分以上に認められる。
- 他の疾患に比べて奇妙な妄想が多く，信じがたい内容である。

②幻覚と他の知覚障害

　世界がどこか違って見えるとか，非現実的に思えると報告することが多い。身体の感じ方が変わり，身体が自分のものではなくなり機械のように感じることもある。
- 最も劇的な知覚の歪みとして幻覚がある。
  - ➡視覚的よりも聴覚的であることが多い。
  - ➡他の精神病と比較して多いため，診断する上で特に重要視される。
- 幻覚のタイプ
  - ➡他人の声で話される自分の考えが聴こえる。
  - ➡議論している声が聴こえる。
  - ➡自分の行動を論評してくる声が聴こえる。

2）陰性症状

　活動性欠如や行動欠損から成る症状。急性期エピ

ソードが終った後も続き，患者の生活に深い影響を及ぼす。また，予後にも重要な影響を及ぼす。陰性症状が多いことは，入院後2年間の生活の質が低いことの予測因子となる。

①意欲喪失と無気力
エネルギーが低下し，日常の出来事への関心が低下し，日常生活ができなくなること。身だしなみや衛生状態に注意を払わなくなる。何もしないでただ座って時間を過ごす。

②無論理的思考
会話の貧困が起こり，話の全体量が少なくなる。

③快感情喪失
楽しさを経験することができなくなること。患者自身，この症状を自覚しており，普通であれば楽しいと思う行動が自分にとっては楽しめないのだという。

④感情の平板化
どんな刺激を受けても情緒的な反応を引き出せない。目に生気がない，平坦で単調な声など。患者の66％に認められる。ただし，この概念は，外界に向かっての感情表出について言っているのであり，内的な感情経験の量は健常者と同等であるという研究もある。

⑤非社交性
対人関係を結ぶ能力がひどく障害を受けること。これは，精神病の症状が子ども時代にすでに見られていたということであり，最初に現れる統合失調症の症状といえる。

3）解体的症状

①解体した会話
思考障害として知られているものである。思考滅裂，連合弛緩，脱線などによって系統立って考えることも聞き手が理解できるように話すことができないという問題を示す。

②奇異な行動
さまざまな形態があり，程度や範囲はまちまちであるが，いずれも常識的に説明のつかない行動。そのような理解不能が行動を突然に起こすことがある（例：興奮して大声を出す，奇怪な服装，ゴミを集めるなど）。

4）上記主要3カテゴリ以外の重要な症状

①緊張病
下記のような運動異常として定義される。
- 奇妙で，時に複雑な指・手・腕の動きを繰り返し，その身振りは意味ありげに思える。また，激しい興奮，手足を打ちつける行為，躁病でもみられるようなエネルギーの発散を示す。
- 緊張病症性無動：異常な姿勢をすると，それが長い間そのまま保持されること。
- ろう屈症：他の人が彼らの四肢を動かして奇妙な姿勢を取らせると，その姿勢を長時間保持する。

②場にそぐわない感情
情緒的反応が，前後の文脈からはずれている。特別な理由なく一つの情動状態から別の情動状態へ急に移行する（例：母親がたった今死んだと聞いて笑う）。この症状は非常にまれだが，出現した場合は特異性が高いので診断上きわめて重要となる。

統合失調症の分類基準

発症は，ほとんどが青年期後期か成人期前半（いくらか男性の方が早い）。ここ数10年間で発症年齢の低下がみられる。典型的な統合失調症患者には，多くの急性期エピソードがある。また，エピソードとエピソードの間にも病的徴候がみられる。罹患率は，1％程度で男女差ない。合併症としては，薬物乱用が重大な問題であり，50％程度認められる。

統合失調症の判断基準
- 以下の二つか，それ以上の症状が，少なくとも1ヵ月以上存在する。
①妄想，②幻覚，③まとまりのない会話，④まとまりのない，または緊張病性の行動，⑤陰性症状。
- 発症以降の社会的または職業的機能の低下。
- 症状の持続が6ヵ月以上。初発時の症状は少なくとも1ヵ月以上続くこと。残りの期間には陰性症状または初発時とは弱まった形で他の症状が存在。

統合失調症の概念の歴史

エミール・クレペリンとオイゲン・ブロイラー（共にヨーロッパの精神科医）によって概念が提唱された（表8.1参照）。

その後，各国で概念の変化が起きている。また，統合失調症の諸症状は等質ではないため，障害の下位分類が提唱された。DSM-IV-TRでは，表8.2のように三つの下位類型を提示している。しかし，型を診断することは難しく，診断の信頼性は著しく低くなる。実際には，型が予測妥当性をほとんどもたない。

ほとんどの統合失調症患者は混合した症状を呈していて，純粋な類型に当てはまる患者は少ないとの研究結果も示されている。

8-2 統合失調症の原因論

生物学的理論1——遺伝研究

遺伝的要因が発症に重要な役割を示していることは明らかである。しかし，だからといって統合失調症が遺伝的伝達物質によって完全に決定される障害だと結論づけることはできない。なぜならば，統合失調症は，その行動によって定義されるからである。遺伝的因子は障害の素因となりうるだけであって，何らかのストレスがその素因に加わって初めて観察可能な病理として現れるのである。

1）家族研究

統合失調症患者の血縁者の発症危険率は高く，遺伝的関係が近くなるにつれて危険率はさらに増す。また，家族に統合失調症をもつ患者は，そうでない患者に比べて陰性症状を呈することが多い。

2）双生児研究

一卵性双生児の一致率（44.3％）は，二卵性双生児（12.8％）よりも一般的に高い。ただし，100％には及ばない。陰性症状の方が陽性症状より強力な遺伝要素をもつことが示唆されている。

表8.1

	クレペリン	ブロイラー
用語	早発性痴呆（dementia praecox）	1908年　精神分裂病（schizophrenia）
定義	内因性の精神病の一つ	"連想の糸が切れてしまった状態"
	妄想型・緊張型・破瓜型	連想の糸＝語と語や思考と思考の間のつながり
概念の核	若い時期の発症（早発性，praecox）と進行性の知的荒廃（痴呆，dementia）	必ずしも若く発病するとは限らないし，また痴呆へ進行するとも限らない
診断カテゴリ	診断カテゴリを予後の悪い患者に限定	予後のよい患者も精神分裂病の分類に加え，早期性痴呆と診断されなかった患者をも精神分裂病の概念に含めようとした（クレペリンによる定義の拡大）

表8.2

解体型	解体型統合失調症（disorganized schizophrenia）※クレペリンの破瓜型	会話はまとまりなく，聞き手は理解できない。情動が平板化したり，もしくは絶えず不安定。急に訳もなく笑ったり泣いたりする。行動もまとまりがない。外見を気にしなくなる。
緊張型	緊張型統合失調症（catatonic schizophrenia）	先に述べた緊張病性の症状。緊張性無動と激しい興奮の両極を行ったり来たりする。どちらか一方が優勢な場合も。緊張型は今日ではめったに見られない（薬物療法の効果と考えられる）。
妄想型	妄想型統合失調症（paranoid schizophrenia）	被害的なものが一般的だが，ときに誇大妄想も。あるいは，配偶者や恋人が不誠実だと信じ込み妄想嫉妬に苦しめられる。妄想の枠組みのなかに取るに足りない事柄を取り込み，他人の些細な行動に個人的な意味をよみとってしまう関係妄想。統合失調症の患者が法律上のトラブルを起こすとき，たいていは妄想型。

3）養子研究

統合失調症患者を家族にもつ者同士は，遺伝子だけでなく生活体験も共有している。また，一卵性双生児の発症率が100％ではないことから，環境の要因を無視するわけにはいかないともいえる。

そこで，環境要因を取り除くことができ，遺伝子の役割についてのより決定的な情報が得られる養子研究が行われた。たとえば，統合失調症の母親と引き離されて一度も接触がなくても，その子どもたちは，統制群に比べると統合失調症になりやすかった。

このように潜在的な影響を取り除いた上での研究結果は，統合失調症の発症に関する遺伝的因子の重要性を強く支持する内容であった。

生物学的理論 2 ── 生化学研究

遺伝的な因子の役割が明らかにされたことで，生化学的な因子が研究されるべきことが示唆された。現在の研究では，ノエルピネフリンやセロトニンといった，いくつかの神経伝達物質が研究の対象となっている。もっとも研究されてきたのはドーパミンである。

1）ドーパミン研究

統合失調症に最も関連が強いと考えられているのは中脳辺縁系のドーパミン系の過剰活動である。
- 抗精神病薬は，ドーパミン受容体を阻害して活動性を低下させる。その結果，陽性症状が改善される。したがって，ドーパミン系の過剰活動が陽性症状に関連していると考えられる。
- 前頭前野のドーパミンが活性化されていないことと陰性症状の関連が考えられる。

2）生化学データの評価

ドーパミンは最も活発に研究されているが，つぎに示すように，統合失調症の生化学について完全な説明は提供できていない。
- 抗精神病薬はドーパミン受容体を急速に阻害するのに対し，統合失調症の陽性症状は数週間をかけて徐々に軽減していく
  ➡ 効果的側面と薬理的側面の影響の時間的なズレを説明できない。統合失調症は，知覚，認知，運動，社会行動などにおいて幅広い症状を呈する障害であり，それらすべてを一つの神経伝達物質で説明するのは難しい。
  ➡ グルタミン酸，セロトニンの研究へ

生物学的理論 3 ── 脳科学研究

この20年間での脳科学の進歩によって，実際の事例において観察可能な脳病理が見出されており，いくつかの有望な証拠を得ることができるようになっている。
- 死後脳研究，CTスキャンおよびMRIによる画像，一卵性双生児研究などによって統合失調症は，脳室の拡大，前頭前野における灰白室の減少，皮質下にある側頭葉－辺縁系領域での構造的な問題と関連していることが示唆されている。
- 脳異常の原因として妊娠期間中の障害が考えられている。その理由として，統合失調症患者における分娩時合併症の罹患率が高いということがある。また，妊娠中（妊娠第2期）にウィルス感染した母親の子どもは，感染しなかった母親の子どもよりも罹患率が高い。

心理学的理論 1 ── ストレス研究

統合失調症の発症には，素因以外のものが必要。すなわち，生物学的脆弱性と相互作用して，心理学的ストレスが重要な役割を果たしている。生活上のストレスが増えると再発の可能性が高くなる。重要な役割を果たしているストレス要因として社会階層や家族が考えられている。

1）社会階層と統合失調症

社会経済的に最下層の人びととその他の社会階層との間で統合失調症数の明確な差が存在しており，社会階層と統合失調症との間に一貫して相関がある。
- 社会因仮説：下層階級であること自体に関連するストレス要因が統合失調症を招く
- 社会選別理論：統合失調症が原因で下層階級の生活へ
  ➡ 結果は社会選抜理論を支持

2）家族と統合失調症

初期の理論家は，家族関係，特に母親と息子の関係が発症にとって決定的とみなしてきた。たとえば，「統合失調症をつくる母親」(schizophrenogenic mother) という概念が提唱された。しかし，条件統制された研究では支持されなかった。ただし，研究によると統合失調症の患者がいる家族は，下記のような点で健常者の家族と異なっている。そこで，家族関係は，統合失調症の一因および再発の決定因子と考えられる。

- 誤ったコミュニケーション／コミュニケーションのズレ
- 混乱した家庭環境
- 高水準の表出感情（expressed emotion：EE）：患者への批判的コメントの数，患者への敵意の表現，過剰な感情的かかわりなど。

心理学的理論2──発達研究

典型的に症状が出る青年期や早期成人期以前にはどのような状態であったのかを研究。

1）初期の方法

後年に統合失調症になった人たちの子ども時代の記録を調べ，その生育歴を再構成した。その結果，深刻な行動の障害をきたす以前に，彼らはすでに同年代の人たちとは違っていた。しかし，このデータは本来の発病前の統合失調症患者について記述しようと集められたものではなく，生育歴が病因論に関する明確な証拠を提供するためには，さらに明確な方針のもとに収集された情報が必要となった。

2）ハイリスク法

慢性の統合失調症の母親をもつ子どもを被験者として追跡研究を行った。その結果，いくつかの環境要因が統合失調症の発病を予測することを見出している。

8-3　統合失調症への介入

人びとを当惑させ，往々にして恐怖を抱かせるような統合失調症の症状は，介入を困難なものにしてきた。しかし今日，統合失調症の性質と病因について多くが解明されてきており，効果的な介入も見出されている。入院治療は，退院後の追跡調査でも，そのほとんどが悪い結果となっている。介入における大きな問題は，患者の多くに病識がなく，いかなる介入も拒絶するために，最後の手段として，不本意な入院となってしまうことである。現在では，患者の病気の段階によっては，適切な介入があることが分かっている。

一世代前は，統合失調症の第一の原因は小児期の心理的環境，特に家族にあると信じられていた。しかし，現在は，統合失調症を進行させやすい生物学的要因をもつ人が存在し，心理的なストレス要因が引き金となって，社会生活への適応が阻害されるという考え方となっている。

したがって，最も有効であると思われる介入法は，生物・心理・社会的観点による統合失調症理解に基づき，薬物療法と心理社会的介入の両方の重要さを強調していくアプローチと見なされている。しかし，残念なことに，現在のところこのような統合された介入アプローチは広く行き渡っていない

生物学的介入

1）ショック療法と精神外科

20世紀初頭には，生物学的治療と結びついた下記のような実験的方法が許容され，またそれを促すような風潮があった。

①インシュリン昏睡療法

インシュリンの大量投薬により昏睡を誘発する方法

➡ 不可逆的昏睡や死亡など重大な危険性があったため次第に使われなくなった

②電気けいれん療法（ECT）

最小限の効果しか証明されていない。

③前頭前野ロボトミー

前頭葉を下位中枢につなぐ神経線維束を破壊する外科手術

➡ 手術を受けた患者は，鈍感で無関心になり，認知能力の低下が見られた。

2）薬物療法

1950年代，抗精神病薬（antipsychoticdrugs）の出現は，統合失調症治療のなかで最も重要な発展であった。

①伝統的な抗精神病薬

最もよく処方されるのは，フェノチアジン系（phenothiazines）である。近年では，上記以外にもブチロフェノン系やチオキサンテン系も用いられている。これらは，脳内におけるドーパミン受容体を遮断すること，つまり，思考，情動，行動へのドーパミンの影響を減らすことで，その効果を生んでいる。陽性症状には効果があるが，陰性症状にはほとんど効果はない。抗精神病薬によって陽性症状は緩和され，患者は退院できる。しかし，治癒ではない。

②副作用

抗精神病薬には，副作用があり，長期間高容量の抗精神病薬を投与することは賢明ではないとされ，最小限に投薬量を抑えることが求められている。副作用のため，服薬を中断する者が多い。そのため，治療効果が続くのに十分な維持量で服薬を続けることになる。その結果，かろうじて最低の社会適応できる程度にとどまる例が多い。また，抗精神病薬は長期入院を飛躍的に減少させたが，入院，退院，再入院を繰り返す患者も生み出した。共通して報告される副作用としては，次のようなものがある。
- ふらつき，目のかすみ，性的機能障害
- 錐体外路系の副作用（パーキンソン病の症状に似ている）
- 遅発性ジスキネジー

③新しい抗精神病薬

クロザピン（clozapine）は，これまでの抗精神病薬に反応しなかった患者でも治療効果がある。陽性症状に関しても，以前の薬物より効果的で，治療からの離脱も少ない。また，運動系の副作用が少なく，退院患者の再発率も減少。しかし，患者の約1％が免疫系を弱め，白血球が減少すると感染が起こりやすくなって死に至ることもある。したがって，服用者は注意深く経過観察されることが必要となる。さらなる新薬として，オランザピン（olanzapine）やリスペリドン（risperidone）が登場。どちらも運動系の副作用がより少ないという利点をもつ。またその効果は従来の薬と同等かそれ以上とされる。

心理学的介入

1）心理的介入の限界と有用性

統合失調症には，器質的な問題による固有の認知障害があるという見方が定着しつつある。よって，心理的介入をしても益がないという考えが近年ますます広がっている。しかし，統合失調症は，単純に生物学的な要因だけではなく，心理社会的な要因も関与している障害である。生物学的側面・心理的側面・社会的側面が重なり合う枠組みで統合失調症への介入を理解することが必要不可欠となる。そこで，統合失調症へのさまざまな心理学的介入を見直し，その限界と有用性を確認することが重要となる。

2）心理力動的心理療法

精神分析を統合失調症の主要な介入法として確立した人物として，サリバンとフロム＝ライヒマンがいる。

①サリバン

統合失調症は小児期におけるコミュニケーションの型への逆戻りを反映していると主張。介入として，患者に大人のコミュニケーション形式を学習させ，過去が現在の問題に果たしている役割についての洞察を求める。

②フロム＝ライヒマン

統合失調症患者は，子どものころに経験した他者に拒絶されることを避けたいと望んでいるが，それが避けられないと思い込んでいるため，人間関係から引きこもっていると主張。介入として 非常に忍耐強く，また楽観的に心理療法を行った。

③精神分析的介入法の評価

効果を裏付ける証拠はない。報告された成功例においても，その患者は多くが軽い障害であり，DSM-IV-TRの基準を適用した場合，統合失調症とは診断されないものであった。

3）生活技能訓練（Social-skills Training；SST）

SSTは，さまざまな人間関係場面に適切に対応するための方法を，統合失調症患者に教育訓練するための方法である。

- 教育訓練の対象＝日常生活での生活スキル（例：レストランで食事を注文する／バスの時刻表を読む）
- このような日常行動ができれば，施設外のさまざまな活動に参加できるようになり，生活の質（QOL）を上げることができる。
- SSTはその有効性が認められ，最近では，統合失調症への介入における通常の構成要素となっている。
- 感情表出を低める家族療法と併用すると，薬物療法単独より有効な成果をあげる。

4）家族療法と表出感情の低減

これまでの研究から，高水準の表出感情（EE：家族内が敵意に満ち，過剰に批判的で防衛的である状態）が再発や再入院と関連していることは明らかになっている。そこで，家族を落ち着かせることによって患者を落ち着かせることを目的として家族への介入法が発展した。効果としては，標準的な薬物療法だけの場合と比べると，家族療法と薬物療法を併用すると一般的に1～2年間の再発率が低くなると報告されている。そのような家族療法は，次のような特徴をもつ。

- 統合失調症についての教育。特に病気にかかりやすい生物学的脆弱性。特異的な認知障害。その症状と差し迫った再発の兆候についての教育。
- 抗精神病薬について，その効果を観察することについての情報提供
- 非難しないことに向けての援助
- 家庭内でのコミュニケーションと問題解決の能力の教育
- 患者と家族の社会的接触を広げることの支援
- 希望をもつことの援助

5）認知行動的パーソナル療法

かつて患者のもつ不適切な思い込みは改善不可能と考えられていたが，最近の臨床研究や実験研究によって認知行動的介入によって改善可能であることが示されている。パーソナル療法とは，退院した統合失調症患者のもつ多様な問題に対して，広い意味での認知行動的アプローチを適用する介入法である。論理情動行動療法も，このなかに含まれる。

- 目的：患者に内的な対処スキルを教え，新しい考え方で彼らの周囲で起こるさまざまな課題に対して感情的な反応をコントロールできるように援助すること。
- 原理：他者からの批判的な反応の扱い方と，人間関係において避けられない葛藤の解決の仕方が重視される。他者とかかわる際には誰でも直面せざるを得ない課題の扱い方，つまり社会的な問題解決のスキルを患者に教えること。
- 特徴：患者個人への介入を主とする／短期介入ではない（1～2週間毎に3年以上続くこともある）／状態を維持するための薬物の服用を促す。
- 効果：統合失調症患者が病院外で生活し，機能を改善する援助ができることが明らかになっている。また，家族と一緒に生活している患者においても，最も効果的であったことが示されている。

6）再帰属療法

妄想に関する原因帰属の仕方を変え，その強さと不快な性質を減じようとする。自らの妄想的な信念を疑うようになった患者について，まず協働的な関係を構成し，話し合いを通じて，妄想被害の症状に，以前とは異なる非精神病性の意味づけを与え，妄想的な認知の仕方の改善を図る。

7）認知リハビリテーション

近年，統合失調症で障害される認知の基本的側面に関心を向け，それらの機能を向上させ行動に影響をあたえようという努力がなされている。こうしたアプローチは，社会的不適応感と関連している注意や記憶といった基本的な認知機能を正常なものにすることに焦点をあてている。

8）ケースマネジメント

患者が地域社会で生活するのを，多種職が協働して援助する方法。その際，ケースマネージャー（日本では"ケアマネージャー"）は，基本的なサービスの仲介を行う。

現在では，ケースマネージャーがしばしな直接的に臨床サービスを提供する必要があることと，そうしたサービスは仲介されるというよりチームで提供される方が望ましいという考え方になってきている（例：積極的コミュニティ介入モデル・集約的ケースマネージメントモデル）。こうした集約的な介入は，入院期を減らしたり，家庭生活の安定性を高めたり，症状を改善したりする。

第9章
物質関連障害

第4巻 第Ⅲ部に対応

9-1 物質関連障害とは

人類は，有史以前から肉体的苦痛を軽減し，意識状態を変化させるためにさまざまな物質を使用していた。このような物質使用の効果は，はじめのうちは快適であるが，後に破壊的な結果をもたらす。物質の病理的使用には，次の二つのカテゴリがある。

物質依存

物質使用に関して多くの問題が存在し，耐性あるいは離脱がある場合は，身体依存を伴う。

1）耐性

欲するような効果を生じさせるために，より多量の物質が必要とされるようになる。そして，通常の分量しか使わない場合には薬物の効果が顕著に減少していくことによって，耐性が形成されたことが示される。

2）離脱

否定的な身体的，心理的効果であり，その人が物質の使用を中断したり，使う分量を減らしたりするときに起こる。

> **物質依存に関する判断基準**
> 以下の三つかそれ以上に当てはまる。
> - 耐性
> - 離脱
> - 初めに意図していた以上に長期間にわたって，あるいは大量に物質を使用する。
> - 物質使用を減少させ，制限しようという欲求あるいは努力があるが，不成功に終わる。
> - その物質を手に入れるための活動に多くの時間を費やす
> - 社会的，娯楽的，あるいは職業的活動が，薬物使用のために放棄されたり，減少したりする。
> - それによって心理的あるいは身体的な問題が悪化することを知っているにも関わらず，使用し続ける。

物質乱用

職場や家庭内で責任を果たせないといった類の問題を起す。

> **物質乱用に関する判断基準**
> 以下のうちの一つによって示される物質の不適応的使用。
> - 責任を果たせない。
> - それが身体的に危険であるような状況で繰り返し使用する。
> - 物質関連の法的問題の反復。
> - 物質に帰因する問題にも関わらず継続して使用。

9-2 物質関連障害の種類と特徴

アルコール乱用とアルコール依存

1）特徴と影響

- アルコール依存により，一般に耐性や離脱のような深刻な症状を示す。
- 血中アルコール水準の急激な低下により，まれに

振戦せん妄に襲われることがある。
- 長年にわたる多量飲酒の結果，耐性の増加が顕著になる。
- アルコール乱用者は依存者の場合と異なり，耐性や離脱，強迫的乱用パターンは示さない。
- 多薬物乱用に陥りがちである（例：喫煙によるニコチン，バルビツール酸剤）。

2）アルコール乱用の広がり
- アルコール依存の生涯罹患率：男性20％以上，女性8％程度（米国の研究）
- 問題飲酒は，パーソナリティ障害，気分障害，他の薬物使用，統合失調症，不安障害などに伴う。
- 飲酒パターンには，ある期間の深刻な飲酒から禁酒，軽い飲酒まで変動幅がある。
- 飲酒問題を抱える人の多くは専門的援助を求めない。
- アルコール乱用の分類基準に合致する人の多くは，アルコール依存に発展しない。
- アルコール依存者1/3とアルコール乱用者1/2は，1〜5年の間にいかなるアルコール関連問題も示していない。

3）女性のアルコールをめぐる問題
- 深刻な家庭の危機のような尋常ではないストレス経験のあとに生じる。
- 問題飲酒の開始からアルコール症に至るまでの時間間隔が男性より短い。
- ひとりで飲む傾向が強く，問題が生じた場合は，まもなく治療を求めたりもする。

4）アルコールの乱用および依存による影響

①損　失
- アルコール乱用者は精神病院，一般病院の新規入院者のなかで大きな率を占める。
- アルコール乱用者の自殺率は一般人口に比べ高く，交通事故死は深刻な問題を伴っている。
- アルコールは事故や逮捕，殺人事件など法的強制にかかわる問題を生じる。
- 米国の問題飲酒による全体的損失は，欠勤から健康被害まで1850億円以上（1998年）。

②短期的影響
- アルコールの効果は，血中アルコール濃度のレベルに対応して変化する。
- アルコールの2面的な効果
  - ➡覚醒：社交性や幸福感の拡大した感覚
  - ➡鎮静剤：否定的情緒経験
- アルコールと脳内神経系との相互作用による効果
  - ➡GAVA受容体を刺激：緊張減少効果
  - ➡セロトニンやドーパミンのレベルの増加：快感を生じる元を形成
  - ➡グルタミン受容体を抑制：不明瞭な話し方や記憶の喪失
- アルコールの効果は，その薬物に対する思い込みに強く関係している。
  - ➡（例：不安を減少させ，性的反応性を増加させる）アルコール自体の効果ではなく，アルコールの効果についての思い込みに依っている。

③長期的悪影響
- 心理的な悪化に加え，深刻な身体的，生理学的損傷を生じる。
- アルコールによるカロリー摂取が主になるため，他の食物を摂取せず栄養失調を助長する。
- ビタミンB欠乏により深刻な記憶欠損を起こす健忘症候群を生じうる。
- 永続的なアルコール使用とたんぱく質摂取の減少により，肝硬変になりやすくなる。
- 他の一般的生理学的変化：内分泌腺やすい臓の損傷／心臓障害／勃起障害／過緊張／動悸／毛細血管の出血／脳細胞のうちの前頭葉の損傷や脳の多くの領域へのダメージ。
- 妊娠中の多量のアルコール消費は，胎児性アルコール症候群の原因となる。

ニコチンと喫煙

ニコチンがタバコの嗜癖媒介物であり，これが脳内のニコチン受容体を刺激する。たばこの煙からでる有害要素は，ニコチン，一酸化炭素，タールである。喫煙は，米国における死亡の1/6に何らかの形でかかわっている。また，喫煙に関連する医学的問題として，肺ガン，肺気腫，喉頭癌，食道癌，循環器系疾患

などがある。毎日喫煙をする児童，青年1000人中750人が喫煙に関する疾患によって早死にする。燃焼部分から立ち上る煙は，二次喫煙あるいは環境的喫煙と呼ばれている。環境的喫煙には，喫煙者が実際に吸う煙より多くのアンモニア，一酸化炭素，ニコチン，タールを含む。環境的喫煙の有害性としては，以下の点があげられる。

- 非喫煙者タバコの煙に曝されることで恒久的な肺の障害を被る。
- 非喫煙者は循環器疾患の発症についてより大きな危険性をもつ。
- 母が喫煙していると，その子どもは未熟児として生まれたり，出生時体重が軽かったり，周産期異常を起こす可能性が高い。
- 喫煙者の子どもは上部呼吸器の感染症，気管支炎，内耳感染症に罹ることが多い。

マリファナ

マリファナは麻植物である大麻を乾燥させて潰した葉と花の先端からなる。質のよい大麻草の花頂からでる樹脂から造るハシッシュは，マリファナよりも強力である。今日では，マリファナの使用はほとんどの国で違法となっている。

①心理的影響
- マリファナの酩酊効果は，薬の薬理効果の強度と分量に依存している。
- 情緒の急激な変動をきたし，注意を鈍らせ，思考を断片化し，記憶障害を生じる。
- 極端に多量の薬物は，LSDと同じような幻覚などを引き起こす。
- 短期記憶の喪失など，広範囲の認知機能を妨げるとの科学的証拠が出されている。

②身体的影響
- 眼の充血や痒み，口と喉の乾燥，食欲の増進，眼圧の低下，血圧の上昇など。
- 時として劇的に動悸を亢進させるので，心臓の機能に異常がある場合は危険である。
- マリファナも発ガン物質を含む。長期使用により，肺の構造と機能に深刻な障害を与える。
- マリファナが脳内領域への血流の増加と結びついていることも見いだされている。
- 習慣的使用は耐性を形成することが確かめられている。

③治療的活用
- マリファナの主要な活動的化学物質であるTHCと関連する物質が，ある種のガン患者の化学療法に伴う吐き気や食欲減退を軽減させることが示されている。
- エイズの苦痛への処置として使える。
- YHCの鎮痛効果が実験室データによって報告されている。

鎮静薬と覚醒剤

1）鎮静薬

主要な鎮静薬は，身体の活動を鈍くし，反応性を低下させる。アヘン，その派生物であるモルヒネ・ヘロイン・コデインなどのアヘン剤，セコバルビツール・ジアゼパムのような合成バルビツール剤などがある。

①アヘン剤

アヘン剤は，嗜癖的鎮静薬の一群であり，適量の使用は痛みを和らげ睡眠を誘う。

アヘン剤のうち，アヘンは非合法的国際取引の主要な薬物である。アヘン剤のなかで最も乱用されているのは，ヘロインである。医療領域で入手しやすいこと，医療環境のストレスの高さなどが原因となって，医師と看護師の依存者率が高い。アヘン剤の心理学的および身体的影響としては，次のようなものがある。

- モルヒネやヘロインは，多幸感，ものうさ，幻想，協応の欠如を作り出す。
- ヘロインやオコシコンチンはラッシュと呼ばれる快感を手に入れる。その後，亜昏睡状態を経験する。
- アヘン剤は，身体固有のアヘンシステムの神経受容体を刺激することで効果を発する。
- 使用者は，薬が手に入らない場合には耐性の増加と離脱症状の両方を示す。
- アヘン剤は使用者に深刻な問題を残す。
    ➡ 使用者の28％が他殺，自殺，自己，過剰服用

により40歳までに死亡。
- ➡ アヘン剤を入手するために，盗み・売春・薬物売買など不法な手段で資金を得ることになる。
- ➡ 注射針の共有により，HIV感染／エイズ発症の危険性に曝される。

②合成鎮静薬

バルビツール酸剤は，睡眠やリラックスを助けるものとして合成された。嗜癖性をもつことが明らかになり，医師の処方は減少した。

- 鎮静薬は，筋肉の弛緩，不安の減少，多幸感を生じさせる。
- 過剰な分量を摂取すると，言葉が不明瞭になり，歩調は乱れ，判断・集中・働く能力の障害が極端になる。情緒的統制を失い，深い眠りに落ちるまでイライラして好戦的になる。
- 極端な量によって，横隔膜の筋肉が弛緩しすぎて呼吸困難になり，致命的になる。

2）覚醒剤

脳や交感神経系に作用して，敏感さや運動の活発さを上昇させる。ベンゼドリンをはじめとするアンフェタミンは合成覚醒剤。コカインは天然の覚醒剤。

①アンフェタミン

ノルエピネフリンやドーパミンを開放し，これらの神経伝達物質が再吸収されるのを阻止することによって効果が生じる。嗜癖性がある。

- 覚醒の高まり，腸機能の抑制，食欲の減退，動悸の増加，皮膚や粘膜の血管の収縮，感覚の鋭敏と多幸感など。
- 使用が増えると，神経質，興奮，混乱，心悸亢進，頭痛，イライラ，不眠に襲われる。
- 大量の使用に至ると，猜疑的，敵対的，妄想型分裂病と同様の状態を生じる。
- 薬効に対する耐性は急激に形成される。

②コカイン

痛みの減少，大脳辺縁系中部領域でのドーパミン再取り込みを阻害する効果がある。その結果，ドーパミンが神経節に残存し，神経伝達を促し，肯定的な快感覚を生じさせる。

- 性的欲求の強化，自信，幸福感，疲れを知らない活力の感覚を作り出す。
- 過剰な分量により，寒気，吐き気，不眠を生じ，妄想的崩壊とともに虫が皮膚の下を這い回るといった幻覚を引き起こす。
- 慢性的使用により，ひどい怒りっぽさ，社会的関係の障害，妄想的思考，摂食や睡眠障害などを含む人格変容をきたす。
- コカイン中止によりひどい離脱症状が生じる。
- 妊娠中の使用により，胎児はコカインの嗜癖状態で生まれ，否定的な影響を被る。
- 血管収縮剤であるため，心臓発作の危険性増加，注意や記憶など認知的障害の結果を生む。

LSDと他の幻覚剤

精神拡大剤という語は，LSD使用者の意識拡大の主観的体験を強調するために使われた。現在は，幻覚を生じるという主効果から，幻覚剤という語が用いられている。

1）LSDの一般的効果

- 共感覚（例：色が聞こえ，音が見える）
- 主観的時間の感覚が変転し，時計時間は極端にゆっくり進むように感じる。
- 自己と環境の間の境界が失われる。
- 気分は変動しやすくなる。緊張と不安はパニックになるほどまでに高まることもある。

2）LSD服用の危険性

服用後に不安を生じ，その後，最大級のパニック状態となる。狂ってしまうという，特殊な恐怖も伴う。

3）幻覚剤に似た物質——エクスタシー

- 幻覚剤とアンフェタミン族両方の成分を含む。
- セロトニンの開放と再取り込み阻害により，セロトニンシステムを活性化。
- 動物実験では，エクスタシーがセロトニンを減少させ，持続的使用によって，セロトニン軸策と神経抹消に損傷を生じさせることが示されている。
- 親密性や洞察を高め，対人関係を改善し，気分と自己確信を高め，美的覚醒を生み出すとの報告がなされる。一方，筋緊張，急速眼球運動，吐き気，

失神，寒気か発汗，不安，抑うつ，離人感，混乱を起こしうる。

9-3 物質乱用と物質依存の原因論

1）社会文化的変数

同輩や親，メディア，ある文化のなかで受け入れられる行動などの社会的な諸事象は，人びとの薬物への興味や接近に強い影響を及ぼす。

- 文化的態度と飲酒パターンは，多量飲酒やその結果としてのアルコール乱用の可能性に影響を与える。
- 物質乱用に関しては，その物質の使用可能性も要因の一つになりうる。
- 家庭的変数も重要な社会文化的影響力をもつ。
- メディアの影響

2）心理学的変数

薬物使用の主要な心理的動機として，「気分を変容させること」があると考えられる。

- アルコールやニコチンの緊張低減特性についての研究結果は統一されていない。
- 気晴らしが生じている状況下では，アルコールは認知や知覚を変化させることで緊張低減効果を生む可能性はある。ニコチンも不安減少効果が確かめられている。
- アルコールやニコチン摂取がストレス発生の先か後かという時間的関係も変数となる。ストレスがすでに起きてしまった後にアルコールを摂取しても，有効な緊張低減にはならない。
- 人は，飲酒が緊張を低減することを"期待"して摂取しているのかもしれない。
- 個人内要因として，アルコール摂取によって緊張尺度得点が大きく減少した人が，不安感受性指標では高い得点を示す。
- 緊張低減は，気分に及ぼす薬物の効果の一面に過ぎない。

3）生物学的変数

- 物質乱用の生物学的要因についての研究は，問題飲酒や薬物依存に関連する遺伝的素因の存在可能性に焦点をあてているものが多い。
- 問題飲酒やアルコールへの耐性などは，アルコール乱用や依存に関連する素因として遺伝的に受け継がれているものともいえる。
- ニコチンの影響に対して感受性が高い人が日常的喫煙者になりやすい。喫煙を開始する可能性の低さと，喫煙を止める可能性に関係する遺伝子が想定される。

9-4 物質関連障害への介入

アルコールの乱用と依存への介入

アルコール依存症は，嗜癖的性質に加え，抑うつ・不安・社会的能力と職業的能力の障害など，多くの心理的問題を伴うので介入は難しい。自殺の危険性も高い。問題飲酒への介入は，心理学的側面と生物学的側面の両面を留意する必要がある。介入においては，飲酒者が問題を認め，問題の改善を決意することが出発点となる。

1）伝統的な病院治療

- アルコールからの離脱，つまり脱酩酊（detoxification）が有効な治療方法である。
- 離脱の際に生じる一般的不快感や不安を和らげるために，ときには鎮静剤が用いられる。

2）生物学的治療

- 生物学的治療は，補助的なものであり，心理学的介入との組合せにより有効となる。
- 一部の問題飲酒者は，アルコールを摂取したときに激しい吐き気を生じさせる抗酒剤（antabuse）を服用している。
- セロトニン拮抗剤のバスピロンやクロニジンはアルコール治療に役立つ面がある。
- アルコール乱用者への介入に薬物を使うことは，肝機能の傷害など，一定の危険性を伴う。結局，物質乱用の問題解決のために，代わりの薬物を与えていることになる。

3）アルコール症者匿名会（ＡＡ：Alcoholics Anonymous）

- 世界100ヵ国，7万支部，200万人以上の会員を有する自助グループ。
- 断酒した古いメンバーは，問題飲酒の自己歴史やその後の良き人生を語る。
- グループは，感情的支持，理解，問題飲酒に関する親身なカウンセリング，孤独を減ずるための社会生活を提供する。
- ＡＡメンバーに浸透している考え方は，アルコール依存症は全快のない病気であり，統制不能な飲酒が全体的に復活しないためには一滴の酒も飲まない不断の自己管理が必要であるということである。
- 12段階プログラムが作られている。
- 最近の長期的フォローアップ研究で，ＡＡの参加は非常に効果的であると指摘されている。

4）認知行動療法による介入

①嫌悪療法
内潜増感法の手続き。問題飲酒と関連の深い要因を含む患者の生活環境への働きかけをする統合的プログラムのなかでの使用が望ましい。

②随伴性マネジメントとコミュニティ強化アプローチ
飲酒と矛盾するような行動を強化し教育する。

不法薬物使用への介入

薬物嗜癖者や乱用者への介入は離脱から始まるが，それは回復過程のもっとも容易な部分である。離脱が成功した後で，薬物なしで生きていられるようになる道を見出すことこそが困難な作業となる。

1）生物学的介入

- 化学成分がヘロインに類似し，ヘロインへの身体的渇望の置き換えとなる薬物を利用。
- 使用者がヘロインで気持ちよい経験をするのを防ぐヘロイン対抗薬を利用。

2）心理学的介入

- デシプロミンンと認知行動療法により，コカイン使用が減少し，乱用者の家族機能・社会的機能・一般的な心理機能の改善に効果が見られた。
- オペラント型の介入プログラム。トークンエコノミー法である程度の成果が見られた。
- メサドン療法と心理力動的アプローチプログラムも一定の効果がある。
- 自助的療養ホームや治療共同体は，ヘロイン嗜癖者や他の薬物乱用者に対するもっとも広く普及した心理学的アプローチである。

喫煙への介入

1）生物学的介入

ニコチンを別のもので供給し，喫煙者のニコチン渇望を減少させる。

①ニコチンを含むガム
ガムに依存するようになる。また，心臓循環器系の疾患をもつ人には危険な循環器系の変化（血圧上昇）を引き起こす。

②ニコチンパッチ（絆創膏）
これを身体に貼りながら喫煙を続けると，身体に危険なほどにニコチン量が増加する。

③抗うつ薬
ドーパミンに強力な影響を与える抗うつ薬が，一定の効果をもつ。

2）心理学的介入

心理学的介入の短期的結果は望ましいが，1年もすればたいていの喫煙者は元通りになる。

- 急速喫煙療法
- リラクゼーションや積極的独語を活用し，喫煙の誘惑を克服する技法
- スケジュール喫煙
- 医師による「喫煙をやめなさい」というアドバイスや指示
- 喫煙減少プログラム

物質乱用の予防

薬物乱用を開始する段階ですでに心理的身体的に依存状態が形成されているため，そこからの離脱は困難である。そのため，依存が形成された後の介入より，予防に注意と努力を向けられる必要がある。

1）若者に向けられた予防プログラム
- 若者の自己評価を高めること
- 対人スキル訓練
- 自己主張訓練：同輩からの圧力に「ノー」といえるよう勇気づけること
- ARE：感情教育と自己主張訓練を結びつけたプログラム
- 子どものための学校プログラムへの親の参加
- アルコール飲料容器への警告ラベル
- 妊娠中の飲酒が胎児に与える危険性とアルコールが運転や機械操作の障害になることを消費者に情報提供すること
- 飲酒運転の危険性をメディアで宣伝すること
- 職場におけるアルコールや薬物の検査

2）学校での若者が喫煙開始を防ぐプログラム
- 同輩圧力への抵抗訓練
  - ➡「ノー」と言う方法について学ぶ。
- 規範的期待の訂正
  - ➡タバコを吸うことが決して標準的な行動ではないことを明確化する。
- マスメディアのメッセージに対抗する教育を施す。
- 親や他の大人の影響に関する情報
  - ➡親の喫煙行動が子どもに影響を与えることを指摘する。
- 同輩のリーダーシップ
- 感情的教育と自己イメージの向上を促す。
- 喫煙や薬物使用の有害な効果についての情報提供などを行う。

第10章
子どもの心理障害

第5巻第Ⅰ部に対応

10-1 子どもの心理障害とは何か

　子ども時代の経験や発達は成人してからのメンタルヘルスにとって決定的に重要であるので，近年，子どもの心理障害の本質，原因論，予防・介入に対する関心が高まっている。問題に直面している子どもは大人に比べ，利用できる資源が非常に乏しい。そのため，問題の解決は，周囲の大人（親，先生，スクールカウンセラーなど）の対応にかかっている。

子どもの心理障害の分類

　子どもの障害には，「幼児期，小児期または青年期に特有なもの」と「大人と同様に適用されるもの」がある。いずれの場合にも，子どもの異常行動を分類する際には，当該年齢における"標準"とは何かを考慮しなければならない。
　子どもの心理障害には，以下の二つの領域がある。

1）子どもの障害の二つの領域

①外面化型の障害
　攻撃的，反抗的，多動，衝動的など，より外部指向的な行動が特徴。行為障害。男子に多く見られる。
　➡注意欠陥／多動性障害，行為障害，反抗挑戦性障害など

②内面化型の障害
　抑うつ，社会的ひきこもり，不安など，より内部指向的な体験が特徴。情動障害。女子に多く見られる。
　➡子どもの不安障害，気分障害など

2）子どもに特有な障害

①幼児期から青年期において診断される障害
　➡学習障害／運動能力障害／広汎性発達障害／注意欠陥および破壊的行動障害／哺育，摂食障害／チック障害／コミュニケーション障害／排泄障害

②大人と同様に適用される障害
　➡物質関連性障害／統合失調症／気分障害／不安障害（特定恐怖，社会恐怖，強迫性障害，外傷後ストレス障害，全般性不安障害など）／身体表現性障害／解離性障害／性同一性障害／摂食障害（神経性無食欲症，過食症など）／睡眠時随伴症（悪夢障害，睡眠驚愕障害（夜驚症），睡眠時遊行症など）

10-2 注意欠陥／多動性障害

注意欠陥／多動性障害（AD/HD）とは

1）特　徴

● 指で机を叩く，足をガタガタさせる，理由もなく人を突付く，いつも何かしら動いている，そわそわしているなど，常に動いている。
● ある程度以上の時間や手間のかかる作業に集中す

ることが困難である。
- 同輩との友人関係を作り上げることが非常に困難である。
- 周囲の人間にとって攻撃的・侵襲的である，微妙な社会的手がかりを見過ごす，友達の意図を誤解する，など。
- 社会的に正しい行動を理解することはできても，それを実生活中の社会的相互作用の場面において適切な行動に翻訳することはできない。
- 15〜30％は，数学・読解・綴字などの学習障害を併せもつ。
- 約半数の子どもは普通学級に適応困難であるとされ，特殊教育のなかに入れられている。
- 全世界の学童期の子どもの3〜7％に出現。女子よりも男子に多い。
- 思春期や成人になってもいくつかの徴候を示し続ける場合が多いが，ほとんどの場合，そのような徴候を抱えたまま周囲の環境に適応する術を学習する。

注意欠陥／多動性障害の判断基準

● AかBのどちらか
A：以下の不注意の症状のうち，六つ（またはそれ以上）が少なくとも6ヵ月間持続したことがあり，その程度は不適応的で，発達の水準に相応しない。

不注意：たとえば，不注意な間違い，集中の困難，話しかけられたときに聞いていない，指示通りに動けない，課題や活動を順序立てることが困難，精神的努力の持続を要する活動を嫌う，物をなくす，外からの刺激で気が散る，忘れっぽい。

B：以下の多動性-衝動性の症状のうち六つ（またはそれ以上）が少なくとも6ヵ月間持続したことがあり，その程度は不適応的で，発達水準に相応しない。

多動性：たとえば，椅子の上でもじもじする，座ってることを要求される状況で席を離れる，不適切な状況で走り回る（成人の場合は落ち着かない感覚），静かに遊ぶことができない，まるで"エンジンで動かされるように"行動する，喋りすぎる。

● 上記の症状が7歳以前に存在している。
● 上記の症状による障害が二つ以上の状況(たとえば，学校と家庭)に存在する。
● 社会的，学業的または職業的な障害が存在するという明確な証拠がある。
● 上記の障害が統合失調症や不安障害，気分障害など，他の障害の一部ではない。

2）下位カテゴリ

①不注意優勢型
- 定義：注意の欠陥が主たる問題の場合
- 発達につれて適切な行動水準を獲得することがある。
- 注意集中，情報処理のスピードに困難がある（前頭葉，線条体の問題）。

②多動性-衝動性優勢型
- 定義：主に多動で衝動的な行動として問題が表われる場合

③混合型
- 定義：不注意優勢型と多動性-衝動性優勢型の両方の問題をもっている場合。注意欠陥／多動性障害の大半を占める。
- 特徴：①反抗的にふるまいがちである，②行動に問題ありとして特殊学級に入れられることが多い，③同級生とやっていく上で困難を抱えやすい。

3）行為障害との関係

両者の分類は30〜90％が重複しているため，区別が難しい。

①注意欠陥／多動性障害の子どもの特徴
- 認知面・達成面での欠陥がある。
- 学校内の課外の行動とはつながりが深い。
- 長期的には予後が良い。

②行為障害の子どもの特徴
- 学校やその他の場所において激しい行動化を示し，攻撃的になりやすい。
- 親も反社会的傾向があり，家庭生活や社会経済的地位も安定しない。
- 思春期における非行，物質乱用のリスクが高い

③二つの障害が同じ子どもに起こった場合
- 非常に深刻な反社会的行動を示し，友達から排除

- される。
- 学業的達成が極めて困難。
- 予後が非常に悪く，大人になって精神病質を併せもつ反社会性パーソナリティ障害に推移する可能性が高い。

原因論

1）生物学的理論

①遺伝要因
- 親が注意欠陥／多動性障害の場合，子どもの約半分が注意欠陥／多動性障害を示す。
- 里子研究，双生児研究での一致率は0.7〜0.8である。
- 前頭葉の刺激に対する反応が鈍く，脳血流量が少ない。
- 前頭葉，尾状核，青斑核が健常の子どもより小さい。

②周産期・出生前の要因
- 低出生体重はその後の注意欠陥／多動性障害の発現を強く予想する。
- 母体のニコチン，アルコールなどの物質の影響も示唆される。

2）心理学的理論

①素因-ストレス理論
障害の素因が親による権威主義的養育と結びついたときに多動が発達する（例：短気で怒りやすい親が，多動・気難しさなどの素因をもつ子にストレスを加える）。

②学習理論
多動は両親や兄弟姉妹の行動をモデリングすることによって獲得される。さらに，多動によって注目が得られることで頻度・強度ともに強化される。

③親の行動
多動の子どもの親は，子どもの多動をコントロールするために多くの命令をし，否定的なやり取りをしがちになる。また，子どもと折り合いをつけられず，否定的になりがちになる。

- ➡ 薬物療法によって多動を減らすと，親からの命令，否定的働きかけ，不適切な養育態度が減少する。

④親の障害素因
親が障害をもっていると，子育てがより困難になり，子どもの問題行動の発現だけでなく，障害の維持や増悪に関与する可能性が高い

介　入

1）中枢神経刺激薬による薬物療法
- 一般的にメチルフェニデート（リタリン）が処方される。
- 薬物療法は破壊的行動を減じ，集中力を高める。
- 薬物療法と行動療法的介入を組み合わせると，投薬のみの場合よりも明らかな改善を示し，薬の服用量も抑えることができる。
- 薬物療法は長期的な学業的達成などを改善するものではない。

2）心理学的介入
オペラント条件づけの原則に基づくプログラムが有効である。集中的な行動療法的介入は薬物療法＋行動療法と同じくらい効果的である。

①子ども自身を対象とするプログラム
- 特定の社会的スキルの学習（例：身の回りの家事をこなす）に焦点をあて，子どもたちは適切な行動をとることでポイントを稼ぎ，報酬を得る。
- 人間関係と学業の双方を短期的に改善する。

②学級運営改善プログラム
- 子どもたちの独特のニーズを理解し，学級においてオペラント技法を適用するための教師訓練をする。
- 学業達成における同級生によるチュータリングをする。
- 学校での子どもの様子について教師から家庭に日誌にして報告し，それに対して家庭で報酬を与える。
- 理想的なクラス構造の要素。
- 何かを提示するやり方や課題に使用する道具に変

- 化をつける。
- 宿題は簡潔にし，答えが合っているかどうかを即時フィードバックする。
- 漫然とした授業ではなく，課題焦点的なスタイルの教え方をする。
- 身体を動かすための休憩を挟む。
- コンピュータを利用したドリルプログラムを使う。
- 朝のうちに学業スケジュールを立てる。

10-3 行為障害

行為障害とは

1）特　徴

行為障害は，外面化型の障害のひとつであり，他者の基本的人権や主要な社会的規範を侵害するもの。人びとや動物に対する攻撃性や悪意，他者の所有物の破壊，嘘をつく，窃盗といった行為を繰り返す。こうした行為のほとんどが違法なものである。普通の子どもがするいたずらや悪ふざけとは異なり，非常で，危険極まりなく，反省の色が見られないのが特徴である。問題行動の経過には，次の二つのパターンがある。

- 生涯維持パターン：3歳ごろから行動上の問題が始まり，成人になってからも深刻な触法行為を繰り返す。
- 思春期限定パターン：思春期の間は激しい反社会的行動をとるが，成人後は問題を示さなくなる。

行為障害の判断基準

- 他者の基本的人権または年齢相応の主要な社会的規範または規則を侵害することが反復し持続する行動様式で，以下の基準の三つ以上が過去12ヵ月の間に存在し，基準の一つ以上が過去6ヵ月の間に存在していること。

  A：人や動物に対する攻撃性。たとえば，いじめ，とっくみあいの喧嘩を始める，人や動物に対して残酷な身体的暴力を加えたことがある，性行為を強いたことがある，など。

  B：所有物の破壊。たとえば，放火，故意に他人の所有物を破壊する，など。

  C：嘘をつくことや窃盗。たとえば，他人の家や車に侵入したことがある，万引きをしたことがある，など。

  D：重大な規則違反。たとえば，親が禁止したにもかかわらず夜遅く外出する行為が13歳以前から始まる，学校をさぼる行為が13歳以前から始まる，など。

- この行動の傷害が臨床的に著しい社会的，学業的，または職業的機能の障害を引き起こしている。
- その者が18歳以上の場合，反社会性パーソナリティ障害の基準を満たしていないこと。

◆ 反社会的行動の維持要因 ◆

- 親が反社会性パーソナリティ障害である場合
- 子ども自身の言語的知能の水準が低い場合
- 個人的要因と社会的文化的要因（貧困など）の交互作用がある場合

2）反抗挑戦性障害との違い

行為障害の基準（特に過度の身体的攻撃性）に該当せず，次のようなものが見られる場合には反抗挑戦性障害に分類される。

- かんしゃくを起こす／大人と言い争う／大人の言いつけに従わないことを繰り返す／人に嫌がらせをする／怒りっぽい／意地悪／気難しい／執念深い／自分と他者との間の葛藤が自分の過失であるとは考えない

3）行為障害と他の障害との関連

- 特に男子は，高い確率で注意欠陥／多動性障害も示す。
- 物質乱用と非行行為の間に強い相関がある。
- 15〜45％の子どもが不安や抑うつを伴う。
- 行為障害を示す男子が行動抑制を伴う場合，非行よりも社会的ひきこもりになることが多い。
- 女子の行為障害は，男子よりも重篤であることが示唆されている。

病因論とリスク因子

1）生物学的要因

- 遺伝的要因が何らかの役割を果たしていると考え

られてはいる。しかし，研究結果は一貫していない。
- 攻撃的行動（例：動物への残虐行為，喧嘩，器物損壊など）は明らかに遺伝するが，その他の犯罪行為（例：窃盗，とん走，無断欠席）は遺伝しない。
- 同じような反社会的・攻撃的行動であっても，子ども時代に始まった場合は，思春期になってから始まった場合よりも遺伝的影響が強い。
- 遺伝的要因と，別の生物学的問題（例：神経心理学的欠陥）や環境的要因（例：養育）との相互作用によって行為障害が引き起こされる。
- 神経心理学的欠陥（言語スキルの低さ／実行機能の障害／記憶の問題など）がみられる。

2）心理学的要因
- 標準的な子どもにおいては発達する道徳意識を欠いているため，自分のした"誤った"行為について後悔しない。
- 攻撃性を親，友人から学習する。
- でたらめで一貫性を欠く躾をし，お手本を示せない親の養育と関連する。
- 攻撃的な子どもの認知的プロセスには独特の偏りがある（対人情報処理理論）。

3）社会学的要因
- 社会階級と都市生活が非行と関連している。高い失業率，貧弱な教育施設，家庭生活の崩壊などは非行を助長する。
- 友人から否認，あるいは逸脱した友人との交友によって影響を受ける。

行為障害への介入

介入的努力が奏功するためには，若者の生活に含まれる多様なシステム（家族，友人，学校，近隣の住環境）に対して働きかけることが不可欠である。

1）家族への介入
親の行動訓練プログラムが開発されている。
- 親の反応を修正し，子どもが社会適応的行動をとったときに一貫して正の強化を与えるように教える。
- 攻撃的行動や反社会的行動をとったときのタイムアウトを用いたり，得点を取り上げたりする技法の活用を学ぶ。

2）多元システム的介入
- 思春期の子ども・家族・学校，場合によっては同年齢集団を対象として，コミュニティにおける集中的かつ統合的な介入サービスを提供する。介入に際しては，問題行動を家族や家族間，その他の社会的システムとの間に織り込まれた多様なコンテクストによって影響されての行動と見なす。
- 個々人や家族の長所や可能性を強調した上で問題行動のコンテクストを同定し，親に焦点を当てた行動志向型の介入により家族のメンバーに日常において努力目標とする課題を設定する。

3）認知的アプローチ
- 家族への介入プログラムに参加できない家族，望まない家族に対しては個別の認知療法が有効である（例：怒りをコントロールする認知的スキル／道徳的推論のスキル）。

10-4 学習能力障害

学習能力障害とは

学習能力障害とは，精神遅滞（知的障害），自閉症，身体的障害，教育機会の欠如などに因らない，学業・言語・会話・運動能力などの特定領域における不十分な発達を意味する。平均以上の知能を備えているが，ある特定のスキル（例：数学，読解など）の学習に困難を抱えており，それゆえに学校生活における進歩が阻害されている。下位分類として，学習障害，コミュニケーション障害，運動能力障害がある。

学習障害の判断基準
- 読む能力，算数の能力，書字能力が，その人の年齢，教育程度，知能から期待されるものよりも低い。
- 上記の障害が学業成績や日常の活動を著しく妨害している。

1）学習障害

①読字障害／失読症
- 単語の認知，読解，綴り字などにおいて非常な困難を示す。
- それらの問題は成人後も持続するが，必ずしも社会的達成を損なうものではない。
- 学童期の子どもの5～10％に見られ，学習障害のなかで最も割合が高い。

②書字表出障害
- 言葉を組み立てて書く能力の障害（綴りの間違い，文法的誤り，句読点の間違い，段落構成のまずさなどを含む）
- 学業成績が下がり，書くことを要求されるような日常的行動が阻害される。

③算数障害
- 素早く正確に数学的概念を思い出すことや，対象を素早く正確に数えること，数字を列に並べていくことなどが困難である。

2）コミュニケーション障害

①表出性言語障害
- 自分自身について言葉で表現することに困難を抱えており，他者とのかかわりを望んではいても，適切な言葉を見つけるのに過度の難しさを感じる。
- 新しい言語が獲得されると，古いものは忘れられてしまう。
- 文法構造の使用は期待される年齢水準よりも低い。

②音韻障害
- 単語の意味を理解し，表現することはできるが，その発語が不明瞭になり，r・sh・th・f・z・l・ch などが身につかない。
- ほとんどの場合，言語療法で問題がなくなるが，軽症であれば8歳までに自然に回復することもある。

③吃音症
- 会話の流暢性の乱れ。
- 身体を捻ること，瞬目を伴うこともある。
- 緊張しているときには増悪するが，歌・演劇・朗読の際には軽減・消失する。
- 男性は女性より3倍多い。
- 多くは5歳前後に発現し，約80％は16歳ころまでに回復する。

3）運動能力障害

①発達性協応性障害
- 運動の協応性の発達が顕著に悪い（例：ボール遊びなどが困難）。
- 精神遅滞（知的障害），脳性麻痺など既知の器質的障害によるものではない。

原因論

1）読字障害の原因論
- 視聴覚と言語処理の問題である。
- ふつうの子どもよりも音韻処理課題中の側頭-頭頂皮質の活性が低い。
- 先天的な脳の異常との関連が示唆されており，第6番染色体上に遺伝子座があるとされている。

2）算数障害の原因論

①意味論的な言語記憶の欠陥を伴うもの
- 反復練習を行っても算数的事実の記憶・検索に問題がある。
- 脳の左半球の機能障害と関連し，しばしば読字障害を伴う。

②算数の問題を解くための方略使用の発達的未熟さを伴うもの
- 簡単な問題を解くことにしばしば失敗する。
- 発達がゆっくりなだけであり，年齢とともに次第に改善されていく。

③視空間スキルの欠陥を伴うもの
- 並んでいる数字の位置や小数点を打つ場所など，位置を間違えやすい。

介　入

1）教育的アプローチ
- 子どもの認知能力を詳細に検討し，得意な部分を同定し，そこに介入するとともに，その子の持つ欠点を回避するという方略をとる。
- 特殊教育プログラムのなかで通常行われているものであるため，評価には注意を要する。

2）言語的アプローチ
- 聴く・話す・読む・書くスキルのインストラクションに焦点を当てる。
- 音韻には音を言葉に変換する際のインストラクションが含まれている。

10-5　精神遅滞

精神遅滞とは

精神遅滞とは，①知的機能が明らかに標準に満たない，②適応機能の欠陥を伴う，③発症は18歳未満であるという三つの基準を満たす状態を指す。

> **精神遅滞の判断基準**
> - 明らかに平均以下の知能機能：IQ 70以下。
> - 社会に適応する機能の欠陥または不全が，以下のうちの二つ以上で存在する：コミュニケーション，自己管理，家庭生活，社会的／対人的機能，地域社会資源の利用，自律性，発揮される学習能力，仕事，余暇，健康，安全。
> - 発症は18歳以前である。

1）知能的機能

一般的には，知能検査の得点によって判断する。具体的には，IQが全人口の平均から2標準偏差以上，下回っている場合（IQ 70〜75未満）が当てはまる。
- 人口の約3％が当てはまる。
- 検査結果の解釈にあたっては，得点に影響するさまざまな要素，文化，言語，感覚・運動面での制限などを考慮することが不可欠である。

2）適応機能

適応機能とは，"尿意を感じたらトイレに行く" "服を着る"などの子ども時代に習得するスキルである。それは，適応行動スケール，ヴァインランド適応行動スケールなどでアセスメントをする。
- 適応機能を効果的かつ適切にアセスメントするためには，子どもと環境の相互作用を考慮することが重要である。
- その子がどのような環境に適応しなければならないかによって期待される行動が異なる。

3）発現の時期

障害が重い場合は幼児期に判断される。しかし，大部分の子どもたちは明白な生理学的，神経学的，身体的徴候を示さないため，就学後に友人についていけなくなってようやく問題が明らかになる。

1）分　類

IQだけでなく，適応機能における欠陥も基準に含まれている。IQが精神遅滞の基準を満たしていても，適応行動に欠陥がなければ精神遅滞とは見なされない。

①軽度精神遅滞（IQ：50-55〜70）
- IQ 70未満の人の約85％が分類される。
- 就学前には健常児と区別がつきにくい。
- 10代後半までには小学6年生水準の学力を獲得する。
- 成人になると，社会・経済的問題での援助は必要になるが，熟練を要しない職業，保護された作業所での仕事で自活が可能であり，結婚し，子どもをもうけることもありうる。

②中等度精神遅滞（IQ：35-40〜50-55）
- IQ 70未満の人の約10％が分類される。
- 脳損傷やその他の病理があることが多く，特に身体障害や神経学的機能障害ゆえに運動スキルがうまく発達しないことが多い。
- 十分な指導と訓練を受ければ，見知った地域のなかをひとりで移動することを学習することができる。

- 多くが家庭や管理者のいるグループホームで援助を受けつつ生活している。

③重度精神遅滞（IQ：20-25～35-40）
- IQ 70未満の人の約3～4%が分類される。
- しばしば先天性の身体的奇形、感覚運動コントロールの弱さを伴う。
- 施設収容され、常時介護・管理が必要な場合がほとんどである。
- ごく簡単なコミュニケーションは可能だが、人との意思の伝達は非常に限定されている。
- 自立的な行動をとることが難しく、無気力であることが多い。

④最重度精神遅滞（IQ：20-25未満）
- IQ 70未満の人の約1～2%が分類される。
- 生活のあらゆる面にわたる監督・介護が不可欠である。
- 神経学的損傷、重症の身体的奇形があることが多く、児童期の死亡率も非常に高い。
- 自立歩行も困難だが、集中的な訓練により動作の発達、身辺自立、コミュニケーション能力が改善されることもある。

2）米国精神遅滞学会（AAMR）のアプローチ

米国精神遅滞学会では、精神遅滞の分類体系第9版から、障害の重症度に焦点を当てる方法から、より高い機能を回復するためにどのような段階の介入援助が必要かに基づいて分類するようになった。
- できないことよりも、できることに焦点を当てる。
- 個々人の能力と希望を個別にアセスメントすることを奨励する。
- その人の適した場で、その人の能力（得意・不得意）や必要な教育の量などに基づいて介入援助を決める。

■ 原因論

軽度・中等度精神遅滞については、脳の障害は特定されていない。そのような人びとは、下層社会に多く集まっている。特定の社会的状況の剥奪が人の知的・行動的発達を遅らせる大きな要因の一つである。単一の生物学的原因が特定されているのは、精神遅滞を抱える人の約25%である。特定化できている生物的原因は、以下のようなものである。

1）遺伝的（染色体）変異

染色体異常が起こる確率は5%弱だが、その大半は自然流産か流産に終わるため、染色体異常をもったまま生まれてくるのは約0.5%に過ぎない。そうして生まれた新生児のうち、大部分は誕生後間もなく死亡。

①ダウン症候群／第21トリソミー

生き残る赤ん坊のうち最も多いのが、ダウン症候群（Down's Syndrome）／第21トリソミー（trisomy 21）である。第21染色体の対が分裂に失敗した卵子が受精すると第21染色体が3本あることになる。
- 外見的な特徴
  → 背丈が低く、ずんぐりとした体躯
  → 楕円形で上につりあがった目
  → 上まぶたの折重なりが目の内側の角まで延長している（内眼角贅皮）
  → 薄くて細い直毛／広く平たい鼻梁／角ばった耳
  → 口が小さく口蓋が低いために突き出している大きな舌
- 中等度～重度の精神遅滞をもつ。
- 約40%が心臓疾患をもち、ごく一部に上部腸管閉塞がみられる。6人に1人は生後1年以内に亡くなってしまい、40歳以上まで生存する確率は低い。
- 脳組織にアルツハイマー病と同様の退化が見られる。
- ダウン症の子どもの一部は、読み書き算数の学習ができる。

②脆弱X症候群（fragile X syndrome）

X染色体が二つに割れてしまう染色体異常であり、ダウン症に次いで染色体異常による。精神遅滞の大きな原因となっている。
- 身体的な特徴
  → 形成不全の大きな耳／細長い顔／太い鼻の付け根
  → （男性）睾丸肥大
- 精神遅滞や行動上の問題を示す。
- 通常のIQを備えていても学習能力障害、前頭葉

課題と右脳課題における困難さ，感情の変わりやすさなどを示す一群もある。

2）劣性遺伝疾患

劣性遺伝疾患の多くは精神遅滞を引き起こす。
- ➡ 遺伝カウンセリングではクライエントが劣性遺伝子をもっている可能性を推測し，妊娠を望むかどうかを決断する援助をする。

①フェニルケトン尿症
- 生後間もなくフェニルアラニン水酸化酵素の欠乏が生じ，フェニルアラニンとその誘導体フェニルピルビン酸が分解されずに体液中に蓄積され，不可逆的な脳損傷（特に前頭葉）が起こり，最重度の精神遅滞を引き起こす。
- フェニルケトン尿症の70人に1人は遺伝子の保有者である。
- 生後直後からの低フェニルアラニン食を提供する食事療法が推奨されている。

3）感染症

妊娠して最初の3ヵ月間は胎児は免疫応答システムをもっておらず，感染に抵抗できないため，感染症が原因の精神遅滞になるリスクが最も高い。
- サイトメガロウィルス，トキソプラズマ，風疹，単純疱疹（ヘルペス），梅毒などの母体感染は，母親には軽い症状しか表わさなくとも，胎児の身体奇形と精神遅滞の双方を生じさせる可能性がある。
- 妊娠中，HIVに対する治療が行われずに出産した場合，HIV陽性の女性から胎児にウィルスが感染する可能性が高く，約半数はHIVの状態が悪化するのに伴い，認知機能や運動能の障害が現れ，精神遅滞となる。
- 脳炎，髄膜炎菌性髄膜炎などに乳児期や幼児期初期で感染した場合，不可逆的な脳損傷を起こし，命を落とすか，軽度から中等度の精神遅滞，聾・麻痺・てんかんなどの後遺症が残ることが多い。

4）事故など
- 米国における1歳以上の子どもの死亡原因，重度障害の原因の第1位は事故である。
- 自動車に乗るときのシートベルトの着用，自転車に乗る際の保護ヘルメットの着用は事故による精神遅滞の発生率を減少させる。
- 水銀や鉛などいくつかの環境汚染物質は，中毒や精神遅滞を引き起こす。

予防と介入

20世紀初頭の米国では精神遅滞の人びとを倉庫のような大規模施設に収容し，隔離して生活させていた。現在，米国における状況はいくらか改善したが，世界的には精神遅滞を抱える子どもは今なお隔離されている。精神遅滞の原因は未知であることが多いため，予防は難しい。しかし，個々の人びとが自立して生きていくための能力を改善する介入は可能である。

1）居住型援助

近年，精神遅滞を抱える人びとに対して，大規模な精神病院のなかで保護するよりも，教育的・地域社会的援助を提供する流れが大勢を占めるようになっている。1975年以降，精神遅滞を抱える人びとはできる限り制限を加えない環境のなかで適切な治療を受ける権利を保障されている。

①軽度精神遅滞
仕事をもち，自分のアパートで自立した生活を送る。カウンセラーの支援を得ながら半自立的に3〜4人で共同生活を送る。

②中等度精神遅滞
地域社会のなかで中小規模の家庭的な住居に住む。医療的ケアの提供，住み込みの管理人と介助者が24時間援助。

③重度精神遅滞
実家や里親家庭にいながら，教育的・心理的サービスを受ける。

④最重度精神遅滞
身体的障害を伴う場合は，施設での生活となる。

2）オペラント条件づけに基づく行動的介入

応用行動分析（applied behavior analysis）の原理を活用し，より深刻な精神遅滞を伴う人の機能水準を改善するために，開発された早期介入プログラム。言

語スキル，粗大運動スキル，身辺自立，社会発達などに関する系統的なインストラクションからなり，スモールステップを通して教えられる。
- 不適切な行動や自傷行為を減少させるためにオペラントを利用する。
- 不適応行動や危害を加えるような行為はそれに変わる反応を強化することで減少できる。
- 細かな作業をするスキル，他者からの受容，身辺自立のスキル，身体全体を使うスキル，言語的能力の改善，IQ・学業成績の長期的改善に効果がある。
- "普通に"行動できるようになると，他者との意味ある交流の機会が増え，自分のことは自分でできるようになり，差別も受けなくなって自尊心も高まる。

3）認知的介入

①自己教示訓練

精神遅滞の子どもの多くは問題解決に際し，使用する方略を誤る，方略を知っていながらそれを効果的に使用できないことが多いため，言葉で自分自身の問題解決行動をガイドすることを教える。以下に，そのステップを示す。
- 教師が，教示内容を自分自身に話しかけながら課題を遂行する。子どもは，教師がそのように自己教示をしながら課題を遂行するのを観察する。
- 教師が子どもに教示内容を教える。子どもはそれを聞き，課題を遂行する。
- 子どもは，大きな声で自分に教示しながら課題を再度遂行する。
- 子どもは，小声で教示しながら再々度課題を遂行する。
- 最終的に子どもは自分自身に心のなかで教示しながら課題をやり遂げられるようになる（例：問題の言語化〈これじゃパンを入れられない〉⇨自己評価〈しっかり固定して〉⇨自己強化〈よくできた！〉）。

②コンピュータ支援教育

コンピュータ支援教育は，以下の理由で精神遅滞の人の教育に適している。

- コンピュータによる視聴覚的要素は注意散漫な子どもの集中を持続させることが可能。
- 教材のレベルは，個々人に合わせられていて，成功体験が味わえるようになっている。
- コンピュータは人間の先生のように退屈したり，イライラしたりしないので教材を何度も繰り返さなければならないという精神遅滞の人が抱える特有のニーズにも合っている。

10-6　自閉性障害

自閉性障害

1）概念の発展

1943年に児童精神科医カナー（Leo Kanner）により，早期幼児自閉症として報告された。しかし，自閉症が公式に受け入れられたのはDSM-III以降であり，それまでは幼児期発症統合失調症と呼ばれていた。DSM-III以後は，広汎性発達障害という用語が導入された。そこでは，自閉症には発達過程そのものに深刻な特異性が含まれており，成人期に生じる精神障害とは異なっているという点が強調された。DSM-IV-TRの広汎性発達障害には，自閉症障害，レット障害，小児期崩壊性障害，アスペルガー障害が含まれている。

自閉性障害の判断基準

- A，B，Cから合計六つ以上。うち少なくともAから二つ，BとCから一つずつの項目を含むこと：

A：対人的相互反応における質的な障害で，以下の少なくとも二つによって明らかになる。
　―目と目で見つめ合う，顔の表情，身体の姿勢，身振りなど，対人的相互反応を調節する多彩な非言語的行動の使用の著明な障害。
　―発達の水準に相応した仲間関係を作ることの失敗。
　―楽しみ，興味，達成感を他人と分かち合おうとしない。
　―対人的または情緒的相互性の欠如

B：以下のうち少なくとも一つによって示されるコミュニケーションの質的な障害：
　―話し言葉の発達の遅れまたは完全な欠如。
　―十分会話のある者では，他人と会話を開始し継続する能力の著明な障害。
　―常同的で反復的な言語の使用または独特な言語。

- 発達水準に相応した遊びの欠如。
C：行動，興味，および活動の限定された反復的で常同的な様式で，以下の少なくとも一つによって明らかになる。
- 強度または対象において異常なほど，常同的で限定された型の一つまたはいくつかの興味だけに熱中すること。
- 特定の機能的でない習慣や儀式にかたくなにこだわる。
- 常同的で反復的な衒奇的運動。
- 物体の一部に持続的に熱中する。

● 3歳以前に始まる，以下の領域の少なくとも一つにおける機能の遅れ，または異常：対人的相互反応，対人的コミュニケーションに用いられる言語，象徴的または創造的遊び。
● この障害はレット障害または小児期崩壊性障害ではうまく説明されない。

① 早期幼児自閉症
● 人生の最初期から人とのかかわりがもてない言葉が非常に限られている
● 身の回りのものが正確に同じであることに強迫的にこだわる傾向にある

② 統合失調症との違い
● 妄想・幻覚などの陽性症状がない
● 大人になって統合失調症に発展することがない
● 家系における統合失調症罹患率は高くない
● 男子の罹患率は女子の4倍である
● 幼児期の極めて早期に起こる
● 精神遅滞やてんかんの発作が併発する
● 罹患率が0.05%（統合失調症は1%弱）

2）広汎性発達障害に含まれる他の分類

① レット症候群
● 最初の2年の発達は概ね良好だが，その後，頭部の発達が減速する。
● 目的に合わせて手を使う能力を喪失し，代わりに手を握る，手を洗うなどのステレオタイプ的行動で置き換える。
● 歩行時の協調の悪さ，重篤な言語障害，重度の精神運動停止が見られる。
● 人と上手くかかわれない。女子のみに見られる。

● X染色体上に原因遺伝子が特定されたため，DSMの次版からは除外されることが予想される。

② 小児期崩壊性障害
● 最初の2年間は通常に発達するが，その後，社会的スキル，遊びのスキル，言語性スキル，運動スキルの明白な喪失が見られる。

③ アスペルガー障害
● 人間関係が乏しく，ステレオタイプ的行動が保持される。
● 言語・知能の発達は良好な状態が保たれる。

自閉性障害の特徴

1）自閉症と精神遅滞
自閉症の子どもの約80%はIQが70未満になる。自閉症と精神遅滞の弁別は難しい。

① 精神遅滞の子どもの特徴
● 知能検査の全下位検査で一貫して低い得点を取る。
● 歩行などの粗大運動発達において非常に顕著な遅れを示す。

② 自閉症の子どもの特徴
● 抽象的思考，象徴，段階的論理などの課題において成績が悪い。
● 積木模様課題など視空間的スキルを要求される課題の成績は良い。
● 4桁の数字同士の掛け算の暗算ができるなど，優れた才能を反映した単独のスキルや並外れた長期記憶能力をもっている。
● 認知能力に重大な欠陥があるが，感覚-運動発達は相対的に秀でている。

2）社会的・情緒的障害
● 自閉性障害の中核的症状は極端な自閉的孤立だが，社会的に引きこもることはない。
● 母親に対して早期の愛着を示すことはほとんどない。
● 親と遊ばない，指差ししない，目を合わせない，遊び道具を他児と分け合わない。

- 他者に近づくことがほとんどない，自分に近づく他者に対しても無反応である。
- 健常児に比べて象徴遊びに費やす時間がはるかに少ない。
- 物や機械に夢中になってもそれを手にもって歩き回るだけであり，道具や装置の使い方を学習することが妨げられることもある。
- "心の理論"の欠如。"心の理論"とは「他の人にはその人なりの願望・信念・意図・感情があり，それは自分自身のそれとは異なっている」ということの理解であり，標準的な発達では2歳半～5歳くらいの間に獲得される。
- 高機能自閉症の子どもは認知的能力に集中させることで他者の感情に対する表層レベルの理解は可能になる。

3）コミュニケーションの障害

喃語を発することもほとんどなく，約50％は話すことを全く学習しない。下記に示すコミュニケーションの問題が社会性の障害の原因になるため，会話の訓練は必要となる。

①反響言語
- 即時反響言語（例：先生「クッキー欲しい？」⇨子ども「クッキー欲しい？」）
- 遅延反響言語（例：テレビ番組中の単語や一節を数時間後～翌日におうむ返しする）

②代名詞の倒置
- 自分のことを「彼」「あなた」「○○（子どもの名前）」と言う。
- 他者が自分について話すときに聞いた言葉をそのまま自分に対して用いている。

③言語新作
- 新しい単語を作る（例：「ミルク」⇨「モヨー」）
- 通常の意味以外に単語を使用する

④文字通りの単語の使用
（例：「はい」と言えたご褒美に肩車をしてもらう⇨肩車をしてほしいという意味でのみ「はい」と言うようになる）。

4）反復的・儀式的行動
- 自閉症の子は生活の日課や環境が変わると極度に混乱してしまうため，行動全般にわたって強迫的性質が見られる。（例：遊ぶ時に玩具を整列させる）。
- より限定されたパターンの行動で振る舞い，新しい領域や環境内の新たな対象を探索しようとはあまりしない。
- 自己刺激行動が見られる。（例：リズミカルな動き，目の前で指をいじる，扇風機など回転する機械をじっと見つめる，など）。

5）自閉性障害の予後
- 成人期に比較的良い適応をし，社会性の面での不器用さを抱えつつも自立した生活を送ることができるのは自閉症の子どものうち5～17％であり，ほとんどは制限された生活を余儀なくされ，半数近くは施設入所している。
- 高いIQをもち，6歳までに話すことができるようになった子どもの予後が最も良く，なかには大人になってからほとんど一般の人と同等の機能水準の者もいる。
- 有効な介入プログラムが開発されて以後の自閉症の予後に関する研究が必要。

自閉性障害の原因論

1）心理学的理論

自閉症が提唱された初期の段階における原因論では，心理学的要因に焦点が当てられていた。しかし，近年では，生物学的要因（一部は遺伝的要因）が障害を生じさせる中心的役割を果たしているとの考え方が主流となっている。

①精神分析的理論

ベッテルハイムは，「子ども時代の早い時期にひどく傷つくような何かが起こり，その結果として自閉性障害になる」と提唱。そこでは，拒否的な親から拒否的感情を感じ取った子どもは，自分がどう振舞っても親の反応を引き出すことができないと知る

と，その苦痛と失望から身を守るために自閉症になると仮定されていた。しかし，このような仮説を実証的に支持するものは何もない。

②行動理論

両親の応答性が悪いと，対人関係と快体験の間の観念の連合が妨げられ，人のかかわりが社会的強化子にならず，子どもの行動を統制することができないと仮定された。しかし，この仮説を実証的に支持するものは何もない。

2）生物学的理論

自閉症は早期から発症するため自閉症が生物学的基盤をもつことが強く示唆される。

①遺伝要因
- 自閉症は稀な障害であるため，遺伝要因の研究は難しい。
- 自閉症の人のほとんどは結婚しないため，家族研究も困難である。
- 自閉症をもつ人の同胞における自閉症発症率は対照群の 75 倍。
- 一卵性双生児が同時に自閉症を発症する確率は 61〜91％，二卵性双生児の場合は 0〜20％である。

②神経学的要因
- 自閉症の子どもの脳波は通常とは異なる波形をもっている。
- 自閉症児の多くに脳損傷の徴候がみられる。
- 脳が発達の過程で細胞が適切に分化せず，通常見られるようなネットワークの形成に失敗していることが示唆される。
- 妊娠中に母体が風疹に罹患している場合，発症率は 10 倍になる。
- 髄膜炎，脳炎，脆弱 X 症候群，結節性硬化症などの後遺症として自閉症様の症状が見られる。
  ➡ 自閉症と精神遅滞，脳損傷の関連性を強く示唆する。

介　入

自閉性障害の原因論は生物学的理論が実証的に支持されている。しかし，自閉性障害の援助に関しては心理学的介入が注目されている。ただし，自閉症の子どもには，以下のような介入を困難にする問題がある
- 特別な出来事や日課の変化に順応しにくい
- 変化に向けて動機づける強化子が非常に見つけにくい
- 注意が選択過剰になる

1）自閉症の子どもへの行動療法的介入
- モデリングとオペラント条件づけを用いる。話す，反響言語の修正，他の子どもとの遊びを奨励し，大人に対して普通に反応する行動を強化する。
- オペラント条件づけを用いて集中的に介入した場合，IQ，適応行動を獲得し，普通級に進級することができた。
- 自閉症児本人への介入だけでなく，親訓練も非常に重要である。子どもと一緒にいる時間が多い家族が自閉症の子に対してより肯定的に関わることを促す。
- 自閉性障害の一部はメンタルヘルス専門家がいるグループホームや病院でなければ適切なケアが受けられないことも事実である。

2）自閉性障害児への薬物療法
- ハロペリドール（セレネース，リントン，ハロステン，ハロジャストなど）が最もよく使われる。
  ➡ 社会的ひきこもり，情動的運動行動，自傷・攻撃などの不適応行動の改善が示唆されるが，多くの自閉症児は良い反応を示さないうえに，深刻な副作用の可能性もある。
- セロトニンのレベルを下げるフェンフルラミンは効果があっても微弱であり，自閉症を治療する薬とはなりえない。
- オピオイド受容体拮抗薬のナルトレキソンは自閉症児の多動性を減少させ，対人関係の自発的開始をわずかに増加させることが判明したが，わずかの服用が自傷行為の増加に繋がる可能性も指摘されている。
- 自閉症に対する投薬治療は，行動的介入に比べて有効性が低い。

第11章
パーソナリティ障害

第5巻第Ⅱ部に対応

11-1 パーソナリティ障害とは何か

　DSMの当初の版からパーソナリティ障害は分類基準に組み込まれていた。しかし，最初のころの分類基準は，信頼できるものではなかった。DSM-Ⅲ以降，パーソナリティ障害は，軸を分離し，第Ⅱ軸として位置づけられた。そして，分類の信頼性を高める努力がなされた。しかし，パーソナリティ障害の概念を安易に適用すべきではないといえる。パーソナリティ障害の行動特徴は，程度の差はあるが，人間であれば誰もがもっている傾向である。いくつかの特性が通常の程度を超えて極端となり，しかもそれが，改善されないまま長期間にわたって不適切な仕方で表現され続けている場合にのみ，パーソナリティ障害と診断される。したがって，パーソナリティ障害は，その程度，期間，表現の仕方などによって厳密に定義されるべきである。

パーソナリティ障害の特徴

1) パーソナリティ障害の定義
- その人の属する文化において期待されることから逸脱し，社会的・職業的な活動に支障をきたす，持続的で広範かつ変化しにくい行動と内的経験のパターン
- DSMの第Ⅱ軸に示されている障害
- パーソナリティ障害は，それぞれ異なる特徴をもつ障害群である。

2) 他の障害との重複の問題
　患者は，多くの場合，さまざまな特性をもっており，それらに対応するためには複数の診断分類を適用することが必要となる。したがって，一つのパーソナリティ障害のみに診断分類することが困難となっている。

3) 三つの群
　DSM-Ⅳ-TRでは，パーソナリティ障害は3分類に大別される。
- A群：妄想性，シゾイド，失調症型のパーソナリティ障害。この群の障害をもつ人は，奇異な／普通でない行動を示す。
- B群：反社会性，境界性，演技性，自己愛性のパーソナリティ障害。この群の障害をもつ人は，感情的で，派手な／突飛な行動を示す。
- C群：回避性，依存性，強迫性のパーソナリティ障害。この群の障害をもつ人は，不安／恐怖に関連する行動を示す。

11-2 奇異/普通でない行動を示す群

　この群は，統合失調症の症状，特に先駆期と残遺期のそれほど深刻でない症状との類似性がある。

妄想性パーソナリティ障害

1）分類特徴

> **妄想性パーソナリティ障害の判断基準**
>
> 以下の項目の四つ以上が存在し，統合失調症，心因性抑うつの経過において起こったものではない，もしくは広汎性発達障害の一部として起こったものではない。また一般的な医学的問題の帰結でもない。
>
> - 危害を加えられ，だまされ，利用されているという疑惑が広汎に体験されている。
> - 友人や仲間の忠誠や信頼性についての根拠のない疑い。
> - 前述した基準のために他者を信頼しようとしない。
> - 他者の害のない行動から，隠されたメッセージを読み取る。
> - 不正を感じて，それを恨みに思う。
> - 性格や評判への知覚された攻撃に対する怒りの反応。
> - 最初の二つの基準と同質の，配偶者や他の性的パートナーの信頼性についての根拠のない疑い。

①傾　向
- 男性により多くに見られる
- 統合失調症質，境界性パーソナリティ障害，回避性パーソナリティ障害との併発が多くみられる・罹患率は，約2％である

②他の障害との違い
- 統合失調症の妄想型との違い
  - ➡幻覚といった，統合失調症の他の症状が存在せず，また社会的，職業的機能が悪化することもない。また，統合失調症の特徴となる思考障害などの認知機能の解体も存在しない。
- 妄想性障害との違い
  - ➡本格的で一貫した体系を示す妄想は存在しない。

2）行動特徴
- 疑い深い人びとであり，他者に敵意を抱く
- 自分は他者に虐待され，利用されていると考えがちである
- 他者に本心を隠すとともに，他者が自分に仕掛けてくるだろう企みや悪さを見逃さないようにいつも警戒している。
- 容易に自分が侮辱を受けたと感じ，相手に怒りをもって反応する。
- 他者を信用しようとせず，自分が間違っているときでさえ他者を責め，恨みを抱く。
- 極端に嫉妬深く，配偶者や恋人の貞節に対して疑念をもち，その疑いは執拗に続く。
- 人間の誠実さや信頼感を認めず，周囲に対して容易に被害的になる。

シゾイドパーソナリティ障害

1）分類特徴

> **シゾイドパーソナリティ障害の判断基準**
>
> 以下の項目の四つ以上が存在し，統合失調症，心因性抑うつの経過に起こったものではない，もしくは広汎性発達障害の一部に起こったものではない。また一般的な医学的状況が理由でもない。
>
> - 親密な関係への願望や楽しみの欠如。
> - 孤独を何よりも優先する。
> - 他者とのセックスにほとんど興味がない。
> - あったとしても快楽がほとんどない。
> - 友達がいない。
> - 他者からの賞賛や批判への無関心。
> - 平板な感情，情緒的孤立。

- 発現する割合は，2％以下であると報告されている。
- 失調型パーソナリティ障害，回避性パーソナリティ障害，妄想性パーソナリティ障害との併発が最も多い。
- シゾイドパーソナリティ障害の分類基準はまた，統合失調症の先駆期（病気の前段階）と残遺期（病気の後）の症状のいくつかと似ている。

2）行動特性
- 平板な感情，情緒的孤立
- 社会的な関係を欲したり楽しんだりすることがなく，通常，親しい友人はいない。
- 彼らは，周囲に対して鈍感で無関心のようにみえる。

- また，他の人びとに対する温かみややさしい感情にかけている。
- 彼らは，めったに強い情緒を示すことがなく，セックスに興味がなく，快楽的行動をほとんどしない。
- この障害を示す人びとは，賞賛や批判も含めて他者の気持ちに無関心で，孤立主義者で孤独な興味のみを追求する。

失調型パーソナリティ障害

1）分類

失調型パーソナリティ障害の判断基準

以下の項目の四つ以上が存在し，統合失調症，心因性抑うつの経過に起こったものではない，もしくは広汎性発達障害の一部に起こったものではない。また一般的な医学的問題が理由でもない。

- 関係念慮。
- 独特の信念もしくは魔術的思考（超感覚的知覚など）。
- 普通でない知覚（人の身体についてのゆがめられた知覚）。
- 独特な言語パターン。
- 極端な疑い深さと妄想。
- 不適切な情動。
- 奇異な行動もしくは外見。
- 親密な友人の欠如。
- 周囲の他者への極端な不快感としばしば極端な不安。

- 発現する割合は，1％以下である。
- 分類における重要な問題は，他のパーソナリティ障害との併発である。
  → 失調型パーソナリティ障害に分類されたもののうち，33％が境界性パーソナリティ障害，33％が自己愛性パーソナリティ障害，59％が回避性パーソナリティ障害，59％が妄想性パーソナリティ障害，44％が統合失調症質パーソナリティ障害と重複分類される。

2）行動特性

- 対人関係の困難さと過剰な社会不安をもっている。
- 風変わりな症状がみられる（統合失調症の先駆期および残遺期を定義するもの）。
- 異常な信念や魔術的思考をもつ。それは，迷信を信じたり，自分が透視者または精神感応者であるという信念を抱いたりすることに表われる。
- 周期的に錯覚を経験している。実際にはそこにない力，あるいは人の存在を感じ取るといったものである
- 普通には使われない言葉や不明瞭な言葉を使うことがある
- 関係念慮（その出来事が自分にとって特別な事柄であり，普通でない意味をもっているといった思い込み），疑い深さ，妄想的観念化が一般的である。
- 感情は抑制されていて平板にみえる。
- 妄想的観念化，関係念慮，錯覚がもっとも説得性をもっている。

本群のパーソナリティ障害の原因論

この種の障害が遺伝的に統合失調症に関連しており，第Ⅰ軸障害のそれほど深刻でない変異体であるとの見方が理論的前提となっている。以下に理論的根拠を示す。

- 統合失調症の患者の親族は，失調型パーソナリティ障害に対するリスクが高いということが家族研究により継続的に示されている。
- 単極性の抑うつを持つ患者の第1親等においても発現の高い割合が見いだされており，失調型パーソナリティ障害は，統合失調症にだけ関連しているのではないことが示唆されている。
- 妄想性パーソナリティ障害については，家族研究によって，統合失調症もしくは妄想性障害の患者の親族において，平均と比較して高い割合で発現することが見出されている。
- 家族研究によって，シゾイドパーソナリティ障害が発現する割合は，失調型パーソナリティ障害を示す人びとの親族において高いことが見出されている。しかし，シゾイドパーソナリティ障害の行動-遺伝学的研究からは，明らかなパターンは見いだされていない。

11-3 派手な／突飛な行動を示す群

この分類には，自分勝手な行動から，誇大な自尊心

やおおげさな感情表現，反社会的行動など，多様な症状を示す患者が該当する。

境界性パーソナリティ障害

1）分類特徴

> **境界性パーソナリティ障害の判断基準**
>
> 以下のうち五つ（またはそれ以上）によって示される。
>
> ● 現実に，または想像の中で見捨てられることを避けようとするなりふりかまわぬ努力。
> ● 理想化とこきおろしとの両極端を揺れ動くことによって特徴づけられる不安定で激しい対人関係様式。
> ● 不安定な自己感。
> ● 浪費・性行為を含む衝動的な行動。
> ● 自殺の行動，そぶり，自傷行為の繰り返し。
> ● 顕著な感情不安定性。
> ● 慢性的な空虚感。
> ● 怒りの制御に関する顕著な問題。
> ● ストレス関連性の妄想様観念または解離性症状。

- 一般的に青年期，あるいは成人期前期に発症する。
- ほぼ1％の頻度で現れる。
- 男性よりも女性に多い。
- 予後は不良。7年後，50％の事例が障害を抱え続けている。
- 境界性パーソナリティ障害を示す人は，第Ⅰ軸の気分障害を伴うことが多い。
- 両親が気分障害の患者であることが，平均よりも多い。
- 奇異な／普通でない行動を示す群のパーソナリティ障害との併発に加え，薬物乱用やPTSD，摂食障害も見られる。

2）行動特徴

- この障害の中核的な特徴は，衝動性と，人間関係や気分の不安定さである。
- 情緒は，不安定で，突然変化する（特に情熱的な理想化の状態から軽蔑を伴った怒りへと変化する際に，その不安定さが顕著に示される）。
- 議論好きで，怒りっぽく，皮肉屋で，すぐに攻撃的になる。
- ギャンブルや浪費，見境のない性的活動，薬物乱用，暴食といった予測が困難で衝動的な行動をする。
- 自己についての明確で一貫した感覚が発達していない。
- 独りになることに耐えられない。見捨てられる恐怖をもっており，注目されることを求めている。
- 慢性的な抑うつと空しさの感覚から，自傷行為にはしる。
- ストレスが過剰になったときには，短期的に精神病的症状や解離症状を示すこともある。

3）原因論

境界性パーソナリティ障害の原因には，複数の考え方がある。

①生物学的要因

- 遺伝的な要因をもつ可能性を指摘されている。
- 衝動的行動と関連する前頭葉の機能障害を指摘するデータがある（例：境界性パーソナリティ障害を示す者の前頭葉の機能を測定する神経学的テストの結果が悪く，前頭葉のグルコースの代謝レベルが低いとされる）。
- 感情の制御において重要とされる扁桃体の高い活性化がみられるとの結果も得られている。

②対象関係論

- 精神分析理論の学派の一つである。人は主に両親や主たる養育者のような，現在までの経験のなかで重要であった人物の視点を通じて世界に反応すると仮定する。
- 境界性パーソナリティ障害を示す者は，母親から受けた養育の質が低かったことを報告している。
- 幼少期の不適切な経験が境界性パーソナリティ障害の主要な特徴である不安定な自我を育む要因となる（例：両親の愛情や注意の与え方が一貫していないことなど）。
- 脆弱な自我をもち，常に安心を提供してくれるものを強く求める。
  - ➡ 分裂：対象を良いか悪いかのどちらか一方で分けて理解する防衛機制を示す。
- 分裂という防衛機制によって，感情の統制を困難

にする反面，耐えがたい不安に陥るのを防ぐ。脆弱な自我を守っている。
- 境界性パーソナリティ障害を示す者は幼少期に不幸な経験をしていたと報告しているが，実際は，こうした経験が境界性パーソナリティ障害に特有のものかは不明。

③リネハンの素因——ストレス理論
- リネハンは，感情のコントロールが難しいという生物学的（おそらく遺伝的）素因をもった人が，自分を無価値だと感じるような家庭環境であった場合，境界性パーソナリティ障害が育まれるとする。
- 子どもを無価値化する環境とは，その子の要求や感情が考慮されず，自己表現を認めてもらえない環境である。
- 身体的虐待は，他の障害よりも，境界性パーソナリティ障害によく見られることは，リネハンの理論を支持する。
- 解離性同一性障害は，境界性パーソナリティ障害と同様に児童虐待の割合が非常に高い。また境界性パーソナリティ障害においては，しばしば解離症状が見られる。
  ➡ 二つの障害には関連があり，両障害における解離はともに児童虐待による極度のストレスが原因となっていると推測できる。

演技性パーソナリティ障害

1）分　類

演技性パーソナリティ障害の判断基準

以下のうち五つ（またはそれ以上）によって判断される。

- 自分が注目の的になることを強く望む。
- 不適切なほど性的に誘惑的な行動。
- 感情表出のすばやい変化。
- 自分への関心をひくためにたえず身体的外見を用いる。
- 過度に印象的だが，細部においては内容がない話をする。
- 大げさで芝居がかった情緒表現。
- 過度に影響をうけやすい。
- 対人関係を実際以上に親密なものとみなす。

- 約2%の頻度で出現。男性よりも女性に多い。

- 別居したり，離婚したりしている人たちの間ではより頻度が高い。
- 抑うつや身体的健康の低さとも関連がある。
- 境界性パーソナリティ障害との重複も多い。

2）行動特徴
- 過剰に芝居がかった派手な行動をし，いつでも自分に注意をひこうとする。
- 注目されるために独特の服装，化粧，髪の色など，身体的外見という特徴を利用する。
- 派手な感情表現を行うわりに，感情的繊細さはもち合わせていない。
- 自己中心的で肉体的な魅力に過剰に興味をもち，注目の中心にいないと不愉快になる。
- 彼らの発言は印象に基づいており，細部に欠ける。

3）原因論
調査がほとんど行われておらず，下記のような精神分析理論が優勢である。
- 親の誘惑，特に父から娘への誘惑により，感情的であることと誘惑的であることが奨励されたため。
- 大げさな感情表現は，性を何か汚らわしいものだとしながら，同時に刺激的で望ましいものとして語る親に起因しており，こうした根底にある葛藤の表れである。
- 注目の的でなければならないという思いは，自尊心の低さという本当の感情を防衛する方法であるとみなされる。

自己愛性パーソナリティ障害

1）分　類

自己愛性パーソナリティ障害の判断基準

以下のうち五つ（またはそれ以上）によって示される。

- 自己の重要性に関する誇大な感覚。
- 成功，才気，美しさへのとらわれ。
- 過剰な賞賛を求める。
- 特権意識。
- 他者を不当に利用する。
- 他者への嫉妬。

- 罹患率は1%以下。
- 境界性パーソナリティ障害との併発が最も多い。

2）行動特徴
- 自分の独自性や能力について誇大な見方をもっており，偉大な成功をおさめるという空想に心を奪われている。
- 絶えざる注目と過剰な賞賛を要求し，自分のことは，特別な地位，あるいは高い地位にある人だけが理解できると信じている。
- 共感性に欠け，羨望の感覚と，他者に対し優位に立とうとする傲慢さをもつ。
- 自分に対する無償の特別扱いをあたかも権利であるかのように期待し，他者との相互的関係を否定する。
- 絶えず注目と賛美を求めるため，非難に対し非常に敏感であり，失敗を深く恐れる。
- 時に，自分自身に絶望し，理想化できる他者を求める。
- 一般的には，基本的なところで人が自分に近づくことを許さない。
- 深い対人関係をほとんどもたず，つきあいは浅い。
- 要求を満たせない状況に対して怒りを示し，拒否的になる。

3）原因論
現代の精神分析の文献のなかに起源を持っている。
- ➡ コフートに拠れば，子どもは，自分自身が価値のある者として評価されず，親の自尊心を養う道具として評価された際に，健康な自尊心を育むことができない。表面的な完全な自己没頭や際限なき成功の幻想を強く抱いているという特徴は，繊細な自尊心を隠しているためとされる。

反社会性パーソナリティ障害

1）分類特徴
反社会性パーソナリティ障害と精神病質（社会病質）は，反社会的行動を重要な要素とするため互換的に用いられることもある。しかし，両者の間には重要な相違もある。

反社会性パーソナリティ障害の判断基準

他人の権利を無視し，侵害する広範な様式で，15歳以降起こっており，以下のうち三つ（またはそれ以上）によって示される。

（1）違法行為の反復。
（2）人をだます，嘘をつく。
（3）衝動性。
（4）苛立ちや攻撃性。
（5）自分または他人の安全を考えない向こう見ずさ。
（6）仕事が続けられない，経済的義務を果たさないなどの無責任さ。
（7）良心の欠如。
（8）18歳以上であること。
（9）15歳以前に発症した行為障害の証拠があること。
（10）反社会的な行為がおこるのは，統合失調症や躁病エピソードの経過中のみではない。

◆ 精神病質の分類特徴 ◆

- 精神病質（psychopathy）の分類基準は，反社会性パーソナリティ障害の分類基準と異なる。
- 反社会的行動よりも精神病質を特徴づける，以下の思考や感情の特徴を示す。
- 感情の乏しさ：ポジティブな感情もネガティブな感情も乏しい。恥の感覚や不安が欠如しているため，失敗から学ばない。他人に対して肯定的な感情を見せたとしても，単なる見せかけにすぎない。彼らは，表面的には魅力的で，自己の利益のために他者を操る。
- スリルや衝動性：精神病質の人の反社会的行動は，何らかの利益目的だけでなく，スリルを求めて衝動的になされる。

2）原因論

①家族の役割
精神病質的行動の原因として，愛情の欠如，親の深刻な拒否，親の一貫性の欠如，身体的暴力，両親の喪失，父親の反社会的行動といった家族の問題を指摘する一連の研究がある。しかし，一貫性のない躾が子どもの行動に影響を与えるとは単純にはいえない。反対に，反社会的行動を示す子どもに対処し

ようとした結果，躾に一貫性がなくなるということも考えられる。

②遺伝的要因

反社会性パーソナリティ障害については，養子研究や双生児研究によって，遺伝的要因が予測要因となることが示唆されている。しかし，養子の（生物学上の）親が反社会的障害をもっていてもいなくても，養子家庭における不適切な環境は，反社会的障害の形成に関連する場合もあるので，遺伝的要因がすべてではない。遺伝的影響を受けた子どもの態度が，養親の厳しい躾と暖かさの欠如といった環境的な要因を導き，結果としてその子の反社会的な傾向を強化することになるとも考えられる。

③感情と精神病質

精神病質者は，不安や罪の意識がほとんどなく，衝動を抑えるのが困難であるとされる。学習理論でいうと，反社会的行動をして罰を受けても，恐怖反応を経験しないので，反社会的行動を避けようとしないと説明できる。

11-4 不安／恐怖に関連する行動を示す群

この群は，以下の三つのパーソナリティ障害から成る。
- 回避性パーソナリティ障害：社会的状況において恐怖を感じる人
- 依存性パーソナリティ障害：自信が欠けており，他人に過度に依存する人
- 強迫性パーソナリティ障害：生活に対して完璧主義的なアプローチをする人

回避性パーソナリティ障害

1）分類特徴

回避性パーソナリティ障害の判断基準

以下の項目のうち四つ（またはそれ以上）にあてはまること。

- 批判や拒絶を恐れるため，対人関係を回避する。
- 好かれていると確信できなければ，人と関係をもちたいと思わない。
- 恥をかかされること，または馬鹿にされることを恐れるために，親密な関係のなかでも遠慮を示す。
- 批判されること，または拒絶されることに心がとらわれがちである。
- 不適切感がある。
- 劣等感がある。
- 恥ずかしいことになるかもしれないという理由で，何か新しい活動にとりかかることに，異常なほど引っ込み思案である。

- 罹患率は，約5％で，依存性と境界性のパーソナリティ障害と重複がある。
- うつ病性障害や社会恐怖症と重複する。社会恐怖症のより慢性化した形態といえる。

―◆ 日本特有の"対人恐怖" ◆―

・回避性パーソナリティ障害や社会恐怖症の人と同様に，対人恐怖の人は過度に神経過敏であり，対人関係の接触を回避する。しかし，彼らが恐れるものは，いくつかの点でDSMの社会恐怖症とは異なる。

・対人恐怖の人は，他人に自分がどのように影響を与えるのか，自分が他人の目にどのように見えるのかについて心配する。

・また，恥をかくことをとても恐れる。自分は醜いのではないか，体が臭うのではないかといった恐れをもつこともある。

依存性パーソナリティ障害

1）分 類

依存性パーソナリティ障害の判断基準

以下の項目のうち五つ（またはそれ以上）にあてはまる。

- 他者からのありあまるほどの助言と保証がなければ，物事を決定することができない。
- 自分の生活のほとんどの主要な領域で，他者に責任を取ってもらうことを必要とする。
- 支持を失うことを恐れるために，他人の意見に反対を表明することが困難である。
- 自信がないために，自分で物事を行うことが困難である。
- 他者からの是認や支持を得るために，不快なこと

まで自分から進んでするほどである。
- 他者の助けなしに物事をうまく対処することができるという自信がないために，一人になると，無力感を感じる。
- 親密な関係が終わったときに，新しい関係を必死で求める。
- 自分が世話をされず放っておかれるという恐怖にとらわれている。

- 他者に対して反対できないといった行動様式は，他人に対して服従的で受動的なあり方ではあるが，同時に人間関係を維持するための積極的な手段にもなっている。
- 罹患率は，約1.5%であり，男性よりも女性の方に多い。インドと日本では高い。
- 双極性障害，うつ病性障害，不安障害，過食症といった第Ⅰ軸の障害と重複する。

強迫性パーソナリティ障害

1）分類特徴

強迫性パーソナリティ障害の判断基準

以下の項目のうち四つ（またはそれ以上）にあてはまる。

- 活動の主要点が見失われるまでに，規則や細目にとらわれる。
- 課題の達成を妨げるような完全主義を示す。
- 娯楽や友人関係を犠牲にしてまで仕事に過剰にのめりこむ。
- 道徳に関して融通がきかない。
- 価値のないものを捨てることができない。
- 他人が自分のやり方に従わない限り，仕事を任せることができない。
- けちなお金の使い方をする。
- 硬さと頑固さを示す。

強迫性パーソナリティ障害は，強迫観念と強迫行為を含まない。その点で，強迫性パーソナリティ障害は，強迫性障害とは全く異なる。"強迫"という同じ語が使われているが，両者の関係はそれほど強くはない。むしろ，強迫性パーソナリティ障害は，回避性パーソナリティ障害と非常に重複する。

本群のパーソナリティ障害の原因論

この群のパーソナリティ障害の原因についての実証研究は，あまり多くない。

1）依存性パーソナリティ障害

子どもは，発達が進むにつれて自然に愛着対象に依存しなくなるが，愛着対象からの無理な分離は，子どもに怒りや苦痛を引き起こす。依存性パーソナリティ障害を示す者は，愛着対象からの分離ができず，苦痛を感じるため，さまざまな方略を用いて，愛着対象との関係を維持しようとすると考えられる。いつも他者の意見に賛成するといった依存的行動も，その方略の一つといえる。

2）回避性パーソナリティ障害

一般的には害がない人や状況を恐れるという回避性パーソナリティ障害の特徴は，モデリングによって子どもが親の恐怖を継承するなど，無害なものを恐れるように教えた環境の影響の結果と考えられる。

3）強迫性パーソナリティ障害

伝統的には，フロイトの肛門期固着説がある。しかし，最近の心理力動論は，「楽をして過剰な報酬を受けることをするならば，それまで維持してきた自己コントロールを失ってしまう」という恐怖感が障害形成の要因となると考える。

11-5 パーソナリティ障害への介入

パーソナリティ障害全般への介入の要点

パーソナリティ障害の人は，第Ⅰ軸の障害と重複した形で来談することが多い。第Ⅰ軸の障害のみの場合よりも，第Ⅱ軸を併発している場合の方が，心理療法は効果を得にくい。なぜなら，パーソナリティ障害を併発している場合，パーソナリティ障害の長期的な安定化を図るために徹底した介入が，そして幅広い心理的問題を扱うために広範な介入が必要となるからである。

1）薬物療法

薬物はパーソナリティ障害の症状と似た第Ⅰ軸の問題によって選択される（表11.1参照）。

表11.1

回避性パーソナリティ障害	ザナックス（ベンゾジアゼピン系）	精神安定剤，社会不安を弱める
抑うつを伴ったパーソナリティ障害	フルオキセチン（プロザック）	抑うつの改善
失調型パーソナリティ障害	リスペリドン	抗精神病薬

2）心理療法

パーソナリティ障害の特徴は，非常に根深くその人の人格要素となっているため，根本的に改善するのは不可能といえる。セラピストは，障害を人格のスタイルとして，適応的な形に変化させていくことをめざすのが望ましい。つまり，障害そのものの改善を介入目標とするのではなく，個人が全体として少しでも適応的な生活を送るためにはどのようにしたらよいかという現実的な方向でかかわっていくのがよい。

①心理力動的介入
パーソナリティ障害の根底にあると仮定されている幼児期の問題に対して，現在患者が抱いている見方を変化させようとする。
②認知行動療法
パーソナリティ障害の示す具体的問題に個別に介入することを試みる（表11.2参照）。

表11.2

妄想性パーソナリティ障害 回避性パーソナリティ障害	批判に対する敏感さ	生活技能訓練，体系的脱感作，論理情動療法
妄想性パーソナリティ障害	他者と意見が合わないことによる敵意	アサーション
回避性パーソナリティ障害	自信のなさ	グループでの生活技能訓練

境界性パーソナリティ障害への介入

1）介入の難しさ

以下の理由から，境界性パーソナリティ障害ほど介入に多大な努力を要する障害はない。その理由を以下に示す。

①関係性の難しさ
境界性パーソナリティ障害の人にとって，セラピストとの間で信頼関係を作り上げ，それを維持することはきわめて難しい。セラピストへの理想化が生じたかと思うと，それが容易に激しい非難に変わるといった，不安定な人間関係が生じるので，特別な注意や配慮が求められる。

②自殺の危険性
深夜に自殺をするという電話が入ることがあるが，それが，本当に自殺の危機にあって援助を求めている電話なのか，あるいはセラピストが自分をどのくらい大切にしているのかを調べるための電話なのか，それともセラピストはどの程度自分の要求を聞いてくれるのかを確かめるための電話なのか，判断しにくい。クライエントが自らの行動をコントロールできなくなる場合には，入院が必要となる。

③コンサルテーションの必要性
境界性パーソナリティ障害にかかわる援助者には，大きなストレスがかかる。特に境界性パーソナリティ障害とかかわることで生じてくる援助者自身の感情の扱い方に関して専門的なサポートが必要となる。そのために，他のセラピストから定期的なコンサルテーションを受けることが一般的である。

④薬物乱用の危険性
境界性パーソナリティ障害を示す者は，しばしば薬物を乱用し自殺の危険もあるため，注意が必要である。

2）対象関係論的心理療法

境界性パーソナリティの自我は脆弱であるため，精神分析療法中に生じる退行に耐えることができないと考える。そのため，精神分析家のカーンバーグは，精神分析の修正が必要だとして，他の精神分析家に比べ

てより指示的な介入法を提案した。
- 脆弱な自我の強化を目標とし，分裂（splitting）のような境界性パーソナリティ障害特有の防衛機制に巻き込まれないようにすることがポイントとなる。
- 分裂した行動が見られた場合，それが，感情や行動を抑制する防衛となっていることを指摘し，より適応的に振舞うよう具体的な指示を与える。また，自傷他害の危険性のある行動が見られたときには入院させる。

3）弁証法的行動療法

リネハン（Linehan）は，クライエント中心療法の共感と，認知行動療法の問題解決技法と生活技能訓練を統合した介入法として弁証法的行動療法を提案した。
- 境界性パーソナリティ障害への介入には，三つの目標がおかれている。
    - ➡彼らが自分の極端な情緒や行動を調整，コントロールできるように教える。
    - ➡苦しい感情に耐えられるように教える。
    - ➡自分の思考や感情を信頼することができるように支援する。
- 介入する際には，一方ではクライエントのあるがままを受容しつつ，他方ではクライエントの変化を促すという，一見矛盾した作業をしなければならない。
    - ➡この過程を指して"弁証法的"と表現する。
- また，弁証法的行動療法の目標のひとつには，弁証法的世界観（人生は常に変化するものであり，事物は完全な善悪に二分できるものではないこと）をクライエントに理解してもらうことがある。
- 弁証法的行動療法では，境界性パーソナリティ障害者が示す反発や混乱した行動のすべてを受容することが重視される。彼らの歪んだ信念に関して，共感的に接することも求められる。
- クライエントが，日常生活で生じた問題への対応や感情のコントロールに関して，社会的に受け入れられる方法を習得するように認知行動療法的介入をする。個人療法とグループ療法を活用し，対人関係スキルの習得，怒りと不安のコントロールの促進が目指される。

第12章
性同一性障害と性障害

第5巻第Ⅲ部に対応

12-1 性同一性障害

子どもの障害の分類

性同一性障害は、しばしば性転換症とも呼ばれる。子ども時代の早期から「自分は反対の性別だ」と感じており、（生物学的に）同性の服装や活動を嫌悪する。解剖学的な証拠（正常な性器・通常の第二次性徴）があっても、それを否定し、自分を生物学的には反対の性に属すると感じる。その性に属するための努力をし、外科的に処置を施し、性同一性（Gender Identity：自分についての性別の感覚）を一致させようと望む者もいる。生物学的には同性愛のように判断されるが、当事者としては"異性"として同性を意識しており、自身の性的魅力に対し好意をもつことを同性に望むため、心理的には異性愛である。

性同一性障害の判断基準

- 反対の性に対する強く持続的な同一感
- 子どもの場合、以下の四つ以上。

  A 反対の性になりたいという欲求、または自分の性が反対であるという主張を繰り返し述べる。
  B 反対の性の服を着るのを好む。
  C ごっこ遊びで、反対の性の役割をとるのを好む、または反対の性であるという空想を続けること。
  D 反対の性の典型的な遊びを好む。
  E 反対の性の遊び友達を好む。

- 青年および成人の場合、反対の性になりたいという欲求、反対の性として通用する、反対の性として扱われたいという欲求、反対の性に典型的な気持ちを自分が持っているという確信などの症状で現れる。
- 自分の性に対する持続的な不快感、またはその性の役割についての不適切感

  A 子どもの場合、以下のどれかの形で現れる：男の子の場合、ペニスが気持ち悪い、またそれがなくなるだろうと主張する、男の子に典型的な遊びを嫌悪する。女の子の場合、座って排尿するのを拒絶し、ペニスが出てくると主張する、乳房の発達や月経を嫌悪する、普通の女性の服装を嫌悪する。
  B 青年および成人の場合、以下のどれかの形で現れる：第二次性徴をホルモンや手術によって取り除こうとする、自分が誤った性に生まれたと信じる。

- 身体的に半陰陽を伴ってはいない。
- 著しい苦痛、または社会的、職業的機能の障害を引き起こしている。

- 罹患率は、男3万人に1人、女1万～1万5000人に1人。
- 他者の拒否感情を誘発、2次被害として雇用差別を経験、不安や抑うつを受ける。

性同一性障害への介入

二つの介入方法がある。一つはジェンダー・アイデンティティに身体を合わせるもの、もう一つは、身体に合わせてジェンダー・アイデンティティを変えるものである。

1）身体の変更

6～12週間の心理療法を受け、望みの性別での生活

を経験したあと，性別適合手術を受ける。(希望する性別で1年間生活することが義務づけられている。そして，手術希望者の大半が"手術しない"という決心をしている)。術後は，抑うつ不安，身体変更に伴う選択(整形手術，ホルモン注入)に焦点が当てられる。手術は，現存する性器を，反対の性別の性器により似せるように変更する。ただし，問題点として，多くの性転換者が，それ以前の人との関係を途絶させるということがある。その結果，ソーシャル・サポートなしで社会に適応する努力をしていかなければならなくなる。

2）ジェンダー・アイデンティティの変更

① 行動療法
　身体的特徴と一致した性別の行動を形成する
② 認知的構成要素への介入
　身体的特徴と一致した異性への嗜好性を形成する

12-2　パラフィリア（性嗜好異常）

パラフィリアとは

　通常でない対象に性的にひきつけられたり，性的な行動そのものが通常の性質でなかったりするような障害群である。以下に示すさまざまな種類がある。多くが男性であり，他の心理的障害と併発していることが多い。また，同意のない性行為や攻撃的な方法をとることで生じる人権侵害を起こし，法的な問題が生じる。

1）フェティシズム

　性的興奮のために非生物的対象（例：足，靴，透けるストッキングなど）に頼ることである。フェティッシュと呼ばれる生命を持たない対象に反復的で強い性的衝動をもつ。
● 対象に感じる魅力は，強迫的で，意思と関係なく起こり，抵抗不能である。
● 小児性愛，サディズム，マゾヒズムを併発することが多い。
● 開始するのは青年期。しかし，対象が特別な意味をもつようになるのは児童期。

フェティシズムの判断基準
● 少なくとも6ヵ月間にわたり，生命のない対象物の使用に関する，強烈な性的に興奮する空想，性的衝動，または行動が反復する。
● 著しい苦痛，または社会的，職業的における機能の障害を引き起こしている。
● その性的に興奮させる対象物は，異性装に用いられるような女性の服装，またはバイブレーターのような性器への触覚的刺激を与えるための道具のみに限定されていない。

◇ 異性装（服装倒錯）フェティシズム ◇

・異性の服装をすることで性的興奮を得る行動。
・児童期，思春期に部分的な異性装を始める。
・異性装者は通常男性で，性嗜好に関しては男性的。
・秘密裏に行われており，家族にはほとんど知られていない。

異性装（服装倒錯）的フェティシズムの判断基準
● 少なくとも6ヵ月間にわたり，異性愛の男性が，異性の服装をすることに関する，強烈な性的に興奮する空想，性的衝動，または行動が反復する。
● 著しい苦痛，または社会的，職業的な機能の障害を引き起こしている。
● 性別違和感（自身のジェンダー・アイデンティティに対する不快感）と関連している場合もありえる。

小児性愛と近親姦

1）小児性愛

　大人が，思春期以前の子どもとの身体的な，多くは性的な接触を通して性的満足を得る。
● 16歳以上で，5歳以上離れた相手を性的対象とみなす。男性に多い。
● 気分障害，不安障害，物質乱用，他のパラフィリアを併発することが多い。
● 最近では，インターネットが小児性愛にとって大きな役割を果たしている。
● 単なる身体接触で終わる場合から，子どもの性器を弄ぶ，あるいは自分の性器を触らせる場合，さらには稀だが，挿入することも有る。
● 身体的危害を加えることは稀であるが，性的サ

ディストまたは反社会性パーソナリティ者は身体的危害を加える。

> **小児性愛の判断基準**
> ● 少なくとも6ヵ月間にわたり，思春期前の小児との性行為に関する，強烈な性的に興奮する空想，性的衝動，または行動が反復する。
> ● その人が性的衝動を行動に移している，または，その性的衝動や空想のために，著しい苦痛または対人関係上の困難が生じている。
> ● その人は少なくとも16歳で，子どもよりは5歳は年長である。

2）近親姦

結婚が禁じられているような，近い肉親との性的関係を指す。近親相姦のタブーは全人類的に見られる。近親者との間にできた子どもは劣性遺伝子を受け継ぎやすいという生物学的な根拠が示されている。

---◆ **近親姦が起こる家族構造** ◆---
・著しく家父長的で保守的である。
・男性に対して女性が服従的な立場にある。
・親が子どもをネグレクトしたり，情緒的な距離が離れていたりする。
・母親がいない，あるいは母親が障害者である。

窃視症，露出症，窃触症

1）窃視症

他人が裸でいたりセックスをしていたりするところを見て性的満足を得るのを著しく好むことである。覗き見をすることで性的に興奮するだけでなく，覗き見がなければ性的に興奮できなくなっていることもある。
● 窃視症者のオルガズムは通常，マスターベーションによって生じる。
● 危険という要素が重要である。
● 開始は思春期で，主に男性である。
● 覗きは代理的満足として機能している。
● 他のパラフィリアと合併していることがある。

> **窃視症の判断基準**
> ● 少なくとも6ヵ月間にわたり，警戒してない人の裸，衣服を脱ぐ行為，または性行為をしているのを見るという行為に関する，強烈な性的に興奮する空想，性的衝動，または行動が反復する。
> ● その人が性的衝動を行動に移している，またはその性的衝動や空想のために，著しい苦痛または対人関係上の困難が生じている。

2）露出症

それを望んでいない見知らぬ人，時には子どもに，自分の性器を露出することによって性的な喜びを得る反復的で顕著な傾向である。相手と実際の接触をもとうとすることは，めったにない。相手にショックを与えたり困惑させたりしたい欲求が存在する。露出したいという衝動は，圧倒的でほとんどコントロール不能なもので，強迫的性質をもっている。露出行為は同じ場所で，また同じ時間に頻繁に繰り返されることがある。
● 異性への接近法が未熟で，対人関係に困難がある。
● 半数以上が既婚者で，妻との性的関係は不満足なもの。
● 非露出症者がエロティックではないと判断するような状況を，彼らは性的なものと解釈するのである。

> **露出症の判断基準**
> ● 少なくとも6ヵ月間にわたり，警戒していない見知らぬ人に自分の性器を露出することに関する，強烈に性的に興奮する空想，性的衝動，または行動が反復する。
> ● その人が性的衝動を行動に移している，またはその性的衝動や空想のために，著しい苦痛または対人関係上の困難が生じている。

3）窃触症（frotteurism）

予期していない相手に対して性的な身体接触をすることである。青年期にはじまり，他のパラフィリアを併発することが多い。

> **窃触症の判断基準**
> ● 少なくとも6ヵ月間にわたり,同意していない人に触ったり体をこすりつけたりすることに関する,強烈な性的に興奮する空想,性的衝動,または行動が反復する。
> ● その人が性的衝動を行動に移している,またはその性的衝動や空想のために,著しい苦痛または対人関係上の困難が生じている。

性的サディズムと性的マゾヒズム

1）性的サディズム

痛めつけ,あるいは心理的な責めによる苦痛（例：辱め）を相手に与えることによって,性的喜びを得たり増加させたりする顕著な嗜好。

> **性的サディズムの判断基準**
> ● 少なくとも6ヵ月間にわたり,犠牲者に心理的または身体的苦痛（辱めを含む）を与えて自分を性的に興奮させるという行為（現実のもので,擬似的なものではない）に関する,強烈な性的に興奮する空想,性的衝動,または行動が反復する。
> ● その人が性的衝動を行動に移している,またはその性的衝動や空想のために,著しい苦痛,または対人関係上の困難が生じている。

2）性的マゾヒズム

痛めつけや辱めの対象となることを通して,性的喜びを得たり増加させたりする顕著な嗜好。

> **性的マゾヒズムの判断基準**
> ● 少なくとも6ヵ月間にわたり,辱められる,打たれる,縛られる,またはそれ以外の苦痛を受ける行為（現実のもので,擬似的なものではない）に関する,強烈な性的に興奮する空想,性的衝動,または行動が反復する。
> ● その空想,性的衝動,または行動が,臨床的に著しい苦痛,または社会的,職業的,または他の重要な領域における機能の障害を引き起こしている。

3）両者に共通する特徴

● 発症は成人期早期で,異性愛関係にも,同性愛関係にも見られる。
● サディストやマゾヒストの大半は普段は通常の生活を送っており,収入や学歴は平均よりも高めである。
● 大多数のサディストは,互いの性的満足を得るためにマゾヒストとの間に付き合いを持っている。
　➡ サディストはパートナーに苦痛を与えることによって絶頂感を感じ,マゾヒストはその苦痛を与えられることによって非常に満足する。
● マゾヒズムの表われはさまざまである
　➡ 束縛,目隠し,スパンキング,幼稚症,低酸素愛好症（低酸素状態によって性的興奮を得る）。

パラフィリアの原因論

1）心理力動的視点

パラフィリアを本質的に防衛とみなす。抑圧された恐怖や記憶から自我を守るもので,性心理的発達における前性器期への固着を表わしていると考える。つまり,社会的,性的な発達は未熟であり通常の異性愛的な関係に恐れを感じていると考える。

● フェティシストと小児性愛者
　➡ 去勢不安が強く,異性愛的セックスに脅威を感じる
● 露出者
　➡ 去勢不安のために,男性であること（男性器）を他者（多くは少女や女性）に見せ付けることで,自分の男性性を確かめるという行動を取る。

2）認知行動論的視点

パラフィリア＝古典的条件づけの産物として考える。つまり,文化的に不適切と考えられるものと性的な興奮とが偶然結びついた現象とする（オルガズム条件づけ仮説）。

3）生物学的視点

パラフィリアが男性に多くみられるため,主要な男性ホルモンであるアンドロゲンと何らかの関係があるのではないかと推測されている。脳に関しては,側頭葉の機能不全が一部のサディズムと露出狂に関係があるかもしれないとの見解がある。

パラフィリアへの介入

パラフィリアには抵抗しがたい思考と衝動があると見なし，そこに介入する。

1）精神分析

パラフィリアは性格障害から生じており，それゆえに介入の成功を期待することは難しいと考えられている。

➡効果的な介入方法は提案されていない。

2）行動療法

普通でない性行動の特定パターンし，行動的技法を用いて行動パターンの消失，変容を目指す。

①脱感作法＝イメージを利用する
不適切な場面で興奮している状況を思い浮かべ，同時に気分が悪くなったり恥ずかしく思っていたりしていることを想像する。

②嫌悪療法や飽和療法に対人スキル訓練などの心理学的介入を組み合わせる
小児性愛，異性装，露出症，フェティシズムに対して効果を示す。

③オルガズムの再方向づけ
社会的に好ましいとされる典型的な性的刺激に対して興奮するようにもっていく。

3）認知療法

「パラフィリアは，同意のある成人パートナーとの間に満足な性的関係が得られない。そのために，不適切な行動を増長し，維持される」と仮定し，パラフィリアをもつ人の歪んだ思考に対して反駁する。他者に共感するための訓練をする。認知療法的なプログラムについては，効果が確かめられている。

4）生物学的介入

かつては去勢などが行われていたが，現在は薬物を使用し，男性のテストステロンレベルを低下させる。それによって，勃起や射精を減少させることで，性的興奮を抑制し，望ましくない行動も抑制する。ただし，薬物投与を中止すると，行動は元に戻るという問題がある。

12-3 レイプ

レイプとは

レイプ事件の特徴は，計画的なもの，衝動的なもの，飲酒と結びついているもの，他者への支配欲求によるもの，純粋に性的な欲求によるものなど多様である。また，知り合いによるレイプやデートレイプは，見知らぬ人によって行われるレイプの3倍に達する。そのため，被害者の方に性行為をするつもりがあったかどうかを問うような雰囲気が作られることもある。そのような場合，被害者が責められることも多い。しかし，レイプの本質は暴力性や野蛮性である。レイプに対する充分な認識が望まれる。いずれにしろレイプは，犯罪である。法律用語で二つのカテゴリに分けられる。

- 強制レイプ：それを望んでいない相手との性行為。
- 法定レイプ：合意年齢に達していないものとの性行為。

1）レイプの影響

以下に示すような長期間の問題が生じる。
- 被害者は，暴力の最中には生命の危険を感じる，身体的精神的な外傷を負う。
- 被害の9ヵ月後には42％が完全なPTSDを発症する。
- 暴力の後に身体的な暴力や自由を奪われたことへの怒りが生じる。同時に，抵抗できなかった自分の弱さを感じる。
- 事件後の数週間から数ヵ月に多くの被害者は，極端に緊張したり非常に恥ずかしいと感じて過ごしている。加えて，望まない妊娠やAIDSを含む性感染症の問題もある。
  ➡レイプの悪夢を見る
  ➡抑うつになる
  ➡自尊心が低下する。
- その後の問題
  ➡多くの女性が，セックスに対する否定的な態度を形成し，夫や恋人との関係が困難になる。
  ➡適切な介入がない場合には，抑うつと不安の症

状が何年も続く。
➡ 自殺の危険性が高まる／薬物を乱用する／身体的な問題を示す。

2）レイピストの特徴

以下の要因のいくつかを併せもっている。
- 女性を威嚇して暴力を加えることで，支配し辱めることのスリルを求める。
- 仕事や愛情関係での拒否や挫折を通して不適応感をもっている。
- 欲求不満を爆発させたい。
- 10代の若者である。
- アルコールによって抑制を失っている。

――◆ レイピストの共通要因 ◆――
・女性一般への強い敵意
・子どものころの親からの暴力
・身体的性的虐待を受けた経験
・対人スキルの低さ
・自尊感情の低さ
・被害者に対する共感性の欠如

■ レイプの被害者への援助

被害者が問題を解決し，心の傷を負った出来事の後の生活を何とかやっていくことを援助の目的とする。自らを責めるのをやめさせることも重要となる。

1）レイプ・カウンセリングの要点

- 被害者が引きこもらないように，活動的になるように促す。
- 被害者に共感的な立場にたつ。
- 被害者が，自分の受けた試練について感じたことを表現するよう助ける。
- 気持ちを親族や友人にも打ち明けるように促す。

2）レイプに対する心理療法

PTSDへの介入と共通する。トラウマへのエクスポージャーが利用される。
➡ 被害者は，セラピストと共に恐怖の出来事を明確に，そして詳細に思い出し，それを再体験する。

12-4 性機能不全

■ 性機能不全とは

性機能不全とは，下記に示す正常な性的反応サイクルにおける抑制と考えられる一連の性的問題を指す。性的困難がひどい場合には，性行為から得られる大きな満足が失われるだけでなく，優しさそのものが失われる場合がある。なぜならば，性機能不全は通常，親密な人間関係のなかで顕在化するものである。カップルの相手との関係に影響することに加えて，自己概念にも影響する。

――◆ 人間の性反応サイクル ◆――
・欲求期：この段階は，性的な関心や欲求を指しており，しばしば性的興奮を引き起こすファンタジーと結びついている。
・興奮期：主観的な性的喜びの感覚と，それに伴う生理学的変化の段階。
・オルガズム相：性的な喜びが頂点に達する段階。
・解消相：通常オルガズムに続く弛緩と幸福感の段階。

■ 性機能不全の種類

DSM-IV-TRで性機能不全は，下記の四つのカテゴリに分類される。

分類に際しては，問題が持続的に繰り返され，顕著な苦痛や対人的問題を生じていることが条件となる。

1）性的欲求の障害

下記の2種類の障害があり，いずれもしばしばオルガズムの問題も併せもっている。心理的な原因としては，自制心を失うことの恐怖，妊娠の恐れ，抑うつなどが考えられる。また，関係性の問題としては，コミュニケーションの乏しさ，カップル間で揉め事が解決されていない，怒りがある，日常レベルのストレスが高いなどが考えられる。

①性的欲求低下障害
性的空想や衝動が不足したり欠乏したりしている状態。

> **性的要求低下障害の判断基準**
> - 性的空想と性的活動に対する欲求の持続的または反復的な不足（または欠如）。不足または欠如の判断は，臨床家が，年齢およびその個人の生活の状況など性機能に影響する要因を考慮して行う。
> - その障害によって著しい苦痛または対人関係上の困難が生じている。
> - 性機能の不全は，他のI軸障害（他の性機能不全を除く）ではうまく説明されないし，物質（例：乱用薬物，投薬）または他の一般身体疾患の直接的な生理学的作用のみによるものでもない。

②性嫌悪障害

性的欲求低下障害の極端な型。他者とのほとんどすべての性器的接触を避ける。

> **性嫌悪障害の判断基準**
> - 性的伴侶との性器による性的接触のすべて（または，ほとんどすべて）を，持続的または反復的に極端に嫌悪し回避すること。
> - その障害によって著しい苦痛，または対人関係上の困難が生じている。
> - 性機能の不全は，他のI軸障害（他の性機能不全を除く）ではうまく説明されない。

2）性的興奮の障害

興奮相の障害の下位カテゴリは，下記の2種類がある。両者に共通する原因としては，性機能障害の原因としては，上手にやり遂げられないのではないかという恐怖，傍観者的役割をとってしまうことなどがある。

①女性の性的興奮の障害

快く性行為をやり遂げるために必要な適当な膣の潤滑化がうまくできない。罹患率は約20％。原因としては，下記のものが考えられる。
- 自分が性的に興奮していることを適切に認知できない。
- 自分の体についての解剖学的知識があまりない。
- 自分の要求を伝えることに対して羞恥心がある。
- エストロゲンの欠乏や糖尿病などの内科的問題がある。

②男性の勃起障害

性行為が終わるまでのあいだに，勃起を得たり持続したりすることが一貫してできない。罹患率は3〜9％。生物学的な要因，心理学的要因が影響している。
- 疾患，薬物，ホルモンのアンバランス。
- 不安や抑うつ。

3）オルガズム障害

3種類存在する。女性のものが一つ，男性のものが二つである。男女のオルガズム障害に共通して，型どおりの性行為を最上のものと位置づけるカップルには問題が生じる。しかし，カップルが自分たちの性行為のレパートリーをペニスの膨張を必要としないもの，口や手を使う行為にまで拡張すれば，そのパートナーの満足は男性のクライマックスの後まで可能になる。

①女性オルガズム障害

正常な性的興奮の期間の後に，オルガズムが得られない障害。女性が性的に興奮することと，オルガズムに達することの間には大きな違いがある。成人女性の10％はオルガズムを経験していない。多くの女性は，男性と違って，オルガズムを得ることを学習しなければならない。性交をするようになる以前に全く，あるいはわずかしかマスターベーションをしなかった女性は，より多くしていた女性に比べてオルガズムが得られにくい可能性がはるかに高い。罹患率は，5〜20％。

②男性オルガズム障害と早漏

男性オルガズム障害の罹患率は4〜10％程度。原因としては，女性パートナーを妊娠させることへの恐れ，愛情を与えたくないという思いや敵意の表われということもある。早漏の罹患率は40％。早漏は一般に，相当の不安と結びついている。その他，触覚的な刺激に敏感であること，セックスしない期間が長かったことも要因として考えられる。

4）性交疼痛障害

性交疼痛症と膣けいれんに分類される。原因としては，膣，膀胱，子宮や亀頭の感染といった内科問題が考えられる。また，抑うつ症状，不安など心理的問題も考えられる。また，結婚生活の問題，小児期の虐待やレイプの経験なども関連していることがある。

①性交疼痛症
　挿入のときに持続的，反復的な痛みがある場合に診断される。罹患率は約8〜15%。一般に，男性の罹患率は低い（1%程度）。

②膣けいれん
　膣壁の外側3分の1の筋層における挿入が不可能なくらいの不随意的収縮が起こる。

性機能不全の一般的な理論

1）精神分析的な見方
- 抑圧された葛藤の症状化であると考えられている。
- パートナーとの間で抑圧された怒りや攻撃性が表出されたもの。
- 早漏：無意識的に母親を想起させる女性に対する抑圧された攻撃性を表現している。
- 膣けいれん：小児期の性的虐待の結果として，男性に対する敵意を表明している。

2）マスターズとジョンソンの理論モデル

①現在の原因
　性機能不全が生じる目前の原因は，実行への恐怖と傍観者的役割の二つに集約される。
- 実行恐怖：セックスのなかで，自分がどのように「やり遂げられるか」を過度に心配すること。
- 傍観者的役割：性体験のなかで参加者というよりも傍観者になってしまう。

②過去の原因
　実行恐怖と傍観者的役割は，下記のような前駆的原因をもつ。
- 宗教的信念：宗教的に保守的な環境で育てられた人は，楽しみのためのセックス，特に結婚外のセックスを猜疑的に見るだろう。
- 心理・性的外傷：一部の性機能障害は，レイプやその他の自尊心を傷つけるような経験にさかのぼることができる。
- 同性愛傾向：同性愛傾向のある人が，異性愛のセックスに喜びを見出せないのは理解しやすいことである。
- 過剰なアルコール摂取：酔った男性が勃起を維持できなかった場合，また同じことが起こるのではないかと恐怖を感じるかもしれない。さらに，傍観者的役割をとりはじめるかもしれない。
- 生物学的要因：動脈硬化のような血管系の疾患，糖尿病のような神経系に影響する疾患，アルコールの過剰摂取，薬物，相当量の喫煙など。

③その他の現代的見地
- コミュニケーションが乏しい。困惑，不信，怒りなどで，パートナーに要求を伝えられない。その一方で，わかってくれないのは自分を愛していないからだと誤解する。
- 性感染症に罹ることを心配すること
- 抑うつを抱える人は，健常者の2倍，性機能障害が多い。
- パニック障害をもっている人も，性機能障害をもっているリスクが高い。

性機能不全への介入

　性機能不全を持つ患者の生活向上を目指す介入技法がマスターズとジョンソンによって提示されている。

1）不安低減
　ウォルピの系統的脱感作法と現実脱感作法（実生活における直面による脱感作）が高い成功率を収めている。

2）マスターベーション指導
　マスターベーションによってオルガズムが得られるよう，段階的に指導していく。
　➡オルガズム障害への介入効果が実証されている。

3）態度と考えを変化させる手続き
　感覚覚醒手続きにおいてクライエントは，性的興奮の初期段階にあっても快感に波長を合わせるように促す。論理情動療法では，マスターベーションに関して，厳格でない考え方をするように促す。

4）スキルとコミュニケーションの訓練
　資料や性的なテクニックを明示したビデオや映画を見せて，お互いに自分の好みを伝え合うのを促す。

5）カップル（夫婦）療法

　問題を抱えたカップルは，性的でない部分のコミュニケーション・スキル・トレーニングを必要とする。

6）内科的・身体的テクニック
- 閉経後の性交疼痛性障害に適用する。
  ➡ エストロゲン治療によって好転させられる。
- 男性については，バイアグラを利用。
- 性機能不全は，複雑な対人的・精神内界的葛藤と密接な関連しているので，内科的介入でも心理的要因を考慮する必要がある。

第 13 章
老　化

第 5 巻第Ⅳ部に対応

13-1　高齢者臨床の基本問題

老化について

　社会政策による定義では 65 歳以上を高齢者と呼ぶ。老年学では，65 歳から 74 歳までを前期高齢者，75 歳から 84 歳までを中期高齢者，85 歳以上を後期高齢者と呼ぶ。

　近年まで高齢者の心理的問題は，メンタルヘルス専門職から蔑ろにされてきた。しかし，65 歳以上の人口の割合が大きくなるにつれて，高齢者が患う障害について知り，その効果的な予防手段を学ぶことがますます大切になっている。

　一般的に，その生涯を通じて獲得してきた対処法略が，老年期を迎え上手に歳を重ねるにあたり有効な役割を果たす。高齢になってからさまざまな役割を取ることができる能力は，男女ともに，抑うつ感のなさ，人生満足感，自己効力感の高さなどの特徴と関連している。とりわけ，柔軟な性役割は男女両方にとって加齢のプロセスへの順応を助ける。

高齢者研究における課題

　人は成長するにつれて，次第に他者との違いが大きくなっていく傾向があるため，高齢者の個人差は他のどの年齢層と比較しても大きい。

1）老年期における精神障害の診断分類

　通常，一般成人と高齢者における精神障害の性質や現れ方は変わらないと仮定されているため，高齢者に対する DSM の基準は若い人に対する基準と変わらない。しかし，実際のところ，高齢者の精神障害については細部まで理解されてはいない。

2）問題の範囲

　高齢者は，メンタルヘルスの問題と関連するとされる身体的問題や社会的問題を一番多く抱えている年齢集団である。一方，高齢者にはたくさんの肯定的な人生経験，多様な対処方略，そして英知が身に備わっていて，それを引き出しうる。

13-2　高齢者における脳器質性障害

認知症

　認知症とは，いわゆる"呆け"のことで，社会的な機能や職業的な機能に支障をきたす程度に知能が低下してしまった状態を指す。

- 認知症は，何年もかけてゆっくりと進行する。
- 物事，特に最近の出来事を思い出すのが難しくなる。
- まだ終えていない作業をやりっぱなしにしてしまうことがある。
- 人や物の名前を思い出せなくなる。
- 入浴や身支度の仕方を十分に思い出せず，衛生状態が悪くなり格好もだらしなくなる。
- 慣れ親しんだ環境のなかでも，自分がどこにいてどちらに行けばよいのか分からなくなる。
- 判断力に誤りが生じ，状況を理解し計画を立て，決定を下すのが難しくなる。

- 衝動の統制が困難になり，反社会的行動（万引きや性的行為）に繋がることもある。
- 抽象思考能力が低下する。
- 抑うつ症状，感情の平板化，散発的な感情の爆発などを含めた情緒的混乱が生じる。
- 話し言葉が曖昧になるなど，言語的混乱を示しやすい。
- 身体能力が維持されていても，身体を動かすことが困難になる場合もある。
- 認知症の経過は，原因によって進行したり，状態に変化がなかったり，軽減したりする。
- 進行性の認知症を患う人びとは，結果的に引きこもるようになり，無気力に陥る。
- 認知症の罹患率は，高齢になるほど高くなる。

認知症の判断基準

- 以下のAとBの両方を示す複合的な認知的欠損
  A. 記憶の障害。
  B. 次のうちの一つ以上；失語，失行（運動に必要な要素が損なわれていないのに，何か行うのに障害が認められる），失認，実行機能の障害。
- 社会的機能や職業的機能に重大な障害が生じ，以前の機能水準からの大幅な低下が示されている。
- 徐々に発症し，認知機能の低下が継続する。
- 上記のような認知的欠損の原因が，以下のいずれにも該当しない。
  A. 進行性の悪化を引き起こす，その他の中枢神経系の状態（例：パーキンソン病，脳腫瘍）。
  B. 認知症様状態を引き起こすことが知られている生体システムの状態（例：甲状腺機能低下，ナイアシン欠乏，梅毒，HIV 感染）。
  C. 物質により誘発された状態。
- 上記の認知的欠損が，せん妄エピソードの間だけ生じるのではない。
- 上記の認知的欠損が，他の第Ⅰ軸精神障害によってよりよく説明がつくものではない（例：うつ病，統合失調症）。

◆ 認知症のタイプと原因 ◆

認知症は典型的に，次の四つのタイプに分類される。

- アルツハイマー病
- 前頭側頭型認知症（最も病気の影響を受ける脳の部位によって定義される）
- 前頭皮質下型認知症（最も病気の影響を受ける脳の部位によって定義される）
- 脳血管性認知症（脳卒中を原因とする）

1）アルツハイマー病

1906年にドイツの神経学者アロイス・アルツハイマーによって初めて記された疾病であり，脳の組織が不可逆的に悪化し，通常，症状が認められてから10年から12年で死に至る。

①症状の経過

症状の初期には，集中できなくなり，新たに何かを学ぶのが難しくなり，ぼんやりとし，短気になったように見える。こうした症状は，数年間は見落とされがちであるが，いずれ日常生活に支障をきたすようになる。その後，しばしば個人的な失敗で他者を責めたり，迫害されているという妄想をもったりするようになる。記憶力の低下が進み，見当識が失われていき，興奮しやすくなる。患者のうち30％の人に抑うつ症状が見られる。

②生物学的変化と遺伝

大脳皮質の萎縮，老人斑の散在，神経原繊維変化，脳の劣化，神経路の損失がみられる。早期（60歳以前）に発症する5％のアルツハイマー病の原因は，ダウン症において異常が認められている第21染色体の長腕上にある遺伝子，第1染色体及び第14染色体における優性遺伝子であることが発見されている。これらの遺伝子を有する人は，ストレスによる活性化に関係なく発病する。高齢になって発病するアルツハイマー病患者の大多数において，第19染色体の遺伝子（＝アポリポタンパクE4対立遺伝子）が，ある特定の形をしている。E4対立遺伝子が一つあるとアルツハイマー病のリスクは50％にまで上昇し，二つあれば90％以上に引きあがる。E2対立遺伝子（E4対立遺伝子の異なった形）をもっているとアルツハイマー病を発病するリスクは低くなる。

③性 差

女性の方が一般的に長生きするため，男性よりも女性に多い。罹患率は，高齢者の認知症の50％以上。60歳前に発病するケースは，全アルツハイマー病の5％以下。

2）前頭側頭型認知症

　セロトニン作動系のニューロンが最も影響を受け，前頭葉や側頭葉の広範囲でニューロンが欠落する。強い遺伝的要素が働いているが，その特性についてはよく分かっていない。

　他の認知症と同じ認知的障害に加え，行動や人格の劇的な変化によって特徴づけられる。周囲の環境に対して無気力で無反応になる一方で，多幸感や過剰活動性，衝動性などを示したりする。罹患率は，認知症全体の約10％を占め，50代の後半に発病するのが典型的。

3）前頭皮質下型認知症

　運動をつかさどる部分を含む大脳の皮質下から皮膚へと通じる回路に影響が及ぼされるため，認知と運動の両方の活動に影響が出る。前頭皮質下型認知症には，ハンチントン舞踏病，パーキンソン病，正常圧水頭症，脳血管性認知症の4種類がある。

認知症への介入

　数々の調査や研究にもかかわらず，アルツハイマーの進行を止めたり発病前の状態に戻したりすることを可能にするような，臨床的に意味のある介入法は見つかっていない。短期間で一定の認知機能をゆるやかに改善する効果が裏づけられている薬物は存在する。認知症患者にかかわる場合は，次のことが基本となる。

1）介入の際の基本態度

- 常に大らかに受け止める。
- 彼らを人として扱わなかったり，欠けている能力を話題としたりすべきではない。
- 彼らの奇妙な行為や物忘れを笑ったり，他者への妄想的な疑いにきちんと耳を傾けなかったりするのは慎む。
- 子ども扱いや無視をするのは失礼である（高齢者全般に対して）。

2）患者および家族への臨床心理学のアプローチ

- 支持的にかかわり，患者の行動変化によって起きる混乱を最小化することを目標とする。
- 病気とその結果起こりうる事柄について患者や家族と話し合う機会をもつ。
- 正確な情報を提供する。
- 家族が家庭で患者のケアをするのを援助する。
- 病気による特定の問題や困難に対処するにあたって，破滅的ではなく現実的な態度で臨めるよう励ます。

3）アルツハイマー病患者へのカウンセリング

- 認知的能力の目立った障害がまだない初期から中期のアルツハイマー病患者に対しては，バトラー（Butler）によるライフレビュー法など，健康な生活を送っている高齢者に対する介入法は有効である。
- 心理療法は自己理解を促すものであるが，アルツハイマー病患者に関しては，自己の問題へ目を向けさせようとはしない方がよい。アルツハイマー病患者が自己の問題から目を逸らせ，それを否認するのは，彼らにとっても実施可能で，しかも有効な対処方法である。

せん妄

　せん妄という用語は，"軌道からはずれた"という意味のラテン語に語源があり，いつもの状態から逸脱しているという意味を含んでいる。典型的には意識がぼんやりした状態。患者は突然に集中力を失い，注意を払うのが困難になり，思考が乱れてまとまらなくなる。

せん妄の判断基準

- 意識の混乱が認められる（周囲の環境への意識が不明瞭になり，注意力が欠如する）。
- 認知に変化が生じる。認知症では十分な説明がつかない言語や知覚の混乱などが認められる。
- 1,2時間もしくは1,2日の間に急速に進行する。一日の間に状態の変動を繰り返す。
- たとえば低栄養状態のような，医学的に原因と考えうる状態の存在が示されている。

1）症状の経過

　初期段階では，しばしば落ち着きがなく，特に夜間に不眠が認められる。睡眠と覚醒のサイクルが混乱す

るため，夜間に落ち着かず，悪夢に襲われることも多い。
- 注意散漫で思考が断片的であるために，他者と会話することが難しい。
- 重症のせん妄の場合，話は取りとめがなく一貫性に欠ける。時間・場所・人についての見当識を失う者もいる。さらに進行すると，患者は現実との接触を完全に失い，昏眠状態に陥る。
- 記憶障害が見られ，とりわけ最近の出来事についての記憶が失われてしまう。しかし，24時間の間に正気に戻る時間帯があり，注意力が戻って話の内容に筋が通るようになる。こうした日内変動の存在が，せん妄を他の疾病，とりわけアルツハイマー病と鑑別する上での手がかりとなる。

2）せん妄の原因

通常，せん妄は，下記に示す複数の原因から生じる。
- 薬物中毒／薬物禁断症状／代謝と栄養の偏り（例：コントロールが不十分な糖尿病や甲状腺機能障害）／感染症／熱発／神経学的障害／環境の変化によるストレス／外科手術（特に股関節部の手術）の後／精神活性剤からの離脱期／頭部外傷や心臓発作の後。

3）せん妄への介入

症状が正確に同定され，根本的な原因が速やかに効果的に治療されるのならば，1週間から4週間で，せん妄から完全に回復することは可能である。根本にある状態が治療され改善しなければ，死に至りうる。

13-3 高齢と心理障害

高齢者の心理的障害とは

はっきりしない身体の衰えが，高齢者にあっては身体的な問題の原因であると思い込まれるだけでなく，心理的な問題の原因としても想定されてしまう。しかし，高齢者に見られる異常行動の多くは，直接的には加齢の過程と関係しておらず，むしろ高齢になるまでに身に付いてきた不適応的な性格特性や不十分な対処スキルが，健康状態，遺伝的形質，生活ストレスなどと同様に心理的な困難の発生に役割を果たしている。

老年期における精神障害の罹患率は以下のようになっている。
- 年齢別の割合：65歳以上は精神障害の罹患率が最も低い年齢層
- 高齢者の主要な問題：認知機能障害
    - ➡ DSMのカテゴリに当てはまるものでなく，複数の障害（抑うつ・認知症・せん妄など）の特徴的な症状。
- 罹患率：軽度の認知機能障害の罹患率；14％
- 重度の認知機能障害の罹患率；男性5.5％，女性4.7％
- 重度の精神病をもつ高齢者：地域のなかで貧しく暮らし，三つ以上の身体疾患を抱え，メンタルケアの制度から薬物以外の援助をほとんど受けられない人たちが多い。

うつ病

非高齢者のうつ病とは，心配，無能力感，悲しみ，悲観主義，不眠，物事を遂行するのが困難な点では共通している。しかし，高齢者患者の方が，動作が遅く，体重の減少が顕著で，一般的な身体的衰えが認められる。もの忘れの訴え，身体的な不快感の訴えも多くなる。一方，罪悪感はあまり見られず，敵意が少なく，自殺念慮も少ない。高齢者によく見られるタイプのうつ病（消耗症候群）は，主として絶望感や身体症状に加え，喜び，活力，食欲の喪失によって特徴づけられる。他のうつ病の形態と比較して自責感，罪悪感，不快気分などが見られず，あってもそれほど目立たない。

1）特　徴

罹患率は，3％未満（若い人は20％近く）であるが，急性の精神障害の治療に来る高齢者の約半数は気分障害である。あらゆる年齢において，女性は男性以上にうつ病に罹っている期間が長い。高齢者のうつ病はそれ以前に発症したものが遷延化したものが多い。老年期になって初めてうつ病になる場合，生物学的な理由が存在する可能性がある。うつ病のリスク要因としては，配偶者の死，機能障害（重度の視覚の問題・歩行困難など），低学歴，アルコールの過剰摂取など

がある。

2）うつ病と認知症

多くの場合，認知機能障害がうつ病患者にも見られるため，高齢者のうつ病は，しばし認知症と誤診されることがある。ただし，認知症とうつ病の両方を患うということもありえる。うつ病がアルツハイマー病のリスクを増大させるという因果関係も示唆されている。両者の違いは以下の点にある。

- うつ病患者はもの忘れについて訴えがあるのに対して，認知症の人は自分が忘れているという事自体を忘れてしまう。
- うつ病の患者は自分の能力を過小評価し，他者からの否定的な評価にばかり目が向く。
- うつ病の高齢者には不作為の誤りが多く見られる。

3）介　入

高齢者のうつ病に対しては，起立性低血圧などの副作用のリスクが大きいので，薬物を用いないアプローチが重要となる。

- 認知療法，行動療法，短期力動的心理療法はすべて同様に効果がある（患者の4分の3に完全な治癒，あるいは目だった改善が見られた）。
- 対人関係療法は，役割喪失や役割転換といった，多くの高齢者の生活で主要な問題になる対人関係を扱うため，有効である。
- 認知療法や読書療法は，軽度から中程度の症状の人には，抗うつ薬に比べて受け入れやすい。
- 認知療法は，重度の症状の人には，読書療法や薬物療法に比べて受け入れやすい。
- 高齢者は，非高齢者に比較して介入なしに回復することが少ない。

不安障害

高齢者の不安障害の特徴は，以下のようになっている。

- 高齢者の間では，不安障害はうつ病以上に罹患率が高い。
- 若い人に比較すると，高齢者の間での不安障害の罹患率は低い。
- 不安障害は年齢とともに減少しているようであるが，21世紀に高齢者になる人びとの間では罹患率は上昇する傾向が見られる可能性がある。
- 高齢者の場合，しばしば不安を示すにもかかわらず，不安障害として認められていない場合が多すぎる。
  ➡ メンタルヘルス専門職の関心や介入がこれまで以上に必要とされるであろう。

1）原　因
- 病気になり衰弱していくことへの心配
- 薬物（抗うつ薬や抗パーキンソン薬）
- 外傷後ストレス障害（特に元戦争従軍兵）
- 急性ストレス障害

2）介　入

若い人に対して有効であるとされている心理的介入法が同じく高齢者にも効果的であると考えられている。薬物療法も広く実施されている。しかし，精神活性薬は高齢者がしばしば薬物との間で潜在的な危険性をともなう相互作用が生じる。

妄想性（偏執性）障害

妄想は，患者自身が苦悩に満ちた体験をするだけでなく，周囲の人をあっという間に混乱に陥れ，しばしば怒らせ，本人を入所させるきっかけとなる。発症は，老年期以前から続いているものと，せん妄や認知症のような脳器質性障害に伴って生じたものがある。妄想が出現する人は，元来周囲に合わせるのが苦手な人である。そのため，妄想が始まると徐々に孤立しやすく，さらに孤立することによって，周囲に対する疑いを吟味する機会が制限されてしまい，容易に妄想が抱かれ続けていく。

1）妄想的な観念の持つ意味
- 妄想は，記憶の欠損によって生じた溝を埋める役割を果たすことがある。
- 妄想的な観念は，感覚の喪失と結びついており，とりわけ難聴との結びつきが深い。

2）介　入

心理的介入としては，支持的心理療法が最も適して

いるとされる。
- 視覚や聴覚に問題がある場合は、矯正レンズや聴覚補助具が症状緩和に繋がる。
- 社会的に孤立している場合は、活動や他者との接触の機会を増やすように勤める。
- 薬物療法は、フェノチアジンによって一定の効果が認められる。しかし、妄想のある人は、一般的に薬物を自分に渡す人の動機に疑いの目を向けることに注意する。

統合失調症

症状としては妄想、認知機能の障害、幻覚、感情の平板化などがみられる。高齢になって初めて統合失調症を発症した場合、しばしばパラフレニア（paraphrenia）と呼ばれる。

1）パラフレニア

パラフレニア症状は、早期に発病する統合失調症の症状とは異なり、より幻覚や妄想が多く見られる。罹患する者は、"独身である""独居である""生存している親類が少ない""難聴である""身内に統合失調症者がいる""低所得者層に属している"などの傾向が見られる。診断する際には、心理的混乱と本質的な部分では関連の薄い生物学的要因に特別な注意を払う必要がある（甲状腺機能亢進症、甲状腺機能低下症、アジソン病、クッシング症候群、パーキンソン病、アルツハイマー病、ビタミン欠乏症などとの区別）。

2）介　入

最も有効だとされるには、薬物療法と認知行動療法の組み合わせである。
- 薬物療法：フェノチアジンのような向精神薬が効果的である。ただし、副作用や患者が服用するほかの薬物との相互作用に配慮する必要がある。
- 認知行動療法による介入によって、症状全体が軽減し、妄想の激しさも低減する。

心気症

高齢者の多くが訴える身体的問題としては、足や背中のヒリヒリした痛み、手足の冷え、胃の不調や便秘症、苦しい息づかいなどがある。気症の患者への支援としては、身体的な訴えや体に気を取られるのをやめて、いま存在している状態のなかから肯定的な側面に目を向けていくやり方が有用である。

睡眠障害

65～75歳の高齢者のうち25％に不眠症があり、さらに別の20％の高齢者が、深刻ではないが問題となるような不眠を経験している。高齢者に多く見られる不眠の問題としては、夜間に何度も目が覚めてしばしば早朝に覚醒して眠れなくなり、日中に疲労がでるということがある。高齢者にあっては、レム睡眠に費やされる総時間数が少なく、最も深い睡眠である睡眠の第4段階は事実上存在していないといえる。高齢男性は、高齢女性に比較して睡眠障害を多く経験している。不眠症の影響として、慢性的な不眠症状の罹患率は、死亡率の高さと関連している。したがって、高齢者の睡眠の問題はきちんと治療されなければならない。

1）原　因

- 加齢に関連した変化
- 疾病、薬物、カフェイン、ストレス、不安、抑うつ、活動不足
- 抑うつ気分（特に早朝覚醒との関連が深い）
- 考え込んでしまい、睡眠時間を数えるなどの自滅的な行為に陥る。
- 睡眠時無呼吸症候群（加齢とともに増加）

2）介　入

①睡眠薬

多くの高齢者に使用されており、処方される睡眠薬の60％以上が50代以上。しかし、睡眠薬の効果はすぐに失われてしまい、使い続けていると睡眠が浅く覚醒しやすくなる。さらに、薬物の体内残留をもたらし、呼吸不全を増加させる可能性もある。

②精神安定剤

ほとんどの施設で処方され、日常的に用いられている。とりわけ高齢者にとって適切でないとされている。ベンゾジアゼピンのような精神安定剤の副作用には、次の日に新しい情報を学習するのが難しく

なることや，明確な思考が著しく困難になることなどが含まれている。

③メラトニン

　松果体で分泌されるホルモンのメラトニンは，睡眠を調整するうえで重要な役割を果たしているが，年齢とともに減少するため，高齢者の睡眠障害の治療におけるメラトニンの使用はそれなりの成果をおさめてきた。

④情報提供

　睡眠の性質や，正常な加齢の過程で生じる睡眠の変化について説明することは，高齢者が睡眠パターンについて抱いている心配を少なくする。患者に対して，ときどき眠らないことがあっても大変なことではないと安心させることも役立つ。

⑤訓練／指導／運動

　入眠を助けるリラクゼーション訓練・よい睡眠習慣を身に着けるための指導・定期的な運動は，あらゆる年齢の成人の不眠症を和らげる。

⑥認知行動療法

　睡眠障害に対する認知行動的介入は非常に大きな効果をもたらす。

自　殺

　65歳以上の自殺率は高く，若い人の3倍近くになる。米国の場合，男性の自殺率は青年期から高くなり，加齢とともに上昇する。女性の自殺率は，中年期（50代）にピークを迎え，その後少しずつ，しかし着実に残りの障害を通じて減少していく。自殺のリスクとなるのは，重大な疾病，機能障害，精神病，絶望感，社会的孤立，愛する者の死，厳しい経済環境，抑うつなどである。

　若い人に比較して自殺をしようという意志を他者に伝えることが少なく，自殺企図も少ない。自殺防止のための介入法としては，自殺を考えている人に対してより絶望的にならずに済むように問題を捉えなおすよう説得することが望ましい。老年期の自殺の特徴を下記に示す。

- 致死的な方法を用いるために，自殺を完遂しがち。
- 薬物療法や食事療法から目を背けて自分の人生を諦めようとする機会が多い。
- 若者の自殺に比較して合理的あるいは哲学的決断である場合が多い。

性行動と加齢

　高齢になると，男性であれ女性であれセックスへの関心が薄れ，セックスができなくなってしまうと一般的に推測されがちである。しかし，ほとんどの高齢者は，かなり性的な関心と能力をもっている。ただし，成人にあっては性的な関心や活動は個人差が大きいように高齢者にも個人差があり，未来の性的活動を最も予測する要因は，過去の性的な楽しみの内容や性的活動の頻度である。なお，高齢者は，若い人に比べて慢性的な病気をより多く抱えているので，疾病や薬物療法によって性生活が妨害される可能性が高い。

1）性的反応の身体的な変化

　高齢男性は，身体的情緒的疾病が妨げなければ，勃起や射精の能力を失わない。好みの方法で刺激が与えられると，長時間にわたり勃起が続く。若い人に比較して射精前の勃起の持続時間が長いが，射精にともなう感覚は徐々に失われる。年齢に関連した身体的変化は，性行為を行うことができるかどうかについての恐れをもたらし，その恐れが機能不全の理由となりうる。

　高齢女性は，若い女性のように，少なくとも男性と同じくらいは性的活動を行うことができる。高齢女性は，性的反応が身体にゆっくり覚醒される。膣内潤滑液の量は減り，ゆっくりと分泌されるようになる。オルガズムの際の膣収縮は回数が少なくなり，若い女性のようなリズミカルな膣や子宮の収縮よりも，高齢女性の突発的な収縮は不快感を引き起こし，下腹部や脚の痛みの原因となる可能性がある。

2）性的機能不全への介入

- 高齢者を非性的な存在と見なす社会の画一的な偏見に対して「60歳を過ぎてもセックスを楽しむのはいいことである」とある程度の許容を許すのが役にたつ。
- 加齢に伴って生じた性的な機能不全に悩む人に対しては，高齢者に正常な加齢に関連した性的機能の変化について情報提供することはとりわけ重要となる。

- 介入の際の留意点としては，若い人と比較して，身体的状態に注意を多く払わなければいけない。（関節炎のような疾病から生じる身体的制約を考慮に入れて，セックスのテクニックや体位について創造的でオープンな議論をすることも含む）。

13-4　高齢者への介入とケア

高齢者臨床の発展に向けて

高齢者のヘルスケアを考える上での主要な問題点としては，高齢者の慢性疾患が，その完治のしにくさゆえに医師の関心をひきつけないことがある。また，慢性的に病弱な高齢者は，家族に罪悪感と怒りを覚えやすく，一方，息子や娘たちも高齢者に罪悪感と怒りを覚えやすいため，高齢者とその世話をしている家族成員との人間関係は問題になりやすい。さらに，医療専門職のための老年医学の訓練が不十分である。そのため，セラピストに高齢者によい介入をするのに必要な知識が欠けていて，そのために患者の問題が改善しない場合もある。

1）高齢者介護施設

身内の高齢者に心身の弱さを示す兆候が見え始めたからといって，すぐに施設へ追いやってしまうような家族はまずいない。介護施設以外の選択肢を模索したうえで，家族自身が消耗しきってしまい，最後の頼みの綱として選択することが多いのである。

①介護施設の問題点（入所者側）
- 新しい環境への移転自体がストレスとなる。
- 一旦介護施設に入ると，提供されるケアの程度や質によっては，リハビリテーションの意欲が低下したり，身の回りのことを自分で行う技術を維持しようとしなくなったり，できるはずの自主的な活動を行わなくなったりする。

②介護施設の問題点（施設側）
- 介護施設でメンタルヘルスを増進させるようなサービスを提供するよう訓練された職員が少ない。さらに，しばしば過剰に働かされ，低賃金である。
- 口数の少ない，相対的に不活発な人物の方が扱いやすいという理由から，不必要な精神安定剤が投与されることが多い。
- 行動療法のような介入法は，認知症の入所者の問題行動を減らし，全体機能を改善するのにきわめて効果的であるにもかかわらず，実施されていない。

2）地域コミュニティにおけるケア

下記のように利用できるサービスの種類は多様であり，高齢者のニーズにサービスを適合させることができる。しかし，利用しやすい状況にあるとはいえない。さまざまなサービスを組み合わせて最適なものにする必要があるが，実際に多くの地域ではそれが実現されていない。

- 独居老人の安否確認をするために毎日電話をかけること。
- 温かい食事を届ける配食サービスのような宅配サービス。
- 食事の準備や家事を行うボランティアによる訪問
- ボランティアによる買い物のつき添いや電気修理
- 老人センター：温かい食事と援助が提供され，社会的交流の機会にもなる。
- 保護住宅：何人かの高齢者が半自立した生活を送っているアパート。
- 保健師やソーシャルワーカーによる訪問：高齢者の実際のニーズを査定し処遇する地域の隣人が定期的に訪問すること。
- デイサービス：健康のためのサービスや社会的なサービスが提供される場で，昼間を集団で過ごす。

第14章
薬物療法

滝沢　龍

はじめに

　「くすりはリスク」という言葉がある。「くすり」は逆から「リスク」と読めることから，その作用だけでなく，副作用があることへの注意を喚起する意味で用いられる。しかし，「リスク」以上の有効性が広く認められたときに，それは「くすり」として用いられることとなる。

　人類はこれまで何千年もの間，「くすり」となるものを口にしてきた。そのなかでも，精神・心理状態に影響をあたえる薬物は，宗教儀式や呪術で用いられてきたものから，外科手術で用いる麻酔薬といった医学に用いられてきたものまでさまざまなものがあった。そのなかでもここでは，臨床心理学に関連のある精神・心理状態へ働きかける薬物療法を中心に概観する。

　精神・心理状態に働きかける治療にすべて薬物が用いられるわけではなく，精神・心理療法，心理教育，リハビリテーションなど幅広い治療法がある。しかし，現在の多くの治療法では，単独で行われることは少なく，薬物療法と組み合わせた形で行うことも多くなっており，そのため「リスク」を含めた薬物療法への理解も不可欠なものとなってくる。ただし，ここでは詳細な薬理機序を含めた精神薬理学的な説明をするのは別の教科書に譲ることとし，臨床場面に則した向精神薬の用い方，注意すべき副作用を中心に紹介していくことにする。

14-1　向精神薬

　精神・心理状態の不調について助けを求める患者に対して，現在の治療法の主軸に，薬物療法があるといえる。

　私たちの精神活動を司っている脳の中枢神経系に働きかけ，精神・心理状態に作用する薬を指して「向精神薬」(Psychotropic drugs) という総称で呼ばれる。そのなかの

図14.1　主な向精神薬の分類

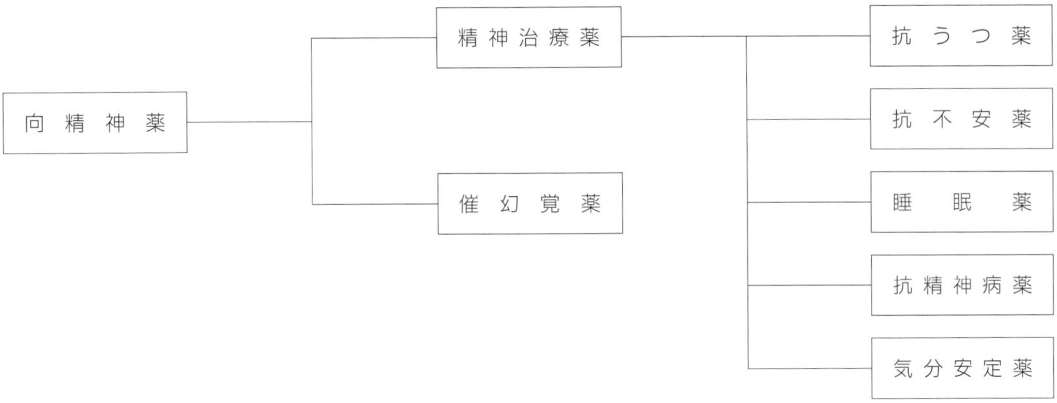

```
向精神薬 ─┬─ 精神治療薬 ─┬─ 抗うつ薬
         │              ├─ 抗不安薬
         │              ├─ 睡眠薬
         │              ├─ 抗精神病薬
         │              └─ 気分安定薬
         └─ 催幻覚薬
```

一つに，臨床的な治療の分野で用いられる「精神治療薬」(Psychotherapeutic drugs)がある。一方で，多くが違法薬物として使用が禁止されている「催幻覚薬」(Hallucinogenic drugs)がある。本章では前者，精神治療薬にかぎって解説していく（図14.1参照）。

こうした薬物は，その機序がまだ不明な点もあるが，これまでの研究によって，総じて脳神経細胞にかかわる神経伝達物質や受容体，トランスポーターの機能異常を，本来の正常な機能への回復する過程を助ける作用があることがわかってきた。

14-2　副作用

すべての一般的な薬がそうであるように，作用と副作用があることに関しては向精神薬も例外ではない。

本章の冒頭で「くすりはリスク」という言葉を紹介したように，薬は用い方によっては害を受けることもありうるため，十分にその用法・用量に気をつけて使用する必要がある。

精神治療薬は，全体としては長期服用しても比較的安全な薬と言われているが，一般的な薬剤と同様に肝臓や腎臓や心臓などへの影響を考慮し，定期的な血液・尿・心電図などの検査が必要となる。薬物の多くは肝臓や腎臓で代謝をされるため，肝障害や腎障害を合併している場合には，その薬物動態が変化して半減期が延長し，作用・副作用が強く生じることがあることに注意しなければならない。

また，症状としても不安を抱えて困惑している患者を対象とすることが多いため，特に精神状態に作用する向精神薬については，「薬は癖になる」「人格が変わってしまいそうで怖い」「副作用が多いのでは」などとの不安・誤解から服用に抵抗感をもっていることも想定しておく方がよい。そのため専門家と相談しながら使用する分には有用な薬

物であることを理解してもらい，正確な知識を提供し，そうした不安や誤解のもとになっている偏見や間違った知識を訂正して取り除くことが治療の第一歩となることも多い。まず，なぜ薬を飲みたくないと思っているのかを確認することが大切で，その内容にあわせて，治療継続の必要性を説明したり，薬の用量を調整したりする。

　副作用の機序を理解して軽減を目指すことに加え，あらかじめ副作用の可能性を予測して患者に理解を求めることは，治療の自己中断による症状の悪化や，症状の遷延を防ぐことにもつながるために重要なことである。

14-3　抗うつ薬

　うつ病ならびにうつ状態の治療薬を抗うつ薬（antidepressant drugs）という。抑うつ気分，精神運動制止，不安・焦燥といった症状に対する改善作用を有する。抗うつ薬

表 14.1　主な抗うつ薬の分類

分類		一般名	代表的商品名	処方用量例 (mg/日)
第一世代抗うつ薬	三環系抗うつ薬	イミプラミン	トフラニール®　イミドール®	50〜150
		アミトリプチリン	トリプタノール®他	50〜150
		トリミプラミン	スルモンチール®他	50〜150
		ノルトリプチリン	ノリトレン®他	20〜150
		クロミプラミン	アナフラニール®他	50〜150
第二世代抗うつ薬		アモキサピン	アモキサン®	50〜150
	四環系抗うつ薬	マプロチリン	ルジオミール®	25〜75
		ミアンセリン	テトラミド®	10〜30
		セチプチリン	テシプール®	3〜6
	その他	トラゾドン	デジレル®　レスリン®	25〜100
SSRI（選択的セロトニン再取り込み阻害薬）		フルボキサミン	ルボックス®　デプロメール®	50〜150
		パロキセチン	パキシル®	10〜40
		セルトラリン	ジェイゾロフト®	50〜150
SNRI（セロトニン・ノルアドレナリン再取り込み阻害薬）		ミルナシプラン	トレドミン®	30〜100
その他		スルピリド	ドグマチール®　アビリット®　ミラドール®	50〜200

という名前で呼ばれているが，うつ病・うつ状態の治療だけでなく，現在では不安障害の治療でも第一選択となっている。

現在使用できる抗うつ薬の分類は，三環系抗うつ薬，四環系抗うつ薬，選択的セロトニン再取り込み阻害薬（SSRI），セロトニン・ノルアドレナリン選択的再取り込み阻害薬（SNRI），その他の5分類となる（表14.1参照）。

わが国に1959年に初めて導入された抗うつ薬，イミプラミン（トフラニール®）をはじめてとする，1950年代に開発された三環系抗うつ薬の多くは，抗うつ効果の強さから現在まで使われ続けているが，さまざまな副作用を伴うものだった。それを克服するため，その後，開発された四環系抗うつ薬・SSRI（選択的セロトニン再取り込み阻害薬）・SNRI（セロトニン・ノルアドレナリン再取り込み阻害薬）では，副作用が少なくなっている。

三環系抗うつ薬は一般に，ムスカリン性アセチルコリン（Ach）受容体，ヒスタミン（H1）受容体，アドレナリン（α1）受容体を通じて，副作用を発現する。ムスカリン性アセチルコリン受容体親和性があること（抗コリン作用）で，口渇，便秘，かすみ目（視調節障害），排尿困難などが生じ，閉鎖性狭隅角緑内障や尿閉の患者には症状を増悪させるため禁忌とされている。ヒスタミン受容体親和性があること(抗ヒスタミン作用)で，眠気，肥満が生じる。アドレナリン受容体親和性があること（抗α1作用）で，眠気，立ちくらみ（起立性低血圧）や，心毒性（心伝導障害で突然死に至る）があるため，注意が必要である。

SSRI・SNRIでは抗コリン作用を初めとした副作用は軽減されたが，特に投与初期における嘔気・悪心といった消化管症状，まれに頭痛や振戦が生じることがある。また人によって，不安・焦燥が一時的に増悪したり，眠気が生じたりすることもあるので知っておく必要がある。

一般的に，抗うつ剤の効果は，発現まで時間がかかること（通常，効果判定に4週間以上，可能であれば12週間が必要），継続的な服用が必要であることを，患者に十分理解してもらうことが大切である。

次に，薬剤の個々の特徴を簡潔に解説していく。

三環系抗うつ薬の個々の特徴

◇イミプラミン（トフラニール®・イミドール®）◇

抗うつ薬の原型といえる薬剤。ノルアドレナリンの再取り込み阻害作用がセロトニンのそれより強い。抗コリン作用は強いため，視調節障害，口渇，便秘，鼻閉，排尿障害，頻脈を認め，投与量の調整や対処が必要な場合がある。内因性うつ病，なかでも抑制症状の強いうつ病により効果があるとされる。高用量では心毒性があるため，注意が必要である。抗コリン作用により眼圧上昇をきたす可能性があるため，閉鎖性狭隅角緑内障の患者には禁忌である。

―◇ トリミプラミン（スルモンチール®）◇―

　他の三環系に比べて，ヒスタミン（H1）受容体阻害効果が強力なため鎮静効果が強い点が特徴である。そのため不安・焦燥の強いうつ病に有効であり，就寝前に投与されることがある。他の三環系と同様に，心毒性（不整脈・心ブロック），抗コリン作用には注意が必要である。

―◇ クロミプラミン（アナフラニール®）◇―

　ノルアドレナリン再取り込み阻害作用は弱く，ほぼセロトニン選択的であるのが特徴。経口投与の場合，肝臓で作られる活性代謝産物が逆にノルアドレナリン選択性が強い。特に高用量で強迫症状（強迫性障害）にも効果があり，SSRIの出現する前は第一選択薬であった。ただし，250 mg/日以上では，てんかん性発作の危険性が増大する。点滴で使用可能なため，経口投与不能な例や重症例などの入院初期に用いられる。便秘，口渇，尿閉，立ちくらみなど抗コリン作用はかなり強いため，治療継続が困難となることもある。

―◇ アミトリプチリン（トリプタノール®）◇―

　イミプラミンと比較して，ノルアドレナリン再取り込み阻害作用は弱く，セロトニンのそれが強いが，クロミプラミンほどではない。ヒスタミン受容体遮断作用も比較的強く，鎮静作用が強いのが特徴で，不安・焦燥・睡眠障害の強いうつ病に有効といわれる。神経障害性疼痛や線維筋痛症や頭痛などの慢性疼痛の治療にも用いられることがある。高齢者においては中枢性の抗コリン作用として，せん妄，幻覚などに注意が必要である。

―◇ ノルトリプチリン（ノリトレン®）◇―

　三環系のなかでは比較的副作用が少ないので，SSRIやSNRIが無効な場合に次の選択薬となる場合もある。

―◇ アモキサピン（アモキサン®）◇―

　ノルアドレナリン再取り込み阻害作用とドーパミン受容体遮断作用を併せもち，抗うつ薬としては特徴的な作用をもつ。そのため，幻覚妄想を伴う精神病性うつ病にも適しているとされる。大量投与や高齢者への投与により錐体外路症状が出現する可能性がある。三環系のなかでは比較的抗コリン作用が弱い。

四環系抗うつ薬の個々の特徴

―◇ マプロチリン（ルジオミール®）◇―

　長所として，抗コリン作用が比較的弱い。鎮静効果があるので，不安・焦燥の改善に

有効である。半減期が長く，夕方か眠前の1日1回投与が可能である。短所として，発疹やけいれんが出現しやすいため，あまり用量を上げないほうがよい（150 mg/日程度まで）。

◆ ミアンセリン（テトラミド®）◆

抗コリン作用はほとんど示さず，心毒性も弱い点が長所。短所として，ヒスタミン受容体遮断作用により場合によって鎮静作用が強い点がある。日中の眠気・だるさが強い場合には，就寝前1回投与がよい。また，高齢者にみられる夜間せん妄にも効果があるとの報告がある。大量併用したベンゾジアゼピン系睡眠薬がある場合，少しでも減じるために本剤に置き換えを検討することが勧められる。

◆ セチプチリン（テシプール®）◆

薬理作用はミアンセリンと同様で，抗コリン作用は非常に弱く，心臓への影響も少ない。ミアンセリンで鎮静作用が出すぎる場合に使いやすい。高齢者の男性でも排尿困難をきたしにくい。

SSRIの個々の特徴

◆ フルボキサミン（デプロメール®・ルボックス®）◆

1999年，日本で初めて発売されたSSRI。成人の場合，50 mg/日を初期用量として，150 mg/日まで増量する。1日2回投与が原則。悪心，吐き気などの消化器系の副作用が初期に出現しやすいが，自然消失や制吐剤の一時的併用で軽快する。その他の副作用はほとんどなく，安全性の高い薬物である。うつ病・うつ状態だけでなく，強迫性障害にも適応がある。幻覚妄想を伴う精神病性うつ病に効果があるとの報告もある。肝臓の薬物代謝酵素チトクロームP 450（CYP）系を介して，さまざまな薬剤の代謝に対して阻害的に働くことが知られ（CYP 1 A 2，CYP 2 C 19，CYP 3 A 4），併用薬についての薬物相互作用に注意が必要である。特にチオリダジン，ピモジド（抗精神病薬），テルフェナジン（抗アレルギー・気管支喘息薬），アステミゾール（抗アレルギー薬），シサプリド（消化管機能改善薬）との併用はQT延長・心室性不整脈を惹起するため禁忌である。併用で三環系抗うつ薬の濃度を上昇させる可能性がある。

◆ パロキセチン（パキシル®）◆

成人の場合，通常1日1回夕食後に投与する。初期用量は10〜20 mg/日で開始し，最高用量40 mg/までで適宜増減する。フルボキサミン同様，副作用の少ない安全性の高い薬物である。うつ病・うつ状態以外にパニック障害に対しても適応がある。肝臓の薬物代謝酵素チトクロームP 450（CYP）2 D 6を阻害するため，チオリダジン，ピモジド（共に抗精神病薬）との併用は禁忌で，その他，抗精神病薬，三環系抗うつ薬，抗不整脈薬，β遮断薬併用でも血中濃度を上昇させることがあるので十分に注意する。

―◇ セルトラリン（ジェイゾロフト®）◇―

　　半減期は約 24 時間と長く，通常 1 日 1 回投与でよい。25 mg/日で開始し，最高用量は 100 mg/日まで適宜漸増する。うつ病・うつ状態に加え，パニック障害への保険適応がある。非定型のうつ病（例：過眠，過食）に効果があるとの報告もある。CYP に対する代謝阻害は弱いと報告されている。投与量と血漿中濃度が線形性を示すので，他の 2 剤の SSRI のように非線形性で投与量が増加すると予想以上に血漿中濃度が上昇する危険は少ないとされる。

SNRI の特徴

―◇ ミルナシプラン（トレドミン®）◇―

　　成人の場合，初期用量を 50 mg/日とし，100 mg/日まで増量する。1 日 2 回投与が原則，1 日 1 回では確実な効果は得られないとされる。高齢者の場合，初期用量 30 mg/日から開始し，60 mg/日まで増量する。ミルナシプランは大半が腎臓から排出され，肝臓では代謝されないので，薬物相互作用を考慮する必要がない点は大きな利点である。尿閉のある場合は禁忌である。

その他の抗うつ薬の特徴

―◇ トラゾドン（レスリン®・デジレル®）◇―

　　抗ヒスタミン（H1）や抗アドレナリン（α1）作用により鎮静効果を持っているため，不安・焦燥の強いうつ病に有効といわれる。また，就寝前に投与することで催眠効果も期待でき，睡眠の質を高める作用がある。抗コリン作用や心毒性などの副作用が少ないことから高齢者にも安全性が高い。ベンゾジアゼピン系睡眠剤の依存をきたさないように，可能であれば早期に本剤に置き換えていくことが勧められている。

―◇ スルピリド（ドグマチール®・アビリット®・ミラドール®）◇―

　　元来は，胃潰瘍薬として開発された。正確には抗精神病薬に分類される。高用量で抗幻覚妄想作用を示し統合失調症に対して用いられるが，低用量ではうつ病，うつ状態の抑うつ気分，不安焦燥に効果がある。抗うつ作用の機序については不明であるが，眠気・脱力を来たさず心毒性も少ないため，一般臨床ではよく処方される。しかし高用量では高プロラクチン血症による月経不順や乳汁分泌，場合によっては錐体外路症状が起こりやすいため注意が必要である。

抗うつ薬のやめ方

　　最後に，抗うつ薬のやめ方について触れたい。いつごろ薬をやめられるのか，と患者に尋ねられることがあるが，症状が改善してから 4～6 ヵ月は，それまで用いていた投

与量を減ずることなく継続することが勧められている。その後，漸減中止するか，再発予防を目的に維持療法を続けるかを，再発などのこれまでの経過を考慮して判断をすることになる。いずれにせよ，症状が一旦改善したように思えると，薬の継続を自己判断で突然中止してしまう場合がある。患者にも理解してもらう必要のある注意する点は，突然抗うつ薬を中止した場合に生じる中断後症候群（discontinuation syndrome）である。これは減量後1～10日以内に，嘔気，インフルエンザ様症状（疲労感，頭痛，発汗，筋肉痛など），不安焦燥，イライラ感，神経過敏，不眠，生々しい夢，不安定歩行，口や舌の異常運動，めまい，異常知覚（しびれやショック様感覚）などの症状が生じる。この症状を起こさないために，ゆっくりと漸減することが大切であり，この点をあらかじめ伝えておくことが服薬遵守（コンプライアンス）の観点から望ましい。

14-4　抗不安薬

通常用いられる抗不安薬（Anxiolytic drugs）は，ベンゾジアゼピン受容体作動薬で，①不安・緊張の緩和，②鎮静・催眠作用，③筋弛緩作用，④抗痙攣作用，⑤自律神経調整作用，がある。時に，アルコール依存症の離脱症状の予防・緩和にも用いられる。精神神経科・心療内科などに限らず，臨床各科で身体疾患に伴う不安・焦燥，緊張，抑うつ，情緒不安定などに用いられることも多い。

それぞれの薬剤は，作用の強さと持続時間によって使い分けられる。1～3日程度，効果の続く長時間作用型の薬物から，3～8時間で効果のなくなる短時間作用型の薬物もあり，それぞれの薬物作用の特徴をおおまかに知っておくと，臨床場面で役に立つ（表14.2参照）。

注意すべき点として，依存，耐性，離脱の問題がある。ベンゾジアゼピン系薬物は，一般的に精神的な依存が生じやすく，投与期間が長くなると耐性・身体依存も生じる。特に作用時間が短いものほど依存や耐性が早期に形成されやすいと言われている。身体依存が形成された後に急激に服薬を中止すると，離脱症状（不安，不眠，自律神経症状として動悸・冷や汗など）が生じやすいので，漸減するようにする。

抗不安薬や睡眠薬として用いられるベンゾジアゼピン系薬物は，重症筋無力症，急性狭隅角緑内障の症状を増悪させる可能性があるため禁忌である。また頻度の高い副作用としては，眠気，脱力感，ふらつきがあり，特に高齢者の転倒・骨折には注意を要する。その他，特に高齢者や身体疾患を合併している場合には，せん妄を誘発したり，逆に興奮や錯乱を招くもあり，過量投与による呼吸抑制にも十分注意する。また，喫煙者（特に高齢者）では，ベンゾジアゼピン薬物の効果が減弱するとも言われている。

抗不安薬や睡眠薬は即効性があるため，わが国では，しばしば抗うつ薬と併用されるが，その適応や使用方法には慎重であるべきである。特にうつ病やパニック障害で4週間を超えた抗不安薬の使用には臨床効果にエビデンスがなく，漫然とした長期投与は避けることが勧められている。しかし，抗うつ薬が効果を現すまでに最低でも10日～

表14.2 主な抗不安薬の分類

	一般名	代表的商品名	処方用量例 (mg/日)	半減期 (時間)	半減期(分類)
低力価型	クロチアゼパム	リーゼ®	15～30	4～5	短時間作用型
	フルタゾラム	コレミナール®	12	3.5	短時間作用型
	トフィソパム	グランダキシン®	50～150	6	短時間作用型
	クロルジアゼポキシド	バランス® コントロール®	20～60	7～28	中間作用型
	メダゼパム	レスミット®	10～30	2～5	長時間作用型
	オキサゾラム	セレナール®	30～60	50～62	長時間作用型
中力価型	ジアゼパム	セルシン® ホリゾン®	4～20	27～28	中間作用型
	クロキサゾラム	セパゾン®	3～12	＞30	長時間作用型
高力価型	エチゾラム	デパス®	1～3	6	短時間作用型
	ブロマゼパム	レキソタン®	3～15	8～19	中間作用型
	ロラゼパム	ワイパックス®	1～3	12	中間作用型
	アルプラゾラム	ソラナックス® コンスタン®	1.2～2.4	14	中間作用型
	メキサゾラム	メレックス®	1.5～3	60～150	長時間作用型
	ロフラゼプ酸エチル	メイラックス®	0.5～2	122	超長時間作用型
	フルトプラゼパム	レスタス®	2～4	190	超長時間作用型
非ベンゾジアゼピン系抗不安薬	ヒドロキシジン	アタラックス®	50～100	20	
	タンドスピロン	セディール®	7.5～10	1.2～1.4	

短時間作用型：～6時間，中間作用型：12～24時間，長時間作用型：24～96時間，超長時間作用型：96時間～

2週間は必要であり，初期において抗不安薬や睡眠薬を併用することがある。この場合，可能な限り短時間に制限して用いることが重要で，抗不安薬の場合は2～3週間，また睡眠薬の場合は2～3ヵ月を目安にする。また中止する際は漸減することが大切で，最後は1日おき，2日おき，と間隔をあけて中止するとよい。

厳密には，各抗不安薬により保険適応の疾患名が少しずつ異なるが，総じて，不安障害（神経症），心身症，自律神経失調症，睡眠障害，てんかん，麻酔前投薬，筋骨格系疾患（筋肉痛・肩こり・筋収縮性頭痛など），アルコール離脱症状，うつ病，統合失調症があげられる。

次に現在，日本でよく使われる抗不安薬を挙げて簡潔な解説を加える。

ベンゾジアゼピン系抗不安薬

◆ ジアゼパム（セルシン®・ホリゾン®）◆

不安・緊張・抑うつに対して用いられる。注射剤で筋肉内注射と静脈内注射が可能であり，経口薬が使用できない場合，特にアルコール離脱症状やてんかん重積状態の際に用いられる。

◆ クロルジアゼポキシド（バランス®・コントール®）◆

最初に合成されたベンゾジアゼピン系化合物で，半減期は7〜28時間でジアゼパムに比して作用力価は若干弱い。

◆ メダゼパム（レスミット®）◆

低力価で長時間作用型に分類され，ジアゼパムに比べて催眠作用や筋弛緩作用が弱いため，車両運転時などに使用できる利点がある。

◆ ブロマゼパム（レキソタン®）◆

抗不安作用はジアゼパムの約5倍，催眠・筋弛緩作用は約2倍とされ，強力である。

◆ ロフラゼプ酸エチル（メイラックス®）◆

半減期が122時間と超長時間作用型である。長期投与後の中止の際にも，不安・焦燥・不眠などの退薬症状が出現しずらいとされる。

◆ フルトプラゼパム（レスタス®）◆

長時間作用型であるが，高齢者において健忘・ふらつきなどが比較的少ないとされる。

◆ ロラゼパム（ワイパックス®）◆

現在，最も広く使用されている抗不安薬の一つ。活性代謝産物を生じず，半減期も短い（約12時間）ため，高齢者や肝機能低下の場合にも使いやすい。

◆ アルプラゾラム（ソラナックス®・コンスタン®）◆

ジアゼパムより作用が強力であるため，依存や眠気・ふらつきなどの副作用に注意が必要である。

◆ オキサゾラム（セレナール®）◆

半減期は約50〜62時間とされ，低力価で長時間作用型である。副作用の出現が少ないことから，高齢者や小児への適応もされる。

―◆ クロキサゾラム（セパゾン®）◆―

　半減期が30時間以上で，中力価で長時間作用型である。ジアゼパムより抗うつ作用があるとされる。

―◆ メキサゾラム（メレックス®）◆―

　半減期が60〜150時間とされ，高力価で長時間作用型である。

―◆ フルタゾラム（コレミナール®）◆―

　消化器系心身症（腹痛・腹部膨満感・悪心・嘔吐など）にも優れた消化管機能安定化作用をもつ。依存性も極めて少ない比較的安全な薬剤とされる。

―◆ クロチアゼパム（リーゼ®）◆―

　短時間作用型で，ジアゼパムよりも抗不安作用は強いが，催眠作用・筋弛緩作用は弱い。血圧安定化作用があり降圧薬との併用で，循環器系心身症に有用である。

―◆ エチゾラム（デパス®）◆―

　抗不安作用はジアゼパムより3〜5倍強力であり，催眠作用・筋弛緩作用はやや強いとされる。

―◆ トフィソパム（グランダキシン®）◆―

　低力価で短時間作用型に属する。他の抗不安薬が大脳辺縁系を中心に作用するのに対し，視床下部に作用するとされ，作用機序が異なる。抗不安薬に分類されているが，自律神経調整薬といった位置づけがされる。その他の抗不安薬で禁忌である狭隅角緑内障や重症筋無力症にも慎重な投与で処方可能である。

非ベンゾジアゼピン系抗不安薬

―◆ ヒドロキシジン（アタラックス®）◆―

　抗アレルギー性抗不安薬であり，抗アレルギー作用のため，蕁麻疹や皮膚疾患に伴う瘙痒に対して皮膚科領域でも用いられる。副作用の出現は少ないため，処方しやすい。

―◆ タンドスピロン（セディール®）◆―

　わが国初のセロトニン1A受容体作動性抗不安薬である。薬物依存性や眠気・ふらつきやアルコールとの相乗作用などの副作用がほとんど認められない。効果が出るまで時間がかかる（約2〜4週間）ので，途中で服薬を中止しないようにあらかじめ伝えておく必要がある。

表14.3 主なベンゾジアゼピン受容体作動性の睡眠薬の分類

	一般名	代表的商品名	処方用量例（mg/日）	半減期（時間）	半減期（分類）
ベンゾジアゼピン系睡眠薬	トリアゾラム	ハルシオン®	0.25〜0.5	2〜4	超短時間作用型
	エチゾラム	デパス®	1〜3	6	短時間作用型
	ブロチゾラム	レンドルミン®　グッドミン®	0.25〜0.5	7	短時間作用型
	ロルメタゼパム	エバミール®　ロラメット®	1〜2	10	短時間作用型
	ニトラゼパム	ベンザリン®　ネルボン®	5〜10	28	中間作用型
	エスタゾラム	ユーロジン®	1〜4	24	中間作用型
	フルニトラゼパム	サイレース®　ロヒプノール®	0.5〜2	9〜25	中間作用型
	クアゼパム	ドラール®	15〜30	30〜40	長時間作用型
	フルラゼパム	ダルメート®　インスミン®	10〜30	65	長時間作用型
非ベンゾジアゼピン系睡眠薬	ゾルピデム	マイスリー®	5〜10	2	超短時間作用型
	ゾピクロン	アモバン®	7.5〜10	4	超短時間作用型

超短時間作用型：〜6時間，短時間作用型：6〜12時間，中間作用型：12〜24時間，長時間作用型：24時間〜

14-5 睡眠薬

　睡眠薬（hypnotic drugs）は，睡眠を誘発し持続させる薬剤を総称していう。現在では，ベンゾジアゼピン系薬物のなかで，特に催眠鎮静作用が高いものが睡眠薬として用いられている（表14.3）。その基礎疾患に対する治療を優先し，依存や耐性といった問題もある睡眠薬の使用は必要最小限にすることが求められる。アルコールとの併用は作用を増強させる可能性があるため避ける。催奇形性・新生児への影響が否定できないので，妊娠中または妊娠している可能性があるときはなるべく服用を避け，母乳に移行するため服用中は授乳しないようにする。

　同じベンゾジアゼピン作動性薬物が多いため，上記の抗不安薬と注意点はほぼ同様で，場合によって副作用として，運動障害でふらついたり，眠気でもうろうとしたり，学習や記憶が弱まったりすることがあるため，適切な用量と種類の調整が必要である。

　睡眠薬は機序の面から，非ベンゾジアゼピン受容体作動薬（バルビツール酸系睡眠薬と非バルビツール酸睡眠薬）とベンゾジアゼピン受容体作動薬（ベンゾジアゼピン系睡眠薬と非ベンゾジアゼピン系睡眠薬）に分類されるが，ここではよく臨床で用いられる後者のみを解説する。また，薬物の作用時間も重要であり，超短時間作用型（6時間以内），短時間作用型（6〜12時間），中間作用型（12〜24時間），長時間作用型（24時

間以上）に分けられ，その不眠症の種類（入眠困難・中途覚醒・早朝覚醒）に対応させて用いる。

　以下に現在，日本でよく用いられるベンゾジアゼピン受容体作動薬について簡潔に解説を加える。

ベンゾジアゼピン系睡眠薬

◆ ニトラゼパム（ベンザリン®・ネルボン®）◆

1967年にわが国で最初に導入されたベンゾジアゼピン系睡眠薬である。半減期は約28時間で，中間から長時間作用型に属する。作用時間が比較的長いので，日中の眠気・ふらつきに注意する。

◆ フルラゼパム（ダルメート®・インスミン®）◆

半減期は約65時間で，長時間作用型に属する。超短期型・短時間型・中間型作用の睡眠剤で効果が得られない場合，投与することがある。日中の抗不安効果を併せもつ。特に高齢者では，長期蓄積により錯乱や転倒の発症を引き起こすことがある。

◆ エスタゾラム（ユーロジン®）◆

半減期は約24時間で，中間型に属する。日中の眠気・ふらつきなど持ち越し効果がある場合には短時間作用型に変更する。

◆ トリアゾラム（ハルシオン®）◆

半減期は約2〜4時間で，超短時間作用型に属する。朝の目覚めがよいため，精神的依存をきたしやすい。健忘・もうろう状態やせん妄状態を惹起することもあるため，服用後の言動について注意が必要となる。生じた場合は速やかに中止する。

◆ フルニトラゼパム（サイレース®・ロヒプノール®）◆

半減期は約9〜25時間で，中間作用型に属する。できれば，連続で10日以内，1ヵ月のうち半分の日数以内など，短期の使用が最善である。耐性が生じたときには，日中の不安増大，あるいは夜後半の覚醒増加などが生じる。注射剤（2 mg/1 ml/1 A）があるため，精神運動興奮状態の鎮静にも用いられる。その際，呼吸抑制に注意しながら，時間をかけて徐々に静脈注射をする。

◆ ロルメタゼパム（エバミール®・ロラメット®）◆

半減期は約10時間で，短時間作用型に属する。直接，グルクロン酸抱合されるため活性代謝産物がなく，年齢や肝臓・腎臓の機能に影響を受けにくい特徴がある。

―◆ クアゼパム（ドラール®）◆―――――――――――――――――――

　半減期は30〜40時間で長時間作用型に属する。活性代謝産物とともに，ベンゾジアゼピン1受容体に選択的に作用するため，催眠作用は強いが，筋弛緩作用が弱く，転倒をきたしやすい高齢者に使いやすい。しかし，時間とともに血中に蓄積する傾向があるので，長期的な使用の場合には注意する。食後に胃に食物が残った状態で服用すると，過度な鎮静や，呼吸を弱める恐れがある。

―◆ エチゾラム（デパス®）◆―――――――――――――――――――

　半減期は約6時間で短時間作用型に属する。抗うつ効果・抗不安作用を持ち合わせているとされ，うつ病・心身症・統合失調症などの睡眠障害にも保険適応がある。

―◆ ブロチゾラム（レンドルミン®・グッドミン®）◆――――――――――

　半減期は約7時間で短時間作用型に属する。半錠でも充分な場合もあり，翌日への持ち越し効果が弱いため，高齢者に使いやすい。

非ベンゾジアゼピン系睡眠薬

―◆ ゾルピデム（マイスリー®）◆―――――――――――――――――

　半減期は約2時間で超短期作用型に属する。中枢神経系のGABA-ベンゾジアゼピン-Clイオンチャンネル複合体には$\omega 1$と$\omega 2$の二つのサブタイプがあり，$\omega 1$受容体は催眠鎮静作用に，$\omega 2$受容体は筋弛緩作用に関与することが知られている。ゾルピデムは$\omega 1$に親和性が高いため，ふらつきなどの副作用が少ないと考えられている。ベンゾジアゼピン系睡眠薬よりも耐性や依存を引き起こすことは少ないとされる。現在，統合失調症あるいは躁うつ病に伴う不眠症に対しては保険適応がない。

―◆ ゾピクロン（アモバン®）◆―――――――――――――――――

　半減期は約4時間で超短時間作用型に属する。ベンゾジアゼピン系睡眠薬よりも耐性や依存を引き起こすことは少ないとされる。時に翌日に口のなかの苦味を生じることがあり，事前に知らせておくことが望ましい。

14-6　抗精神病薬

　抗精神病薬（antipsychotic drugs）は，主に幻覚や妄想などの異常体験や精神運動興奮を改善させる目的で使用され，神経遮断薬（neuroleptics），あるいはメジャートランキライザー（major tranquilizer）とも呼ばれる。主に統合失調症，躁病などの精神障害に用いられるが，強い不安，緊張にも用いられる。作用機序は主にドーパミン（D2）受容体遮断作用をもつ。臨床的には，定型抗精神病薬と非定型抗精神病薬の二つ

表 14.4 主な抗精神病薬の分類

分類		一般名	代表的商品名	処方用量例 (mg/日)
定型抗精神病薬	フェノチアジン系	クロルプロマジン	コントミン® ウィンタミン®	30〜450
		レボメプロマジン	ヒルナミン® レボトミン®	25〜200
		プロペリシアジン	ニューレプチル®	10〜60
		ペルフェナジン	PZC®・トリラホン®	6〜48
		フルフェナジン	フルメジン®	0.25〜10
	ブチロフェノン系	ハロペリドール	セレネース® リントン®	0.75〜20
		ブロムペリドール	インプロメン®	3〜36
		チミペロン	トロペロン®	0.5〜12
	ジフェニルブチルピペリジン系	ピモジド	オーラップ	1〜9
	イミノジベンジル系	カルピプラミン	デフェクトン®	75〜225
		クロカプラミン	クロフェクトン®	30〜150
		モサプラミン	クレミン®	30〜300
	インドール系	オキシペルチン	ホーリット®	40〜240
	ベンザミド系	スルピリド	ドグマチール® アビリット®	150〜1200
		スルトピリド	バルネチール®	300〜1800
		ネモナプリド	エミレース®	9〜60
		チアプリド	グラマリール®	75〜150
	チエピン系	ゾテピン	ロドピン®	75〜450
非定型抗精神病薬	SDA (セロトニン・ドーパミン拮抗薬)	クロザピン	(日本未発売)	100〜300
		リスペリドン	リスパダール®	1〜8
		ペロスピロン	ルーラン®	4〜48
		クエチアピン	セロクエル®	25〜750
	MARTA (多元受容体標的化抗精神病薬)	オランザピン	ジプレキサ®	5〜20
	DSS (ドーパミン・システム・スタビライザー)	アリピプラゾール	エビリファイ®	6〜30

に分類され，前者はクロルプロマジン（chlorpromazine）やハロペリドール（haloperidol）を代表とするもので，幻覚・妄想の改善のために従来から広く用いられてきた。後者は効果や副作用の改善を目指して新しく開発され，リスペリドン（risperidone），ペロスピロン（perospirone），オランザピン（olanzapine），クエチアピン

(quetiapine), アリピプラゾール (aripiprazole) が, ここ数年, 日本でも使用可能となった。

非定型抗精神病薬が最近の治療ガイドラインなどでは第一選択薬とされている。定型抗精神病薬に比べ, 過剰な鎮静感や錐体外路症状や抗コリン作用などの副作用が少ないことで, 生活の質 (quality of life：QOL) を改善するとされているためである。また, 定型抗精神病薬では十分な効果がみられなかった陰性症状 (自発性欠如・感情鈍麻) や認知機能障害に対して有効性を示す研究もある。

ただし, 非定型抗精神病薬に特徴的な副作用として, 高血糖とそれによる糖尿病性ケトアシドーシス・糖尿病性昏睡に注意が必要で, 特にオランザピンとクエチアピンについては, 糖尿病やその既往がある患者には投与禁忌となっている。また著明に食欲が増加し, 急激な体重増加・肥満に至ることもあるので注意が必要である。

ここで, 抗精神病薬一般に比較的よく認められる副作用を挙げることにする。抗精神病薬はドーパミン神経伝達を遮断することから, 急性〜亜急性にパーキンソン症状 (寡動, 筋固縮, 振戦, 流涎, 突進歩行) やアカシジア (そわそわしてじっと座っていられない), ジストニア (急激な筋緊張状態, 首の捻転・目のつりあがり・舌の突出など) などの錐体外路性副作用を生じることがあり, 抗パーキンソン薬の併用や, 急性のものに対しては筋肉注射 (biperiden 1A/筋注) によって対処することもある。遅発性ジスキネジア (口唇や舌の不随意運動) を定型抗精神病薬の長期投与後に認めることもある。

その他, 抗ヒスタミン (H1) 作用・抗アドレナリン ($\alpha 1$) 作用による眠気・だるさ・起立性低血圧や, 抗コリン作用による口渇・便秘・かすみ目や, 下垂体での抗ドーパミン作用による高プロラクチン血症・無月経・乳汁分泌なども認めることがある。これらは個人差が大きいとされ, 薬剤の種類・量の調整で軽減できることがある。

また, 稀に, 麻痺性イレウス (発熱・嘔吐・腹部膨満), 多飲水・水中毒 (低Na血症・頭痛・痙攣・意識障害), 悪性症候群 (高CK血症・発熱・筋強剛・ミオグロビン尿・乏尿・意識障害) など重篤な副作用がみられることがあるので, 定期的な身体診察も大切である。

以下に現在よく用いられる抗精神病薬について非定型抗精神病薬を中心に簡潔に解説する (定型抗精神病薬については, 代表的なブチロフェノン系を二つ (ハロペリドールとブロムペリドール) とフェノチアジン系を二つ (クロルプロマジンとレボメプロマジン) を紹介する。その他の薬剤については, 表14.4を参照)。

定型抗精神病薬

◆ ハロペリドール (セレネース®・リントン®) ◆

適応症は統合失調症と躁病であるが, その他の精神障害に伴う幻覚妄想の治療に用いられる。鎮静効果は大量投与でないと期待できない。投与開始後2週間前後たたないと安定した効果が発揮されないと言われる。服薬コンプライアンスが悪い場合, ハロマン

ス®（デカン酸ハロペリドール，月1回筋肉内注射，1日経口投与量の10〜15倍が目安）を利用できる。副作用として多い錐体外路症状に対しては，抗パーキンソン薬（アキネトン®（2〜6 mg）・アーテン®（2〜10 mg））で改善が期待できる。

──◇ ブロムペリドール（インプロメン®）◇────────────────

抗幻覚妄想作用はハロペリドールと同様であるが，錐体外路症状や鎮静作用が少ないため外来患者や高齢者に使いやすいとされる。

──◇ クロルプロマジン（コントミン®・ウィンタミン®）◇──────────

1955年にわが国で初めて導入された抗精神病薬。ドーパミン（D2）受容体遮断作用，アドレナリン（α1）受容体遮断作用に加え，アセチルコリン（Ach）受容体遮断作用，セロトニン（5-HT2A）遮断作用などがある。抗幻覚妄想作用に比べて，少量でも強い鎮静作用をもつ。

──◇ レボメプロマジン（ヒルナミン®・レボトミン®）◇──────────

抗幻覚妄想作用は弱いが，鎮静催眠作用・情動安定作用が強い。緊急の鎮静が必要な患者には，筋肉内注射が有効である。ベンゾジアゼピン系睡眠薬では改善されない睡眠障害に対して少量（5〜10 mg）併用することもある。錐体外路症状は比較的少ないが，抗コリン作用（口渇・かすみ目・便秘など）が多い。また起立性低血圧で高齢者が転倒しやすいため注意が必要である。炭酸リチウムとの併用で錐体外路症状の出現が増えるとの報告もある。

非定型抗精神病薬

──◇ リスペリドン（リスパダール®）◇────────────────

ドーパミン（D2）受容体遮断作用とセロトニン（5-HT2A）遮断作用を有するセロトニン・ドーパミン拮抗薬（SDA; serotonin dopamine antagonist）であり，1996年より日本でも導入された非定型抗精神病薬の代表的な薬剤である。抗幻覚妄想作用については，ハロペリドールと同様かそれ以上の効果があり，その他，陰性症状や認知機能障害にも有効であるとの報告もある。日本では統合失調症のみが保険適応病名であるが，アメリカでは躁状態やせん妄状態など，広く精神障害に適応されている。定型抗精神病薬でみられた錐体外路症状の出現頻度は少ないといわれているが，目安として6 mg/日を超えると，時にアカシジアなど錐体外路症状を認め，女性の高プロラクチン血症に伴う月経障害，乳汁漏出などを引き起こすこともあるため注意が必要である。

──◇ クエチアピン（セロクエル®）◇────────────────

セロトニン（5-HT2A）受容体に対し，ドーパミン（D2）受容体よりも高い結合親和性をもつセロトニン・ドーパミン拮抗薬（SDA）のひとつ。他の非定型抗精神病薬

と比較しても錐体外路症状や高プロラクチン血症を起こしにくいため，遅発性ジスキネジアや月経不順・性機能不全などの有害作用が生じにくい。したがって，日本では統合失調症以外まだ保険適応がないが，欧米では錐体外路症状をきたしやすいパーキンソン病やレビー小体型認知症などの行動障害に対して有利と考えられている。副作用として，ヒスタミン（H1）受容体作用による傾眠，アドレナリン（α1）受容体作用による起立性低血圧，セロトニン（5-HT2A）受容体作用による体重増加を起こす可能性が指摘されている。糖尿病患者や既往歴のある患者へは投与禁忌となっており，投与中は血糖値の測定と十分な観察が必要となる。

◆ ペロスピロン（ルーラン®）◆

リスペリドンと同様にセロトニン・ドーパミン・アンタゴニスト（SDA）に分類されるが，5-HT1A受容体への作用を併せもつことが特徴で，不安・抑うつや認知機能障害の改善への影響が想定されている。

◆ オランザピン（ジプレキサ®）◆

ドーパミン（D2）受容体・セロトニン（5-HT2）受容体に加え，ヒスタミン（H1）受容体やムスカリン性アセチルコリン（Ach）受容体など複数の受容体に対しても親和性があるためMARTA（multi-acting receptor targeted antipsychotics）と称される。セレネースと比べて，錐体外路症状・遅発性ジスキネジアの発現頻度や抗パーキンソン薬の使用量が少ないこと，血中プロラクチン濃度を上昇させないこと，陰性症状や抑うつ症状の改善度に優れていること，といった特徴で有効性が示されている。一方で，体重増加，高血糖，糖尿病性ケトアシドーシスに至る可能性が指摘されており，糖尿病患者や既往歴のある患者へは投与禁忌となっている。そのため，投与時には頻回な血糖値測定と十分な観察が必要である。

◆ アリピプラゾール（エビリファイ®）◆

脳内ドーパミン・システムを安定化させる作用からドーパミン・システム・スタビライザー（DSS）と称される。錐体外路症状の発現は少ないこと，血清脂質，血糖値に影響を与えないこと，プロラクチン値を上昇させないこと，など副作用の発現が有意に少ない可能性がある。他の抗精神病薬と比較して体重増加が少ない点も利点である。幻覚妄想・自発性欠如・感情鈍麻・不安・抑うつ症状などに効果が示されているが，鎮静効果はあまり得られない。

*　　*　　*

最後に，抗精神病薬は広く一般臨床のさまざまな場面でも用いられている。強い不安・緊張や，強い不眠に対しても少量で使用されることがある。幻覚・妄想というと，とても遠い世界の出来事のように思えるかもしれないが，幻覚・妄想を一過性であって

も引き起こす一般的な疾患も意外と多い．重症うつ病で貧困妄想，微小妄想，心気妄想が生じることは有名であるし，せん妄などの意識障害，脳血管障害や頭部外傷に引き続いて起こる器質性精神病，全身性エリテマトーデス（SLE）やバセドウ病などに伴う症状性精神病，覚醒剤使用や乱用後に起こる覚醒剤精神病などでも幻覚・妄想が生じることがあり，こうした症状に対しても抗精神病薬の投与が必要になることがある．

14-7 気分安定薬

抗躁効果や躁うつ病相の予防効果が期待される薬剤を総称して気分安定薬（mood stabilizer）という．現在わが国で用いられているものに，リチウム lithium（Li；リーマス®），カルバマゼピン carbamazepine（CBZ；テグレトール®），バルプロ酸 valproic acid（VPA；デパケン®・バレリン®），がある．リチウム以外は，元来てんかん治療薬として用いられていたが，現在では躁状態への保険適応の拡大がなされた．

VPAの抗躁効果は約70%であり，Liの躁うつ病相予防効果も約70%であるとの研究結果があるが，メタアナリシスではLiとVPAとCBZの間に顕著な効果の差は認められておらず，躁病や躁うつ病（双極性障害）への薬物選択に明確なコンセンサスは得られていない．非反応の症例には積極的な薬剤変更が検討されるが，場合によっては気分安定薬2剤併用や抗精神病薬との併用療法を行なうこともある．

以下にそれぞれの薬剤の特徴を副作用を中心に簡潔に解説する．

◆ リチウム（リーマス®）◆

躁病治療には，1日の常用量は600〜1200 mg程度であり，有効血中濃度は0.4〜1.2 mEq/lである．躁うつ両病相の予防には，1日200〜800 mg程度（血中濃度は0.3〜0.8 mEq/l）である．一般的な副作用としては，多飲・多尿，手指振戦，体重増加，胃腸障害，甲状腺機能低下，軽度の認知障害がある．また，血中濃度2.0 mEq/l以上で中毒症状が生じることが知られ，悪心，嘔吐，粗大な振戦，めまい，さらには意識障害，痙攣発作などが生命の危険を伴う副作用が生じるため，定期的な血中濃度のモニターが必要になる．腎機能障害，激しい運動・労働，脱水などによってもLi中毒は誘発されるため注意が必要である．腎疾患・心疾患の既往がある患者や大量服薬の可能性の高い患者への投与は避けることが望ましい．

◆ カルバマゼピン（テグレトール®）◆

不快気分の目立つ重症の躁病や，病相が頻回に発来する型（rapid cycler）に有効であるとされる．躁病治療には，1日600〜1200 mg程度（血中濃度4〜12 μg/ml）が常用量である．CBZの副作用としては，眠気，めまい，ふらつきが多く，他に複視，消化器症状，白血球や血小板の減少，肝酵素の上昇などを認めることがある．しばしば臨床場面で経験するものに，皮膚粘膜症候群（Stevens-Johnson syndrome）といった重篤な状態に至ることがあり，皮疹を生じた場合にはすぐに投与を中止するべきである．

妊娠初期の服用は胎児の先天奇形の危険性を増大させる。母乳への移行もあるため，薬物の中止か，人工栄養が適切である。バルプロ酸などの抗てんかん薬や，三環系抗うつ薬，抗精神病薬などの血中濃度を低下させるため，併用には注意する。

――◇ バルプロ酸（デパケン®・バレリン®）◇――

躁病治療には1日600〜1200 mg程度（血中濃度50〜125 μg/ml）が常用量であり，病相予防には血中濃度40〜100 μg/mlに保つとよい。VPAはリチウムやカルバマゼピンと比べて，比較的副作用の少ない薬剤であり，投与初期に悪心・嘔吐といった消化器症状を認める場合もあるが一過性のことが多い。一方，用量依存的に高アンモニア血症が生じるため，高用量では注意が必要である。高アンモニア血症によって，めまい，頭痛，運動失調，振戦，脱毛，肝酵素上昇，血小板・白血球減少などが起こることもある。妊娠初期の服用は胎児の先天奇形の危険性を増大させる。母乳への移行もあるが，通常安全と考えられている。

＊　＊　＊

最後に，気分安定薬は，躁病や躁うつ病（双極性障害），気分変調症や気分循環症といった気分障害の薬物療法に加えて，統合失調症や失調感情障害への応用も試みられ，有効性が認められてきている。特にCBZは「統合失調症の興奮状態」に保険適応がなされているように，攻撃性・衝動性に対して有効である。このように気分安定薬は精神発達遅滞や人格障害などさまざまな感情コントロールに障害のある病態への応用も検討されている。

14-8　まとめ

ここまで，精神・心理状態の不調のため助けを求める患者に対する治療法の一つとして，薬物療法を紹介してきた。

この章で紹介してきたように，向精神薬はその機序や対象の精神障害によっていくつかのカテゴリーに分けられている。診断された障害に沿った形で処方されることがほとんどであるが，必ずしも診断名そのものに対してではなく，そのときの症状や状態に対して用いていることが多い。そのため，同じ診断名であっても人によって，経過によって処方が変わることがある。

そうした薬物療法を行っていくために，患者の訴えに耳を傾け，言動を慎重に吟味し，その症状や状態像を適切に把握することが必要となる。身体疾患の合併や併用薬物などの情報も総合して，適切な用法・用量で治療を行っていくようにする。しかし，それでも個人個人で効果の出かた，副作用の出かたは異なり，それを完全に予測するまでには至っていないため，薬物療法自体に試行錯誤の部分が残っていることも知っておく必要がある。

何千年も昔から，病を治すために薬草などを煎じて服用することから始めて，薬を飲むことを人間は続けてきた。その過程は試行錯誤の繰り返しであり，薬物の効能の発見も偶然の産物であることが多かった。そのなかでも，その効能について偶然発見された初期の向精神薬は，1950年代になって初めて登場した。その後，科学的な検討が加えられ，新たな薬剤が開発されてきているが，まだ歴史が浅く，機序の不明な部分の残っている薬物の部類に入ることを肝に銘じておかなければならない。

　われわれは現在用いられている向精神薬について，過小評価する必要もないが，副作用や十分な効果という点で，まだ満足のいくものではないことを知っておいた方がよいだろう。

　今後もこうした問題点の克服を目指し，続々と新たな向精神薬が開発され，研究されていくはずである。一方で，どの薬がどのような人により効果があるのか，もしくはどのような人には副作用を起こしやすいか，を遺伝情報などからあらかじめ把握した上で治療をするといった，個別に対応した薬物治療についても研究されている。そうした研究とあわせて，患者とそれを支える家族の負担をより少なくしつつ，高い治療効果をあげる薬物療法が目指されている。

第15章
心理専門職の職業倫理

慶野　遥香

はじめに

　臨床心理学を専門とする者にとって，現場での実践は活動の根幹である。言うまでもないことであるが，実践活動を行う際には，対象者のためになることをする責任が専門家にはある。もし，その専門家がただ一人の個人として活動を行っているならば，その個人が最も対象者のためになると考える行動を取ることになるだろう。

　しかし，臨床心理学という特定の学問を背景として活動を行うのであれば，同じ背景を持つ専門家集団として，構成員が一定の水準を維持する必要が出てくる。そこで求められる事柄には，専門領域の知識や技能はもちろんのこと，専門家として行うべき，あるいは行うべきでない行動の規範も含まれる。この規範のことを，職業倫理と呼ぶ。職業倫理を明確にし，社会に宣言すると同時に集団の構成員へ遵守を義務づけることで，その集団は自他共に専門家としてみなされることが可能となるのである。

　職業倫理は，臨床心理学に限らず，医学，法律，ビジネスなど，分野を問わず「専門職」を名乗る集団には不可欠なものであり，その内容は職種によって異なるが，ここでは心理専門職に必要とされる職業倫理について述べる。

15-1　職業倫理とは

　職業倫理とは，「ある職業集団において，その成員間の行為や，その成員が社会に対して行う行為の善悪を判断する基準としてその職業集団内で承認された規範」（金沢，2006）と定義される。行動や職能を規制するという点では，国家や地方自治体によって定められる法律，条例と共通点もあるが，専門家集団自身がその構成員の活動を制限するという点，禁止事項や義務だけでなく，専門家としてより高いレベルを目指す旨も明言されている点が異なっている。すなわち，職業倫理は社会によって決められるものではなく，専門家自身が定め，遵守することによって，自分たちの行動を規制し，集団全

体の資質を高めようとするものである。

　さらに，職業倫理を制定，遵守すると社会全体に「宣言する」ことが，社会から専門家としての信頼を得て，その社会的地位を安定させるために必要な条件となる。この「専門家の社会的地位の獲得」という職業倫理の目的について，特に臨床心理学において倫理の重要性が議論され始めた1950年代のアメリカでは批判の声もあった（Hall, 1952）。とはいえ，専門家が専門家として社会から認められ，信頼されなければ，臨床心理学全体として質量共に安定したサービスを提供することは難しい。専門家が倫理規定を盾に自らの非倫理的行為を過度に正当化するような事態は避けなければならないが，そのためにも，より優れた職業倫理の確立と普及が重要と言えるだろう。

15-2　職業倫理の内容

　職業倫理には，どのような内容が含まれているのだろうか。近年日本でも倫理への意識が高まってきているとはいえ，まだ「何となく固い」「守らなければならない約束事」「やってはいけないこと集」といったイメージをもつ人もいるのではないだろうか。しかし，コーリィらによれば，職業倫理は「命令倫理」と「理想追求倫理」とに大きく分けることができる（Corey, Corey, Callanan, 2003）。

　命令倫理とは，専門家として最低限の基準に従って行動するレベルを定めている。秘密を守る，クライエントと会食をしないなど，「～しなければならない」「～してはならない」といった項目がこれに当たる。一般的な感覚として，職業倫理という言葉を聞くと，こうした命令倫理を思い浮かべる人が多いだろう。

　一方，理想追求倫理とは，その最低限のラインを押さえた上で，専門家としての最高の行動基準を目指すレベルである。人びとの基本的人権を尊重し，専門家としての資質を保ち，クライエントのためになる行いをするといった項目である。つまり，職業倫理を遵守するということは，最低限決められていることに沿って行動すればいいのではなく，人びとの幸福と福祉に貢献するために，常に専門家として最高の基準を目指し，熟練してもなお自分を高めようとする姿勢が求められるのである。

　実際，現在施行されている倫理綱領の多くで「命令倫理」に相当する禁止事項や義務だけでなく，「理想追求倫理」についても明確に述べている。たとえば，心理学系団体として世界で最も大きく，倫理に関する議論も戦前から行われているアメリカ心理学会の倫理綱領（APA, 2002）では，「序論および適用性」のなかで，「『前文』と『一般原則』は，心理学の最高の理想に向かってサイコロジストを導く，強い願望的な目標である。（中略）『倫理基準』はサイコロジストとしての行いに対して適用される実行力のある規則を述べている」と，実行力はないが「強い願望的な目標」と，具体的な「規則」の両方が含まれることが明示されている。また，15-4で紹介する日本臨床心理士会倫理綱領でも，前文のなかで理想追求倫理に当たる会員の目標が述べられている。これらを常に念頭において活動することが，専門家としての資質を高め，ひいてはクライエントの利益にもつながるのである。

15-3 現場における職業倫理

次に，職業倫理と実際の臨床心理実践とのかかわりについて考えてみたい。倫理の重要性を認識してはいても，「困ったことがあったら倫理綱領を参照しよう」「倫理綱領を覚えていれば何とかなる」と考えている人もいるかもしれない。確かに，倫理綱領の条文には，具体的な状況下でどのように行動することが望ましいかが，かなりはっきりと書かれている。

とはいえ，適切な倫理的実践をするためには，条文を知っているだけでは十分とは言えない。臨床経験のある読者であればお分かりであろうが，実際の状況とは非常に複雑に入り組んでおり，時間の経過に伴って刻々と変化していくものである。一見，似たようなケースでも，ほんのちょっとした条件で取るべき対応は変わってくる。

たとえば，「クライエントの秘密を守る」という例で言えば，自殺の危険性のあるケースの場合，すなわち「自他に危害を加える恐れがある場合」は守秘義務の例外に当たり，緊急の対応が優先とされるが，その危険性が目の前の状況においてどの程度のものであるかを判断するのは大変難しい。こうした対応は，情報を他者に伝えることのリスクを犯して行うものであり，緊急対応によってそれ以上のものが得られるということが，対応の正当性の根拠となる。しかし，自殺の危険性が情報開示に伴うリスクを上回ることをどのように見極めればよいのか，確実な基準は倫理綱領には定められておらず，すべてのケースに対応できるマニュアルを作ることは事実上不可能である。また，未成年のクライエントの保護者からの問い合わせがあった場合，「秘密を守らなくてはならない」ことを知っていたとしても，クライエントに不利益を及ぼすことなく保護者にも納得してもらえるような説明ができるかどうかは，心理療法そのものと同じくらい力量が試されるだろう。

では，職業倫理とはあくまで社会一般に向けた形式的なもので，実際のケースとはかかわりが薄いと言ってしまってよいだろうか。結論から言えば，そのようなことは決してない。すべてのケースにマニュアル的に適用するような性格のものではないが，各団体の倫理綱領のなかで定められている具体的な倫理基準は，その場その場の専門家の判断にある一定の方向づけを与えてくれる。

まず，職業倫理があることによって，専門家は自らの直面している事態にどのような倫理的問題があるか，どういった枠のなかで判断すればよいかを明確に意識することが可能となる。次に，職業倫理は，専門家が判断の根拠を明示する際にも使うことができる。先に述べた保護者からの問い合わせのケースの場合，「面接の内容を話してはいけないと倫理で定められている」といったことをきちんと説明すれば，ただ「話せない」と言うよりも相手が納得してくれる可能性は高まるだろう。さらに，倫理に則った行いをしたかどうかで，専門家の社会的評価や法的なトラブルに巻き込まれた場合の処遇に影響が出ることもある。極端な，しかし実際に起こりうるケースとしては，臨床心理実践のなかで，何らかの理由でクライエントが自殺してしまい，担当のセラピストが遺族

によって訴えられるという事態がある。このとき担当セラピストがそれまでに行った対応が専門家として十分であったかは、倫理原則に基づいた行動をとったかどうかで判断されることになり、その是非が裁判の勝敗も分けるだろう。このように、職業倫理は臨床心理実践にさまざまな形で密接にかかわっており、専門家の判断や一つひとつの発言に影響を与えることもあれば、時にはその存在が専門家を守る枠組みともなるのである。

以上のように考えてくると、職業倫理や具体的な倫理基準は、ただ知識として知っていればよいものではない。個々の基準の根拠となっている倫理原則を十分に理解したうえで、実際の場面では原則に従って判断を下し、それに沿った行動を取るという、心理臨床を行ううえで必要なスキルの一つとして見るべきものだと言えるだろう。

また、臨床心理実践におけるセラピストとクライエントの関係が日常的な人間関係とは異なるものであるのと同様、倫理的判断をするべき場面や判断基準は、一般的な社会常識や倫理観、道徳観とは質の違うものである。したがって適切な倫理的実践を行うスキルは、臨床心理実践のスキルと同様、専門的な訓練によって育まれるべきである。特に、実際の現場は常にリアルタイムの対応が求められるところである。クライエントに何か言われたり、緊急事態が起きてから「倫理原則を確認し、対応を考えて……」などということはできない場合のほうがずっと多く、その場でともかく状況を判断し、倫理原則の範囲内で最もふさわしいと思われる行動を取らなくてはならない。このことも、普段から職業倫理の感覚を養い、何かのときにはどのような判断を下すべきか、シミュレーションも含めたトレーニングを行っておくことの重要性を示すものである。

次節では、実際に施行されている倫理綱領のなかから日本で最も規模の大きな臨床心理学系職能団体の一つである日本臨床心理士会の倫理綱領を取り上げ、倫理原則の視点からその条文を概説する。

15-4 職業倫理原則の概要──日本臨床心理士会倫理綱領を取り上げて

職業倫理は、学問としての倫理理論に裏づけされた応用倫理として位置づけられるものである。こうした理論的な背景やそれに基づいた一般的な倫理原理については、村本（1998）や生命倫理領域で著名なビーチャムとチルドレス（Beauchamp, Childress, 1989）などに詳しいが、心理専門職に直接かかわる倫理原則や、各団体が定める実行力をもった規則である倫理綱領は、より臨床心理実践の特徴に沿った形で示されている。具体的な条文や倫理綱領の形態は団体によってさまざまであるが、ポープら（Pope, Tabachnick, & Keith-Spiegel, 1987）およびレドリッヒとポープ（Redlich & Pope, 1980）は、臨床心理実践における職業倫理の諸原則を以下の七つに分類した。国内でも、臨床心理学の職業倫理にかかわる研究や書籍を著している金沢（1998, 2006）が、この7分類の詳細な解説を加えている。

> **臨床心理実践における職業倫理の諸原則**
>
> 第1原則　相手を傷つけない，傷つけるようなおそれのあることをしない
> 第2原則　十分な教育・訓練によって身につけた専門的な行動の範囲内で，相手の健康と福祉に寄与する
> 第3原則　相手を利己的に利用しない
> 第4原則　一人一人を人間として尊重する
> 第5原則　秘密を守る
> 第6原則　インフォームド・コンセントを得，相手の自己決定権を尊重する
> 第7原則　すべての人々を公平に扱い，社会的な正義と公正と平等の精神を具現する

　ここで，日本における職業倫理の発展の過程を概観する。日本の臨床心理学において倫理問題が取り沙汰されるようになったのは，アメリカよりも遅く，1980年後半ごろからである（たとえば 田中，1988；小此木，1992；鑪，1997；臺，2002；村本，2002）。国内には多くの心理学系団体があるが，日本心理臨床学会第7期倫理委員会によって行われたアンケート調査（倫理委員会，2002）によれば，最も早く倫理綱領を制定したのは1987年の日本行動分析学会である。また，国内の臨床心理学系最大の学術団体である日本心理臨床学会では，1998年に倫理規程と倫理綱領，さらに具体的な規則である倫理基準を制定した。職能団体としては1990年に財団法人日本臨床心理士資格認定協会が，2004年には日本臨床心理士会でも倫理規程，および倫理綱領を制定し，2005年，2007年と一部が改正されている。さらに東京臨床心理士会をはじめ，各都道府県臨床心理士会でも，倫理綱領が制定されたり研修が行われている。

　以下では，国内の臨床心理学系最大の職能団体であり，領域を問わず多くの専門家が所属していることから，日本臨床心理士会の倫理綱領を取り上げ，前述の7原則を参照枠としてその条文を概観してみたい。具体的な事例や場面に即して条文を読み込むことや，それぞれの倫理基準についてより細かな状況を想定することももちろん大切であるが，いったんその条文の関連する倫理原則に立ち戻り，なぜそのような基準が必要なのかを考えることも，前節で述べた倫理的判断の技能をより自分のものにするのに役立つだろう。なお，倫理基準の具体的で詳細な解説という方向では，2001年に日本心理臨床学会の倫理委員会が「会員のための手引き」を作成しているので，こちらも合わせて参照されたい（倫理委員会，2001）。

前　文

> 　日本臨床心理士会は，財団法人日本臨床心理士資格認定協会が認定する臨床心理士の職能団体として会員が提供する専門的臨床心理業務の質を保ち，業務の対象となる人々の基本的人権を守り，自己決定権を尊重し，その福祉の増進を目的として倫理綱領を策定する。会員は，上記の目的にそうよう，専門的職業人であるとともに一人の社会人としての

> 良識を保持するよう努め，その社会的責任及び道義的責任を自覚し，以下の綱領を遵守する義務を負うものである。

　この「前文」は，日本臨床心理士会が上のような目的のもとに構成される専門的な職能団体であること，会員は目的の達成のために責任を自覚し，倫理綱領を遵守する義務があることを明言するものである。一見，当たり前のことを述べているように思えるかもしれないが，これらを明文化して公表するという手続きは，すべての会員への自覚の促しのためにも，社会的な信頼を得るためにも，なくてはならないものである。ことに，「（前略）　専門的臨床心理業務の質を保ち，業務の対象となる人びとの基本的人権を守り，自己決定権を尊重し，その福祉の増進を目的として……」とある部分は，前節で述べた「命令倫理」と「理想追求倫理」のうち，「理想追求倫理」に当たるレベルを体現している。つまり，臨床心理士が以下に続く具体的な条項を守るべきなのは，ただ「規則として決められているから」ではなく，専門家としての十分な能力に基づいた業務を通じてクライエントの基本的人権を守り，地域や社会全体も含めた福祉の増進を目的とした努力をする義務があるからこそである。われわれは臨床心理実践を行うに当たり，常にこの「前文」に立ち戻り，行為の目的や自身の責任について常に自覚する必要がある。

第1条　基本的倫理（責任）

> **第1条　基本的倫理（責任）**
>
> 1　会員は，基本的人権を尊重し，人種，宗教，性別，思想及び心情等で人を差別したり，嫌がらせを行ったり，自らの価値観を強制しない。
> 2　会員は，業務遂行に当たって，対象者のプライバシーを尊重し，その自己決定を重んじる。
> 3　会員は，対象者に対する心理査定を含む臨床心理行為を個人的欲求又は利益のために行ってはならない。同時に，対象者が常に最適な条件で心理査定を受けられるように，心理査定用具及びその解説書の取り扱いには十分に留意する。
> 4　会員は，自らの知識，能力，資質及び特性並びに自己が抱える葛藤等について十分に自覚した上で，専門家としての業務や活動を行う。
> 5　会員は，心身の健康のバランスを保つとともに，自分自身の個人的な問題が職務に影響を及ぼしやすいことを自覚し，常に自分の状態を把握するよう努める。
> 6　会員は，専門的技能を高めるために切磋琢磨し，相互の啓発に努め，他の専門家との連携及び協働について配慮し，社会的信頼を高めていくよう努める。
> 7　会員は，臨床心理士の信用を傷つけ，または臨床心理士全体の不名誉となるような行為をしない。
> 8　会員は，各種法規を守り，財団法人日本臨床心理士資格認定協会の定める臨床心理士倫理規定及び臨床心理士倫理綱領並びに関連規定を遵守するとともに，本倫理綱領を含

> む本会の規約及び関連規程を遵守する。

　第1条では，文字通り臨床心理士の基本となる事柄が示されている。個々の問題領域に触れる前に，専門家としての全般的，かつ基本的な心構えについて述べた上で，第8項で改めて関連規定の遵守を義務づけている。ここで述べられている項目は，それぞれが倫理原則の一つに相当するほど重要なものである。なお，第2項，第4項，第5項は，第2条以降の条文のなかでより詳細な内容が示されているため，ここでは割愛する。

　第1項は，本節の冒頭で述べた倫理原則のうちの第7原則「すべての人びとを公平に扱い，社会的な正義と公正と平等の精神を具現する」とかかわりが深い。この原則は，クライエントを尊重し，その基本的人権を守るために，クライエントの境遇や価値観にかかわらず，一人ひとりを独自の人格をもった個人として遇することの重要性を謳ったものである。そもそも人間は，全く同じ価値観をもつ人はいないと言っても過言ではないほど一人ひとり異なるものである。専門家であっても，自分自身のもつ価値観から完全に自由になることはできない。そんななかで自らの偏見にまどわされることなくクライエントの価値観を等しく尊重するためには，専門家が自身の価値観，ステレオタイプ，好き嫌いといった感情を知っておくことが重要である（Corey, Corey, 1998）。

　第3項に書かれていることは，第4原則「一人一人を人間として尊重する」に関連する。この原則のなかで言及されているのは，相手を対等な人間として尊重し，決して冷淡に扱わないことである。クライエントは専門家の研究材料でもなければ技術向上のための練習台でもない。したがって，専門家が個人的に知りたいことを尋ねたり，試してみたいと思う臨床心理実践や心理査定を実施するのは許されることではなく，すべての行為がクライエントのためになされなくてはならない。たとえ研究の一環という枠組みで行われる臨床心理実践であったとしても，対象者が一個の人間であることに変わりはなく，研究者はその点に十分配慮しなければならない。

　第6項，第7項では，社会的信頼の獲得という，職業倫理の目的の一つについて述べられている。前節でも述べたように，ある集団が専門的な職能集団として成立するには，社会からその構成員が専門家として認められ，信頼されることが必要となる。一人ひとりがただ「よい」と思うことをすればよいのではなく，当然であるが所属する専門家集団の評判を落とすような振る舞いは慎まなければならない。対象者であるクライエントやその周囲の人が「相談してよかった」と思えることが大切であるし，そのためにも同じ職場で働く他職種の専門家と適切に連携・協働することが求められる。

　このように，第1条で示されている項目は，クライエントの基本的人権や自己決定権の尊重という，前文でも述べられている最も基本的な職業倫理の目的に当たるものである。さらに，ここで「責任」という言葉が使われていることは，クライエントを人として尊重することから秘密保持や専門家の体調管理，社会的信頼の確立に至るまで，専門家側の責任によってなされるべきだということを意味している。専門家を標榜するのに伴う責任がこれだけ大きいと倫理綱領の最初の条文で述べられていることは，改めて確

認しておかなくてはならないだろう。

第2条　秘密保持

> **第2条　秘密保持**
>
> 　会員は，会員と対象者との関係は，援助を行う職業的専門家と援助を求める来談者という社会的契約に基づくものであることを自覚し，その関係維持のために以下のことについて留意しなければならない。
>
> 1　秘密保持
> 　　業務上知り得た対象者及び関係者の個人情報及び相談内容については，その内容が自他に危害を加える恐れがある場合又は法による定めがある場合を除き，守秘義務を第一とすること。
> 2　情報開示
> 　　個人情報及び相談内容は対象者の同意なしで他者に開示してはならないが，開示せざるを得ない場合については，その条件等を事前に対象者と話し合うよう努めなければならない。また，個人情報及び相談内容が不用意に漏洩されることのないよう，記録の管理保管には最大限の注意を払うこと。
> 3　テープ等の記録
> 　　面接や心理査定場面等をテープやビデオ等に記録する場合は，対象者の了解を得た上で行うこと。

　第2条は，秘密保持に関する項目で，7原則のなかでは第5原則「秘密を守る」に相当する。第3条の「対象者との関係」と並んで心理専門職にとって最も重要な条項の一つであり，実践のなかで直面することも多い。ポープとヴェッター（Pope & Vetter, 1992）が行った調査では，アメリカの心理専門職が実際に直面した倫理問題のうち18％が，秘密保持にかかわるとの結果が得られている*。専門家職の誰もがクライエントの秘密を守ることの重要性について承知していることだろうし，一般の人びとや，臨床心理学を学び始めたばかりの学生のなかには，倫理を守るイコール秘密を守ることであるように考える人も少なくない。しかし，実際の臨床場面は，「クライエントから聞いた話はどのような状況でも一切話さない」という考えでは対応しきれない複雑なものである。

　まずは，クライエントの秘密を守ることの重要性から考えてみたい。専門家は，面接のなかで知りえた情報を，本人の同意なしで他者に開示してはならない。この情報とは，相談内容はもちろん，来談者の名前や社会的立場，心理検査の結果なども含まれ

＊　自由回答式の調査の結果，全体の10％を超えたのは，秘密保持（18％），多重関係（17％），料金等の問題（14％）に関するものであり，生じている倫理問題の約半分がこの三つのカテゴリに含まれることが示されている。

る。また，意図的に情報を知らせるだけでなく，レストランで同僚とランチをするなど，第三者が会話を聞いている可能性のある場では，クライエントに関する話を避けるようにしなければならない。

　このように秘密保持を徹底させる必要があるのは，条文にもあるように，これが面接における専門家とクライエントの契約関係の根幹となるためである。クライエントは，専門家が決して他者に話すことはないとの約束の元に，これまで誰にも話せなかった秘密も口にする。この約束を破ることは，契約違反に相当する。さらにその結果としてクライエントは何らかの傷つきを経験する可能性が高く，そうなった場合，第1原則「相手を傷つけない，傷つけるようなおそれのあることをしない」にも反することになってしまう。これでは，「前文」で述べられている基本的人権の尊重が達成されようはずもない。

　このことが面接を含む臨床心理実践に直接与える影響も大きい。まず，秘密を漏らされてしまったクライエントは，今後の面接において，話したいことを十分に話すことは不可能だろう。また，あるクライエントの秘密を他のクライエントに話したりした場合，秘密を漏らされたクライエントだけでなく，話を聞いてしまったクライエントも，以後その専門家のことを信頼しなくなるだろう。このような事態が何度も続けば，その専門家は，当該のクライエントたちからだけではなく，同僚や上司，風評を聞いた一般の人びとからも，「個人情報を漏らすため，信頼できない」と評価され，十分な識見を備えているとはみなされなくなってしまう。

　このように秘密保持は心理専門職の活動の根幹と言っても過言ではない重要なものだが，「秘密を守る」というだけですべての事態に対処できるのであれば，問題はそう複雑ではない。判断を難しくしているのは，秘密を守ることは重要であるが，これはあくまで限定付き秘密保持であり，場合によっては秘密を守らなくてもよい，むしろ積極的に他者へ情報を伝えることが求められる場合もあるためである。こうした秘密保持の例外について，条文のなかでは，「自他に危害を加える恐れがある場合又は法による定めがある場合を除き……」と定められている。ではこの二つの場合とは，それぞれどんな事態だろうか。

　自他への危害の恐れがある場合の情報開示は，アメリカのカリフォルニア州で起こった殺人事件をめぐる裁判への判決から導かれた，「警告義務」という原則による。クライエントの言動から，特定の相手に対して明確で差し迫った危険が判断される，すなわち自殺を仄めかしたり，他者を傷つける恐れがある場合は，秘密保持の原則は適用されず，危険を回避するためのさまざまな手段をとることが求められる。たとえば，害意の矛先となっている相手やその関係者，クライエントの家族，警察などに対し，クライエントの状態を伝え，注意をするよう警告する，クライエントを保護するよう求めるなどの対応が考えられる。この場合，クライエントの秘密を漏らしたことの専門家の責任は免じられるが，こういった秘密保持の限界については，第4条「インフォームド・コンセント」で定められているように，クライエントとの間で予め十分に話し合っておくこ

とが必要である。また，こうした対応はあくまで最後の手段であり，クライエントを説得したり医療機関へのリファーを行うことを先に考えるべきである。その上で，やはり情報を開示すると判断した場合，その判断の根拠を記録しておくことも非常に重要となる。

　法による定めがある場合としては，虐待が疑われる場合などが挙げられる。ことに児童虐待については，秘密保持の原則が解除されることが法律上定められている。平成12年公布・施行の「児童虐待の防止等に関する法律」の第6条は，「児童虐待を受けたと思われる児童を発見した者は，速やかに，これを市町村，都道府県の設置する福祉事務所若しくは児童相談所又は児童委員を介して市町村，都道府県の設置する福祉事務所若しくは児童相談所に通告しなければならない」としている。つまり，被虐待児を発見した場合，すぐに通告することが義務とされているのである。

　さらに，第2条には「秘密を守る」ことだけでなく，第6原則「インフォームド・コンセントを得，相手の自己決定権を尊重する」もかかわっている。まず挙げられるのは，前述の秘密保持の限界に関する事前の話し合いである。

　続く第2項「情報開示」で言われているのも，インフォームド・コンセントとクライエントの自己決定権の問題である。この原則の内容は後述するが，ここで言われているのは，面接において話されたさまざまな情報の扱いの決定権はクライエント本人にあり，専門家は記録を十分注意して保管し，情報を開示するかもしれない事態について，事前にクライエントの意志を確認しておく必要があるということである。

　また，第3項の「テープ等の記録」も同様である。面接や心理査定の手続きにおいてテープ等の記録がされることがあるが，もちろんそれはクライエントの利益を第一に考えて行われる。正確な記録を得ることは，専門家が面接の内容を見直したり，クライエントの見立てを立てるのに非常に役に立つだろう。何度も面接のテープを聞きなおすことで，その場では気づかなかったクライエントの内面の動きが浮かび上がってくることがあるかもしれない。しかしその一方で，こうした記録を取ることは，クライエントにとっては抵抗感を抱くに足る事態でもある。面接が終わった後，テープを聞きなおしている専門家を想像したクライエントが，「あんなに話さなければよかった」と思うことがあったとすれば，それはクライエントにとって傷つきになるだけでなく，以降の面接にも影響を及ぼしてしまうだろう。そのような事態を避けるために定められたこの項は，専門家が「クライエントのためになる」と信じることよりも，クライエントの意志が優先される，自己決定権の尊重という最も基本的な原理の存在を示唆していると言えるだろう。

第3条　対象者との関係

> **第3条　対象者との関係**
> 　会員は，原則として，対象者との間で，「対象者-専門家」という専門的契約関係以外の

> 関係を持ってはならない。そのために，対象者との関係については以下のことに留意しなければならない。
>
> 1　対象者等に対して，個人的関係に発展する期待を抱かせるような言動（個人的会食，業務以外の金品の授受，贈答及び交換並びに自らの個人的情報についての過度の開示等）を慎むこと。
> 2　近隣地域に自分以外の臨床心理業務を提供する専門家がおらず，既に知人である人に対して，やむを得ず必要な臨床心理業務を提供せざるを得ない場合には，他の関連する専門家・専門機関に紹介を行うことに加えて，既に社会的関係を有している臨床心理士が臨床心理業務を提供することの問題点についても十分な説明を行った上で，対象者の自己決定を尊重すること。

　これは，7原則のうち第3原則「相手を利己的に利用しない」に相当する項目である。条文にある「〈対象者-専門家〉という専門的契約関係以外の関係を持ってはならない」という部分がそれに当たり，多重関係や専門家による勧誘の禁止などが含まれる。この原則は，前述のように国内外を通じ，最も有名，かつ起こりやすい問題の一つであり，特に，専門家とクライエントの性的関係を含む個人的関係は，臨床心理実践のなかで起こりうる大きな問題として取り沙汰されている。

　多重関係（あるいは二重関係）とは，ある特定の人びとの間に2種類以上の関係が結ばれることであり，対象者（クライエント）-専門家関係にある者同士が個人的な付き合い，特に恋愛関係をもつことや，知人，あるいはその家族等のカウンセリングを担当すること，大学において講師と学生相談所の相談員を兼務する者が，同じ学生を授業で指導し，かつカウンセリングを行う場合などがある。

　このような関係は，臨床心理実践において，専門家にはケースを客観的に見ることを難しくさせ，クライエントには専門家の存在を必要以上に意識させ，結果としてその場を自分のために有意義に使うことを妨害する恐れがある。また，個人的関係のほうでも，一方（専門家側）が他方（クライエント側）の個人的な秘密について，通常の人間関係では知りえないほど深く知っていることになり，本来あるべき関係は保たれなくなってしまうだろう。そのために，こうした関係をもたないことはもちろん，クライエントに最初から期待を抱かせることのないよう，専門家は言動に注意を払う必要がある。本条の第1項でも，個人的関係に発展する可能性のある言動が具体的にいくつか挙げられ，それらを慎むよう戒められている。

　この条文は，対象者-専門家関係の維持に根本的にかかわる，非常に重要なものである。しかし，実際上の問題として，こうした関係を完全に退けることが難しい場合もある。たとえば，都市部であれば，人口も多く援助機関もたくさんあるため，もともとの知り合い同士が援助関係をもつことも少ないし，偶然そうなってしまった場合もリファー先は複数存在する。しかし，地域によっては利用可能な範囲に援助機関が一つしかない場合もあり，専門家，クライエントを含め，その地域に住む者がすべて顔見知り

という状況もありうるだろう。そのような状況でこの原則に固執し、援助を必要としているクライエントを拒否するということは、クライエントを見捨てることになり、第1原則「相手を傷つけない、傷つけるようなおそれのあることをしない」という、専門家として守るべき最も基本的な事項に反してしまう。

こうした事態に備え、本条には第2項が設けられているが、その際、専門家がやむを得ないと判断するだけでなく、「……問題点についても十分な説明を行った上で、対象者の自己決定を尊重すること」とあるように、インフォームド・コンセントとクライエントの自己決定権が強調されている。

　ここで改めて、個人的関係がなぜ問題とされるのかについて論じる。鍵となるのは、第3原則「相手を利己的に利用しない」の「利己的に」という言葉である。つまり、多重関係は、専門家が一方的に利益を享受する関係、専門家がクライエントから「搾取」を行う関係になり、その結果としてクライエントを傷つけたり、不利益を及ぼす可能性があることを意味している。

　これは、対象者-専門家の関係のもつ特性によるものである。一般的な対人関係においては、友情や恋愛感情を育むことも、一方の利益のために相手に勧誘を行うことも自由である。たとえその関係の結果としてどちらかが傷つきを経験したとしても、必ずしも他方が倫理的に非難されるべきとは限らない。しかし、対象者-専門家関係は、一般社会における対等な人間関係とは異なり、本質的に不平等なパワーバランスで成り立っている。専門家は「援助する側」であり、クライエントはその「援助を受ける側」として契約を結んでいる以上、お互いが本来は対等な一人の人間であることを認識していたとしても、立場としては専門家がより大きな権力をもつことになる。多重関係をもってしまうと、この不平等さが他の関係にも影響を及ぼし、クライエントが十分に自己決定できなかったり、必要以上に専門家に奉仕してしまう結果につながるのである。このパワーバランスは、ことに優位にある専門家には（場合によってはクライエントにも）なかなか意識されにくいものである。専門家自身も基本的に善意によって、クライエントの利益を思って行動しているのであり、意識して相手を利用しようとしているわけではないことが、よりこうした傾向を強めてしまっている。しかし、専門家が意識するとしないとにかかわらず、クライエントとの関係に力関係は存在する。対象者-専門家関係がクライエントの利益となるために、臨床家の側が努めて多重関係に陥ることのないよう注意しなければならない。

第4条　インフォームド・コンセント

> **第4条　インフォームド・コンセント**
>
> 　会員は、業務遂行に当たっては、対象者の自己決定を尊重するとともに、業務の透明性を確保するよう努め、以下のことについて留意しなければならない。

> 1　臨床心理業務に関しての契約内容（業務の目的，技法，契約期間及び料金等）について，対象者に理解しやすい方法で十分な説明を行い，その同意が得られるようにする。
> 2　判断能力等から対象者自身が十分な自己決定を行うことができないと判断される場合には，対象者の保護者又は後見人等との間で十分な説明を行い，同意が得られるようにする。ただし，その場合でも，対象者本人に対してできるだけ十分な説明を行う。
> 3　契約内容については，いつでもその見直しの申し出を受け付けることを対象者に伝達しておく。
> 4　自他に危害を与えるおそれがあると判断される場合には，守秘よりも緊急の対応が優先される場合のあることを対象者に伝え，了解が得られないまま緊急の対応を行った場合は，その後も継続して対象者に説明を行うよう努める。
> 5　対象者から，面接の経過及び心理査定結果等の情報開示を求められた場合には，原則としてそれに応じる。
> 6　面接等の業務内容については，その内容を客観的かつ正確に記録しておかなければならない。この記録等については，原則として，対象者との面接等の最終日から5年間，保存しておく。
> 7　対象者以外から当該対象者についての援助を依頼された場合は，その目的等について熟考し，必要であれば対象者を含めた関係者との話合いを行った上で，対象者及び関係者全体の福祉向上にかなうと判断できたときに，援助を行う。

　ここで扱われているインフォームド・コンセントは，7原則のなかの第6原則「インフォームド・コンセントを得，相手の自己決定権を尊重する」に当たる部分である。
　この言葉は「説明に基づく合意」を意味する。もともとは，医療倫理の領域で患者のもつ権利として言われるようになったもので，現在の医療ではごく一般的となっている概念である。患者は診療を受けるに当たり，自分の状態や考えられる治療法について説明を求め，比較検討の上で取るべき治療法を自主的に判断する権利，すなわち自己決定権をもつという認識の上に成り立っている。患者がよりよい決定を行うために医師は患者自身の情報や複数の治療方針の選択肢，それらの利点やリスクを説明し，その後の診療は患者の決定に基づいて行う義務があるとされる。
　こうした考え方は，心理臨床の場面でもクライエントの権利として尊重されるべきものである。心理臨床におけるインフォームド・コンセントで説明すべきことは，面接の「枠」という言葉で説明されるものと重なる部分が多い。たとえば，面接を行う目的，技法，リスク，面接の時間，料金の取り決めなどを含むその機関のシステム，心理臨床家の資格や経験といったものがこれに当たる（第1項）。
　また，これは初回面接のみの出来事ではなく，援助の終結に至るまで常に行われ，いつでも見直しが行われるものである（第3項）。サービスの内容に関して利用者が決定権をもつことは，ビジネス等の場面であればごく普通に認識されることであろうし，利用者側も内容に関して躊躇なく自分から問うことができるだろう。それに比べて，医療や臨床心理実践の場面では，患者やクライエント側からこうした内容を問いただすこと

は，しばしばサービス提供者側の想像以上に難しいことである。そこにも，第3条で説明した対象者-専門家間の本質的に不平等な関係性が関係していると考えられる。そのため，専門家側は，自分から面接の枠組みやクライエントの意志を確認する手続きを，十分に取らなくてはならない。この手続きを怠ることは，場合によってはクライエントが搾取される事態にも発展しうることを意味しており，専門家はこうした説明がただの事務的な手続きではなく，クライエントの人権を尊重することにかかわるのだという意識を持つ必要がある。

さらに，本条では，緊急対応時の守秘義務の限界なども事前に説明しておくこと（第4項），面接の経過や検査結果等の開示とそのための記録の保存の必要性についても規定している（第5項，第6項）。これらは第2条でも触れたため，詳しく論じることはしないが，こうした手続きを踏んでおくことは，クライエントと専門家との信頼関係を築くのに不可欠である。また，セラピストからのこうした説明に基づく合意は，「約束」ということを越え，法的な「契約」と見なされる。そのため，万が一セラピストとクライエント側との間に問題が発生し，裁判にもち込まれることになったときに，どのようなインフォームド・コンセントの手続きが取られたかが争点となる場合もあり，適切な説明を行うこと，それらを記録しておくことの重要性は，ここからも強調される。

さて，ここまで述べてきたことは，クライエント本人の自己決定権にかかわるものであり，その前提として，クライエントが専門家の説明を理解し，何が自分の利益となるか，不利益となるかを自身で判断できることを前提としている。

しかし，年齢が低かったり知的能力に障害がある場合，重い精神疾患がある場合など，援助の対象となるクライエント本人に十分な意思決定能力がないケースもある。第2項では，そのようなときは本人に対してできるだけ十分な説明を行った上で，保護者または後見人の同意を得る旨が明記されている。では具体的に何歳から，あるいはどの程度の知的能力があれば意思決定能力があるとみなされるのかについては，確定した説はないのが現状であるが，臨床的観点からは，ティーンエイジャーであれば本人に話し合いに参加してもらうことが望ましいと言われている（金沢，1998）。

援助の対象者本人からインフォームド・コンセントを得るのが難しい事態としては，対象者が援助を望んでいない，あるいは何らかの理由で意志を表明できない状況にあり，周囲の判断で来談する（連れてこられる）場合が考えられる。また，対象者本人ではなく家族が代わりに来談することもあるだろう。このような場合には，誰をクライエントとして援助を行うかという段階から来談者との話し合いが必要になるが，当初の来談者ではなく，対象者本人への援助が必要と判断される場合は，やはり本人との間で同意が取れることが望ましい。第7項では，必要であれば対象者を含めた関係者との話し合いの上，全員の福祉向上に役立つと判断できたときに援助を行うとされているが，専門家が「役立つ」と判断することと，対象者本人の自己決定権との兼ね合いについては十分注意する必要があるだろう。

第5条　職能的資質の向上と自覚

> **第5条　職能的資質の向上と自覚**
>
> 　会員は，資格取得後も専門的知識及び技術，最新の研究内容及びその成果並びに職業倫理的問題等について，研鑽を怠らないよう自らの専門家としての資質の向上に努めるとともに，以下のことに留意しなければならない。
>
> 1　自分自身の専門家としての知識・技術の範囲と限界について深い理解と自覚を持ち，その範囲内のみにおいて専門的活動を行うこと。
> 2　臨床心理業務にかかわる臨床心理援助技法等を業務において使用及び標榜する場合には，その実施に足るだけの研修を既に受けていること。
> 3　心理査定及び心理療法並びに地域援助などの専門的行為を実施するに当たっては，これまでの研究による十分な裏づけのある標準的施行方法により行うことを原則とする。やむを得ず，実験的段階にある方法を用いる必要が生じた際には，対象者に対し，十分な情報提供を行い，同意を得た上で実施すること。
> 4　心理査定の結果及び臨床心理的援助の内容等，会員がその業務において行った事柄に関する情報が，対象者又はそれ以外の人に誤用又は悪用されないよう，細心の注意を払うこと。
> 5　自分自身の専門的知識及び技術を誇張したり，虚偽の情報を他者に提供したりしないこと。
> 6　自分自身の専門的知識及び技術では対応が困難な場合，又はその際の状況等において，やむを得ず援助を中止若しくは中断しなければならない場合には，対象者の益に供するよう，他の適切な専門家や専門機関の情報を対象者に伝え，対象者の自己決定を援助すること。なお，援助の中止等にかかわらず，他機関への紹介は，対象者の状態及び状況に配慮し，対象者の不利益にならないよう留意すること。
> 7　会員が，臨床経験の浅い者に職務を任せるときは，綿密な監督指導をするなど，その経験の浅い者が行う職務内容について自分自身に重大な責任があることを認識していること。

　第5条は，職能的資質の向上と自覚という，専門家のアイデンティティと言ってよい基本的な条件についての規定である。これは7原則では第2原則「十分な教育・訓練によって身につけた専門的な行動の範囲内で，相手の健康と福祉に寄与する」として扱われている。「専門家」とみなされるためには，それ相応の専門教育を受け，資格をもち，実際に専門的活動を行えることが必要となる。また，こうした条件はあくまでも専門家としての最低限のラインを示すものであり，常に最新の研究内容やその成果を取り入れ，研鑽を怠らないようにしなければならない。

　しかし，誰でも最初から熟練者になれるわけではなく，またたとえ何十年と経験を積

んだマスターセラピストであっても，すべてのクライエントに対し，すべての心理療法の技法のなかから最も適切な方法を選んで介入することは不可能に近いだろう。医療領域で活動する者と発達障害児の療育施設に勤務する者とでは，対応可能なケースは違って当然であるし，自らの所属する援助機関で専門とすることとは異なったニーズをもったクライエントが来談することもある。また，経験の浅い専門家であれば，難しいケースには十分な対応ができない可能性もある。したがって，ここで強調されるのは，専門家として活動する際は「自分自身の専門家としての知識・技術の範囲と限界について深い理解と自覚を持ち，その範囲内のみにおいて専門的活動を行うこと」（第1項）という，能力に関する自覚の問題である。

　第1項，第2項では，このように自らの能力の範囲においてのみ活動を行うことが述べられている。もしも自分の専門領域や経験では対応しきれない状況に直面した場合は，無理に援助を続けるのではなく，スーパービジョンやコンサルテーション，他機関へのリファーなど，他の方法を取らなくてはならないし，それが何よりクライエントの利益となる。また，判断の結果やむを得ず援助を中止する場合には，第6項にあるように，対象者の自己決定を援助すること，対象者の不利益にならないよう留意することが重要とされる。専門家が「自分，あるいは自分の機関では扱えない」と判断したとしても，クライエントに十分な説明も行わずに，「別の機関へ行ってください」と告げるのでは，クライエントは納得できないまま，場合によっては「見捨てられた」と感じ，傷つきを経験してその専門家のもとを去ることになってしまうかもしれない。リファーを行う場合には，その理由を十分説明し，できれば複数の専門家や機関の情報を伝えた上で，最終的な決定はクライエントに委ねることが，クライエントを傷つけないための配慮であり，自己決定権を尊重することでもあるだろう。

　第3項，第5項は，第4原則「一人一人を人間として尊重する」にもかかわりのある項目である。第3項では，臨床心理実践においてはすでに有効と裏づけされた方法を用いることを原則とし，やむを得ず実験的段階の方法を用いる場合は対象者の同意を得ること，としている。これは，第1条第3項と同様，対象者を研究や実験の対象として見るのではなく，基本的な人権と自己決定権を持った，対等な一人の人間として扱うことの重要性を述べたものである。また，第5項で挙げられているように，自分自身の能力に関して過度な宣伝をすることは，その宣伝を信頼して来談する相手を欺くこととなり，これも対象者を尊重する態度とは言えない。看板につりあわない未熟な能力で援助を行ってもクライエントの十分な利益になるとは考えにくく，逆に不利益となる可能性もあることを考えると，「クライエントを傷つけるおそれのあることをしない」という観点からも，以上のことは慎むべきであろう。

第6条　臨床心理士業務とかかわる営利活動等の企画，運営及び参画

第6条　臨床心理士業務とかかわる営利活動等の企画，運営及び参画

> 　会員は，臨床心理業務とかかわる営利活動及び各種研修会等を企画，運営及び参画する際には，独善的な意見及び主観的な見解に終始しないように努め，臨床心理士としての公共性と社会的信頼を失わないようにしなければならない。同時に，臨床心理士としての責任を自覚し，以下のことに留意しなければならない。
>
> 1　個人又は営利団体等の主催する「カウンセラー養成講座」「自己啓発セミナー」などの営利活動の企画，運営及び講師等としての参画に際しては，受講者等が臨床心理士の養成過程と混同するような誤解を生じさせないよう努めること。
> 2　テレビ，ラジオの出演又は一般雑誌等への執筆においては，対象者に関する守秘義務はもちろんのこと，対象者の人権と尊厳を傷付けることがないよう細心の注意を払うこと。また，心理査定用具並びにその具体的使用法及び解釈法の公開は避けること。

　ここで扱われているのは，地域コミュニティや社会全体など，個々のクライエントへの援助という枠を超えた，より広い範囲の人びとを対象とした活動である。一般向けの講座を開催して地域に住む人びとの福祉増進を目指したり，メディアを通じて臨床心理学の専門家として発言を行い，その専門性や必要性を訴えかけていくことも，心理専門職の大切な業務の一つである。また，専門家自身もその活動の中で生活の糧を得る必要がある以上，こうしたことが営利活動として行われることもある。しかしそのときも，「臨床心理士」「臨床心理学の専門家」を標榜する以上，専門家としての責任が発生すること，自分の言動によって対象者，あるいは著作等に触れた人に何らかの不利益を及ぼす可能性があることを忘れてはならない。

　第1項のように，専門家の開催する講座が臨床心理士の養成課程とは直接関係ないにもかかわらず，まるで資格取得につながるかのような宣伝をしたり，参加者がそのように信じているのを知りながら活動を行うことは，参加者を専門家の営利や業績のために利用していることになり，「相手を欺く」ことに相当する（第4原則「一人一人を人間として尊重する」）。

　また，この第4原則は第2項の公共の場での発言ともかかわるものである。対象者の守秘義務に十分留意することは，「相手を傷つけない」という第1原則からも当然である。さらに，「対象者」の範囲についてはここでは明言されていないが，一般論として発言されたことでも，一部の人を貶めたり，過度に断定的な発言をするのは，該当する可能性のある人を一人ひとりの人間として尊重しているとは言いがたいし，その発言から不快感を感じたり，誤った理解をしてしまう人はもっと広範囲に及ぶだろう。

　こうした活動は，個人面接のような活動と比べて影響を及ぼす範囲が格段に大きく，ほんの少しの不用意な発言で，臨床心理士全体への社会的信頼を失いかねないことをわきまえておく必要があると言える。

第7条　著作等における事例の公表及び心理査定用具類の取り扱い

> **第7条　著作等における事例の公表及び心理査定用具類の取り扱い**
>
> 　会員は，著書や論文等において事例を公表する場合には，対象者のプライバシーや人権を厳重に保護し，以下のことに留意しなければならない。
>
> 1　事例を公表する際には，原則として，対象者本人及び必要な場合には，その保護者又は後見人の同意を得るとともに，対象者等が特定されないような取り上げ方や記述について細心の工夫を行う。
> 2　記述に当たっては，対象者本人及びその家族等の人権や尊厳を傷つけるような表現は厳重に戒める。
> 3　事例における臨床心理援助技法及び活動については，誤解を招く記述は避け，さらに，臨床心理士として用いる援助技法及び援助活動を正確かつ適切に記述する。
> 4　事例の公表は，今後の臨床心理業務又は臨床心理士の活動に有効かつ有益であることが基本的前提である。したがって，その事例の公表は，社会的な意義を有するものであることが第一義であり，営利的活動や業績蓄積が主な目的であってはならない。
> 5　著書及び論文等の公表に際しては，先行研究をよく検討し，それら先行研究を盗用したと誤解されないような記述に努める。
> 6　心理査定に用いられる用具類及び解説書の出版，頒布に際しては，その査定法を適切に使用するための専門的知識及び技能を有しない者が入手又は実施することのないよう，十分に留意しなければならない。また，心理査定用具類は，学術上必要な範囲を超えてみだりに開示しない。

　第7条は，第1項〜第5項で事例の公表という研究上の倫理的問題について扱い，第6項では心理査定用具の取り扱い上の留意点にも触れている。

　人間を対象として研究を行う場合，対象者に対して十分なインフォームド・コンセントを得たり，プライバシーを保護する必要があるのは，研究倫理の基本的なことである。そこにも職業倫理と同様，基本的人権の尊重や自己決定権という考えが背景にある。しかし，臨床心理学における研究，ことに事例研究は，いわゆる研究倫理としての研究者と対象者との関係以上に難しい問題をはらんでいる。

　それは，この二者が同時に対象者-専門家関係にもあるという，多重関係を含まざるを得ない点である。心理実験などで研究協力者を広く募るのであれば，研究者と対象となる協力者とは多くの場合，初対面であり，研究者―対象者以外の関係も存在しないため，対象者はその研究が自らに害を及ぼすものでないか，本当に協力するに足る研究なのかを冷静に見極めることができる。

　しかし，事例研究では，研究を行おうとしているのは専門家という潜在的に強者の立場にある者であり，研究の対象者はクライエントという弱者である。このような場合，

協力を求められた対象者には「今後の治療関係をよくしたい」あるいは「お世話になっている先生だから協力しなければ」といった心理が働きやすく，抵抗を感じたときにも断ることにかなりの心理的負担が生じると考えられる。専門家側はこのことを十分に意識し，同意を得る場合には断っても治療関係に何の不利益もないことを，重ねて対象者に説明しなければならない。

また，正当な手続きのもとに対象者の同意が取れた後も，執筆に際してはプライバシーを保護すること，その上で，自らの行いを誇張も歪曲もせず適切に記述することが，対象者の基本的人権の尊重には必要なことである。また，第4項，第5項にあるように，こうした研究の営みは，専門家の個人的利益のためではなく，臨床心理学という学問や，それを背景とする専門家集団全体にとって新しく，かつ意義のあるものでなくてはならない。

第6項で触れられている心理査定用具類は，種類や施行の難しさもさまざまであるが，どれも使い方によってはクライエントに不利益を及ぼしたり，傷つけたりする可能性があるため，注意が必要とされる。特に実施，採点にあまり専門的技術を必要としない質問紙形式の用具の場合，しばしば十分な訓練を受けていない者が行うこともあるという実態が指摘されたが（田中，1988），実施の手続きが容易であっても解釈にはその用具の作成された理論的背景などを理解していなければならないし，経験の不足した専門家の場合，査定結果から過度に断定的にクライエントを見てしまう可能性も考えられる。ここではこうした事態を避けるよう，作成者側が出版，頒布を行う時点で留意しなければならないと定められている。

第8条　相互啓発及び倫理違反への対応

> **第8条　相互啓発及び倫理違反への対応**
>
> 　会員は，同じ専門家集団として資質の向上や倫理問題について相互啓発に努め，倫理違反に対しては，以下のとおり対応するとともに，各都道府県臨床心理士会の倫理担当役員及び日本臨床心理士会倫理委員会の調査等に積極的に協力しなければならない。
>
> 1　臨床心理士として不適当と考えられるような臨床活動や言動に接した時には，当該会員に自覚を促すこと。
> 2　知識，技術，倫理観及び言動等において臨床心理士としての資質に書ける場合又は資質向上の努力が認められない場合，同様に注意を促すこと。
> 3　上記1及び2を実行しても当該会員に改善がみられない場合，又は上記1及び2の実行が困難な場合には，客観的な事実等を明確にして各都道府県臨床心理士会又は日本臨床心理士会倫理委員会あてに記名にて申し出ること。

倫理綱領の最後となる第8条では，会員同士が相互の臨床活動や言動を啓発し合い，倫理的に不適切な行為が認められた場合には，発見した会員がその旨を指摘し，改善が

みられない場合は倫理委員会に報告しなければならないと定められている。これは，本書の冒頭で述べた「職能集団の構成員が構成員自身の行動を規制する」という職業倫理の成り立ちそのものにかかわる非常に重要な項目である。この機能が働いていなければ，せっかくの条文は形式的なものとなり，実行力も損なわれてしまうし，そのような集団は，「一定の水準の資質を保った専門家集団」とはとても言えないであろう。

会員同士の相互啓発は，クライエントの福祉の増進という観点からも重要である。もしある専門家が，同僚が担当するクライエントに対して倫理的に不適切な行為をしているのを知りながらこれを見過ごしていたとしたら，その専門家はクライエントを「見捨てた」ことになり，第1原則「相手を傷つけない，傷つけるようなおそれのあることをしない」に反する。たとえ自分の担当するクライエントでなくても，同じ心理専門職の援助を受ける対象者である以上，この専門家にもクライエントが傷つくことのないよう行動する義務が生じるのである。

とはいえ，同僚の非を指摘するという行動は，口で言うほど簡単なものではないのが現実である。たとえば，同僚といっても自分よりずっと年上の先輩に当たる人であったり，人事権をにぎる組織の責任者であったとしたら，遠慮なく直言することができるだろうか。所属機関のシステムとしての問題に最初に気づいたとき，どのように改善を求めることができるだろうか。こうした行動は，場合によっては自分が職場内で何らかの不利益を受けるリスクを伴うものである。もちろん，専門家を名乗る以上，そのリスクを理由に行動を起こすのを回避することは認められることではない。しかし，個々人の行動を待つだけでなく，職場全体，団体全体として，馴れ合いを許容しないこと，安心してお互いの行為に関する発言ができるような環境を整備することも，併せて求められるだろう。

引用文献

American Psychological Association (2002)：Ethical principles of psychologists and code of conduct. *American Psychologist,* 57；1060-1073.

Beauchamp, T. L., & Childress, J. F. (1989)：*Principles of Biomedical Ethics,* Third Edition. Oxford Unifersity Press, New York.（ビーチャム，T. L.・チルドレス，J. F. 末永幸安・立木教夫（監訳）1997『生命医学倫理』成文堂）

Corey, M. S., & Corey, G. (1998) *Becoming a Helper,* Third Edition. Brooks/Cole Publishing Company.（コーリィ，M.・コーリィ，G. 下山晴彦（監訳）堀越勝・堀越あゆみ（訳）2004『心理援助の専門家になるために——臨床心理士・カウンセラー・PSW を目指す人の基本テキスト』金剛出版）

Corey, G., Corey, M. S., & Callanan, P. (2003)：*Issues and Ethics in the Helping Professions,* Sixth Edition. Brooks/Cole, a division of Thomson Learning, Pacific Grove.（コーリィ，G.・コーリィ，M. S.・キャラナン，P. 村本詔司（監訳）2004『援助専門家のための倫理問題ワークブック』創元社）

Hall, C. (1952)：Crooks, codes, and cant. *American Psychologist,* 7, 430-431.

金沢吉展（1998）『カウンセラー――専門家としての条件』誠信書房

金沢吉展（2006）『臨床心理学の倫理をまなぶ』東京大学出版会

村本詔司（1998）『心理臨床と倫理』朱鷺書房

村本詔司（2002）「人間性心理学と倫理」『人間性心理学研究』20（1），30-39

日本臨床心理士会（2005 a）「日本臨床心理士会倫理規程」日本臨床心理士会

日本臨床心理士会（2005 b）「日本臨床心理士会倫理綱領」日本臨床心理士会

日本心理臨床学会（2000）「日本心理臨床学会会員のための倫理基準」日本心理臨床学会

小此木啓吾（1992）「治療者・患者間のセックス」『精神療法』18，422-433

Pope, K. S., Tabachnick, B. G., & Keith-Spiegel, P.（1987）：Ethics of practice: The beliefs and behaviors of psychologists as therapists. *American Psychologist*, 42, 993-1006.

Pope, K. S., & Vetter, V. A.（1992）：Ethical dilemmas encountered by menbers of the American Psychological Association: A national survey. *American Psychologist*, 47, 397-411.

Redlich, F., & Pope, K. S.（1980）：Ethics of mental health training. *Journal of Nervous and Mental Disease,* 168, 709-714.

倫理委員会（2001）「会員のための倫理の手引き」『心理臨床学研究』19（特別号），66-78

倫理委員会（2002）「我が国の心理学・医学系諸団体の倫理規定に関する調査」『心理臨床学研究』20（2），195-200

田中富士夫（1988）「心理臨床における倫理問題――調査報告」『心理臨床学研究』5（2），76-85

鑪幹八郎（1997）「心理臨床における〈倫理感覚〉の育成」『心理臨床学研究』15（2），211-215

臺利夫（2002）「心理臨床における倫理の問題――家族へのかかわりにも触れて」『家族心理学研究』16（2），109-121

財団法人日本臨床心理士資格認定協会（1990 b）「臨床心理士倫理綱領」財団法人日本臨床心理士資格認定協会（監修）（1992）『臨床心理士になるために 第5版』誠信書房，pp 140-142

執筆者紹介

下山　晴彦（しもやま　はるひこ）　【第1章〜13章】
奥付参照

滝沢　龍（たきざわ　りゅう）　　　　【第14章】
1976年生まれ
1999年　東京大学教育学部総合教育科学科教育心理学コース卒業
2003年　群馬大学医学部医学科卒業
現　在　東京大学医学部附属病院精神神経科助手
　　　　（専攻　精神医学）
著訳書　デビソン，ニール＆クリング『テキスト臨床心理学4』（共訳）
　　　　誠信書房　2006

慶野　遥香（けいの　はるか）　　　　【第15章】
1981年生まれ
2006年　東京大学大学院教育学研究科臨床心理学コース修士課程修了
現　在　東京大学大学院教育学研究科臨床心理学コース博士課程在学中
　　　　（専攻　臨床心理学）
著訳書　ブルック＆ボンド『認知行動療法ケースフォーミュレーション入
　　　　門』（共訳）金剛出版　2006，デビソン，ニール＆クリング『テキス
　　　　ト臨床心理学1』（共訳）誠信書房　2007

編著者紹介

下山　晴彦（しもやま　はるひこ）

1957 年生まれ
1980 年　東京大学教育学部卒業
1983 年　東京大学大学院教育学研究科博士課程中退
現　在　東京大学大学院臨床心理学コース教授，博士（教育学）
　　　　（専攻　臨床心理学）
著訳書　『臨床心理学の理論と実際』東京大学出版会 1997,『心理臨床の発想と実践』岩波書店 2000，デビソン&ニール『異常心理学』（共訳）誠信書房 1998，ヘイヴンズ『心理療法におけることばの使い方』誠信書房 2001，『講座 臨床心理学 全6巻』（編著）東京大学出版会 2001-2002，マツィリア&ホール編『専門職としての臨床心理士』（編訳）東京大学出版会 2003，『臨床心理学全書 全13巻』（共監修）誠信書房 2003-2005,『心理学の新しいかたち 全11巻』（編著）誠信書房 2004-2006

下山晴彦編著
テキスト臨床心理学 別巻　理解のための手引き
2008 年 3 月 10 日　第 1 刷発行

編訳者　下　山　晴　彦
発行者　柴　田　淑　子
印刷者　西　澤　利　雄

発行所　株式会社　誠信書房
〒112-0012 東京都文京区大塚 3-20-6
電話 03 (3946) 5666 ㈹
http://www.seishinshobo.co.jp/

あづま堂印刷　協栄製本　　落丁・乱丁本はお取り替えいたします
検印省略　　　無断で本書の一部または全部の複写・複製を禁じます
ⒸHaruhiko Shimoyama　　　　　　　　　　　　Printed in Japan
　　　　　　　　　　　　　　　ISBN978-4-414-41346-5 C3311

テキスト臨床心理学（全5巻・別巻1）

G.C. デビソン・J.M. ニール・A.M. クリング 著／下山晴彦 編訳

世界で一番売れている臨床心理学の概論書 *ABNORMAL PSYCHOLOGY 9th* の全訳，5分冊版。DSM-Ⅳ-TRの診断基準に基づいた徹底した症例の分類と，それに対する介入法・成果・問題点が丁寧かつ豊富な情報量で解説される。ＳＡＤ，エイズ，自殺など，社会問題と風俗を精力的にピックアップし，現代臨床心理学のデータベースとしても申し分ない。

【各巻目次】　　　　　B5判並製

第1巻　理論と方法
第Ⅰ部　臨床心理学の基本テーマ
第Ⅱ部　臨床心理アセスメント
第Ⅲ部　臨床心理学的介入1——個人心理療法
第Ⅳ部　臨床心理学的介入2——生物-心理-社会モデル
「テキスト臨床心理学1～5」用語集
　　ISBN978-4-414-41341-0　定価(本体3800円+税)

第2巻　研究と倫理
第Ⅰ部　臨床心理学の研究方法
第Ⅱ部　心理療法の効果研究
第Ⅲ部　社会的関係に関わる介入法の効果研究
第Ⅳ部　臨床心理学に関する法律と倫理
「テキスト臨床心理学1～5」文献
　　ISBN978-4-414-41342-7　定価(本体3800円+税)

第3巻　不安と身体関連障害
第Ⅰ部　不安障害
第Ⅱ部　身体表現性障害と解離性障害
第Ⅲ部　摂食障害
第Ⅳ部　心理生理的障害
　　ISBN978-4-414-41343-4　定価(本体3200円+税)

第4巻　精神病と物質関連障害
第Ⅰ部　気分障害
第Ⅱ部　統合失調症
第Ⅲ部　物質関連障害
　　ISBN978-4-414-41344-1　定価(本体3200円+税)

第5巻　ライフサイクルの心理障害
第Ⅰ部　子どもの障害
第Ⅱ部　パーソナリティ障害
第Ⅲ部　性障害と性同一性障害
第Ⅳ部　老化と心理的障害
　　ISBN978-4-414-41345-8　定価(本体3800円+税)

別　巻　理解のための手引き
下山晴彦編著
臨床心理学の多岐にわたる情報をわかりやすく整理し，書き下ろした全5巻のための手引書。日本における薬物治療，臨床心理士の倫理も詳しく解説。
　　ISBN978-4-414-41346-5　定価(本体2500円+税)

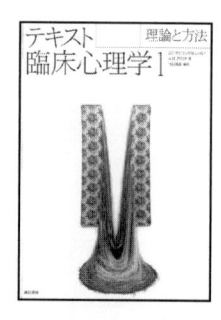

境界性パーソナリティ障害の弁証法的行動療法
DBTによるBPDの治療

ISBN978-4-414-41424-0

マーシャ・リネハン著　大野 裕監訳

弁証法的行動療法（DBT）は境界性パーソナリティ障害（BPD）に特徴的な自殺類似行動などの衝撃的な行為を繰り返す女性に対して有効だとされている精神療法である。さらにPTSDなどのその他の疾患に対しても応用されている。共感的治療関係を基礎に患者が問題解決する手助けをするこの技法はこれから日本でもおおいに実践される可能性を秘めた技法である。

目次抜粋
1 境界性パーソナリティ障害――概念，論争，定義　2 治療の弁証法的基盤と生物社会的基盤　3 行動のパターン――ボーダーライン患者の治療における弁証法的ジレンマ　4 治療の概要――標的，戦略，前提の要約　5 治療における行動標的――増加または減少現象させるべき行動　6 標的行動をめぐる治療の構造化――誰がいつ何を治療するのか　7 弁証法的治療戦略 10 変化の手続き（パート1）――随伴性手続き（随伴性マネジメントと限界遵守）　12 スタイル戦略――コミュニケーションのバランスをとる　13 ケースマネジメント戦略――コミュニティとの相互作用　14 構造的戦略　15 特別な治療戦略，他

A5判上製　定価(本体9000円+税)

知っておきたい精神医学の基礎知識
サイコロジストとコ・メディカルのために

ISBN978-4-414-42860-5

上島国利・上別府圭子・平島奈津子編

医療，保健，福祉の臨床現場で働くサイコロジストやコ・メディカルに必要な精神医学の基礎知識を，コンパクトにわかりやすくまとめたガイドブック。精神疾患はもちろん，診断学，症状学，治療法，処方薬の効能や禁忌，関連法と制度やチーム医療の在り方など，これだけは知識として持っておきたいことを収録。臨床現場で欠かすことのできない最新の薬の知識など，単なる理論の紹介や学問の流れではなく，実践現場でいかに役立つかに重点をおいて編集した。また本文の随所に掲載している「コラム」は，患者や家族への接し方なども実例を挙げて解説しており，専門職の人々が興味のある内容となっている。

目次
第Ⅰ章　精神医学を理解するための基礎知識
第Ⅱ章　精神科診断学の基礎知識
第Ⅲ章　精神科症状学の基礎知識
第Ⅳ章　精神疾患の基礎知識
第Ⅴ章　精神科治療の基礎知識
第Ⅵ章　精神科関連の法と制度の基礎知識
第Ⅶ章　臨床心理学と精神医学との接点

A5判並製　定価(本体3800円+税)

セラピストは夢をどうとらえるか

五人の夢分析家による同一事例の解釈

ISBN978-4-414-40039-7

川嵜克哲 編著

角野，大山，皆藤，河合，川嵜ら優れた5人の夢分析家が同じクライエントの10個の夢を「どのように考え，どのように視るか」を編者の問いに答えながら述べる。それぞれのセラピストの夢へのコメントは強い個性を反映しているにもかかわらず，そこにはある普遍性が見られる。セラピーにおける夢の重要性と面白さを知らせてくれる書。

目　次
序　章　検討される十個の夢
第1章　総論──夢分析における夢の意味・意義
　1 はじめに／2 臨床における夢の位置づけ／3 心理療法から観た夢の意義／4 夢分析の実践／5 縦断的観察による夢分析／6 おわりに
第2章　夢分析の事例──不安発作・偏頭痛・耳鳴りと夫の強迫行動を主訴とする女性の事例
第3章　川嵜克哲による夢の解釈：コメント
第4章　角野善宏による夢の解釈：コメント
第5章　大山泰宏による夢の解釈：コメント
第6章　皆藤　章による夢の解釈：コメント
第7章　河合俊雄による夢の解釈：コメント
第8章　夢イメージにおける，多元性と多視性
　1 はじめに／2 夢イメージの流動性と固定化／3 文節化の起点としての夢

A5判上製　定価(本体3800円+税)

森田療法と精神分析的精神療法

ISBN978-4-414-40034-2

北西憲二・皆川邦直・三宅由子
長山恵一・豊原利樹・橋本和幸 著

優れた精神療法は，確かなメソッドと哲学を持ちつつも，柔軟で折衷的である。本書は，森田療法と精神分析的精神療法の比較研究のため，20年余にわたって続けられてきた研究の成果を一冊の本にまとめたものである。両学派の治療技法，世界観，哲学，治療目標を見比べることで精神療法に対する深い理解を可能にした貴重な書である。

目　次
第1章　比較研究の方法論
第2章　精神病理学と治療論の比較
第3章　治療対象の比較
第4章　診断面接の比較
第5章　専門用語の相互理解をめぐって
第6章　治療技法・治療構造・治療概念の比較
第7章　森田正馬の精神病理学と治療論
第8章　森田症例・根岸症例
第9章　森田症例・通信治療症例
第10章　フロイトの精神病理学と治療論
第11章　「フロイト症例」『ラット・マン症例』の検討
第12章　森田とフロイト──人間理解の方法論をめぐって
第13章　フロイトと森田の時代背景

A5判上製　定価(本体5800円+税)

物語りとしての心理療法
ナラティヴ・セラピィの魅力
ISBN978-4-414-41423-3

ジョン・マクレオッド著
下山晴彦監訳　野村晴夫訳

あらゆる心理療法はナラティヴ・セラピィである。セラピストとクライエントのしていることは，語ることと語り直すことという観点から理解することができ，そのプロセスは心理療法活動を取り巻く文化的様式と見なすことができる。

目　次
1　心理療法，文化，そして物語ることは，どのように重なり合っているのか
2　認識としてのナラティヴ ──心理療法における物語ることの特質と機能
3　心理療法におけるナラティヴ ──心理力動的アプローチ
4　構築主義的なナラティヴの活用と認知療法
5　社会構成主義の観点に基づくナラティヴ・セラピィ
6　ナラティヴ・セラピィのプロセス ──〈意味〉を引き出す方略
7　ポストモダンのナラティヴ・セラピィ ──事例研究
8　心理療法の新しいかたち

A5判上製　定価（本体4200円＋税）

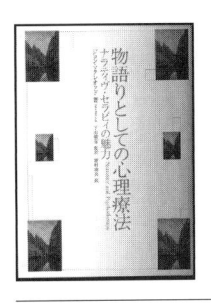

心理療法におけることばの使い方
つながりをつくるために
ISBN978-4-414-40285-8

レストン・ヘイヴンズ著　下山晴彦訳

心理療法において「ことば」をどのように使っていくか，その方法を体系的，具体的に論じた。具体的な方法については極めて初歩的訓練を受けるだけで，いざ実際の事例を担当すると途方に暮れてしまうことが多い学生のために大いに参考になる。

目　次
序章　不在に語りかける
第Ⅰ部　共感のことば
　1　他者を見出す
　2　気持ちをなぞる語りかけ
　3　簡潔な共感的語りかけ
　4　複雑な共感的語りかけ
　5　話題を広げる語りかけ
第Ⅱ部　対人関係のことば
　6　対人関係を上手に扱う
　7　投げかけ的語りかけ
　8　思いこみに対抗する語りかけ
　9　投影に対抗する語りかけ
第Ⅲ部　行為のことば
　10　理想と自己
　11　自己を守る
第Ⅳ部　ことばの使い方の実際
　12　事例研究

A5判上製　定価（本体3800円＋税）

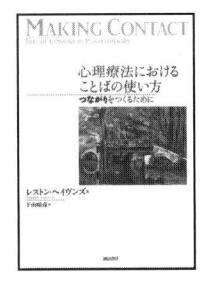

服従実験とは何だったのか
スタンレー・ミルグラムの生涯と遺産

ISBN978-4-414-30299-8

T. ブラス著　野島久雄・藍澤美紀訳

人間が「権威」というもの対して如何に弱い存在かを実験によって証明した心理学者，S. ミルグラムの生涯の記録。「服従実験」「放置手紙調査法」「小さな世界の研究」などの研究はつねに物議を醸した。本書は，彼の打ち立てた業績，その特異な人物像，同時代の著名な心理学者たちとの交流を600点を超える資料をもとに丁寧に描きあげる。人間社会が避けることのできない，一種のタブーを白日の下に引きずり出した一人の天才の物語。

目　次
プロローグ
第 1 章　名前のない街で
第 2 章　ハーバードでの成功
第 3 章　ノルウェー，そしてフランス
第 4 章　プリンストンからエールへ
第 5 章　服従──その体験
第 6 章　服従──その実験
第 7 章　ショックのあと
第 8 章　学問の楽園への帰還
第 9 章　都市心理学
第10章　ひのき舞台
第11章　苛立ち，シラノイド，そして晩年
第12章　ミルグラムの遺したもの

A5判上製　定価(本体5200円+税)

プロパガンダ
広告・政治宣伝のからくりを見抜く

ISBN978-4-414-30285-1

A. プラトカニス／E. アロンソン著
社会行動研究会訳

本書は，カルト問題，サブリミナル，ナチの宣伝技術等，多岐に渡る説得に関わる現象やテクニックを37の節に分けてどこからでも読めるようになっている。日常の政治や広告界での説得者の真の意図や資質を見抜くための知識を得る。

目　次
第 1 章　日常生活の中の説得
　　　　神秘的な影響力／合理化に勤める動物
第 2 章　説得のお膳立て──効果的な説得を行うために
　　　　言葉の魔術／頭の中の絵／事実もどき
第 3 章　伝達者の信憑性──本物とまがい物
　　　　信頼されていない場合の説得
第 4 章　メッセージ──それはどのように伝達されるのか
　　　　同じ広告が何度も繰り返される理由は？
第 5 章　感情にアピールする説得
　　　　恐怖アピール／罪悪感で説得する
第 6 章　説得の戦略を打ち破るために
　　　　サブリミナルの魔術／教育か，それとも宣伝か
第 7 章　情報戦略が失敗するとき──プロパガンダと社会
　　　　情報戦略の無効性／ニュースとは何か

A5判上製　定価(本体3200円+税)

アルツハイマーのための新しいケア
語られなかった言葉を探して

ISBN978-4-414-60405-4

J. コーニグ・コステ著　阿保順子監訳

患者の残された感情や声なき訴えを「聴く」という観点より，病気の進行段階に合わせた介護プログラムを紹介。衣食住に関する問題，外出時のパニックへの対応など，生活上のあらゆる場面におけるケアの方法を具体的に述べている。全米で「ケアのバイブル」と称されるロングセラーの待望の翻訳。

目　次
第Ⅰ部　アルツハイマーについて
　回り続けるメーター / 正確な診断を求めて / 何が起きるのか──最初の決断 /「リハビリテーション」という新しい方法 / 患者の視点から見る世界
第Ⅱ部　ハビリテーションの五つのカギ
　第1のカギ──物理的環境を活用する / 第2のカギ──コミュニケーションは可能だということを知る / 第3のカギ──残された力に目を向ける / 第4のカギ──患者の世界に分け入る：行動の変化 / 第5のカギ──人生を豊かにする
第Ⅲ部　もう一つのハビリテーション
　ケアパートナーへのケア / 在宅ケアを受け入れること / 自宅を出てケアを受ける / 心を動かされる
付録　アルツハイマー患者のための食事

四六判並製　定価（本体2400円+税）

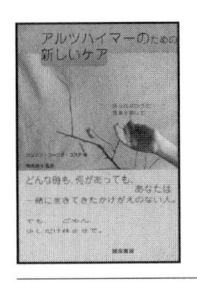

性虐待をふせぐ
子どもを守る術

ISBN978-4-414-40040-3

石川瞭子編著

子どもの性的な虐待の防止法と援助法を，教育，行政，司法，医療の四つの視点から論じた，虐待対応マニュアル。教師，ソーシャルワーカーなど子どもの福祉に携わる様々な人が出会った30余りの事例をもとに，性虐待の防止法とケアを解説。また，被害者の子どもへの接し方，情報の収集とその管理，関係機関との協力関係など，理想のパターンを例示。性虐待の防止の最前線にいる人たちの証言が，身近に存在する危険の回避を助ける。

目　次
序章　子どもの性虐待をとりまく多様な現実
第Ⅰ部　発見と防止─学校臨床
　第1章　生活環境から性虐待をとらえる
　第2章　特別支援学級の経験から
第Ⅱ部　介入─児童相談所・児童養護施設・警察
　第3章　児童相談所からの報告
　第4章　児童養護施設からの報告
　第5章　児童養護施設・P園からの報告
　第6章　犯罪被害に対する警察の危機介入
第Ⅲ部　援助─医療における援助論
　第7章　専門病院における性虐待被害者とのかかわり
　第8章　民間法人における性虐待被害者とのかかわり
　終章　まとめ──沈黙のエコロジーを越えて

A5判並製　定価（本体2200円+税）

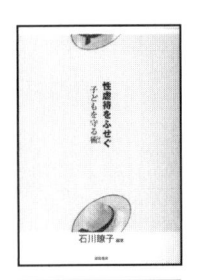

10代の
心と身体のガイドブック

ISBN978-4-414-80202-3

米国小児科学会編　関口進一郎・白川佳代子監訳

10～20歳のいわゆる思春期の子どもを持つ親を対象に，米国の小児科医5万7000人の知恵をまとめたガイドブック。子どもの身体の発達，心理状態，家庭・学校での人間関係，社会に出るための準備，タバコ，麻薬，薬物に対する知識，がんや慢性病への対処が語り口調でやさしく書かれている。思春期・青年期の子どもを持つ親はもちろん，医師や臨床心理士，教師，養護教諭が患者や家族にアドバイスする際にも大いに参考になる。

目　次

第Ⅰ部　青年期とは変化のとき
　第1章　いまの時代に10代の子どもを育てることとは
　第2章　親としての基本的なスキル
　第3章　子どもの身体の成長
　第4章　大人になることとは
　　　　　—10代の子どもの自己の発達

第Ⅱ部　家庭・学校・社会のなかの子ども
　第5章　あなたの家族
　第6章　家族の分裂と危機に対処する
　第7章　さまざまなタイプの家族——未婚の片親家族、離婚した家族、混合家族、同性愛者の家族
　第8章　学校生活
　第9章　大学へ進学する
　第10章　学習に関する問題
　第11章　現代っ子—テレビ、映画、インターネット、テレビゲーム、ラジオ、ロック、ラップ

第Ⅲ部　青年期の関門
　　　　　——あなたの若者を守る
　第12章　性
　第13章　タバコ、アルコール、その他の薬物乱用
　第14章　安全と傷害予防
　第15章　感情ならびに行動上の問題

第Ⅳ部　健康管理
　　　　　—生涯にわたるパターンを確立する
　第16章　健診と予防接種
　第17章　10代の適切な栄養
　第18章　食べることが問題となる場合
　　　　　——肥満、ダイエット、そして摂食障害
　第19章　運動とスポーツ
　第20章　10代によくみられる病気
　第21章　10代の子どもが慢性の病気や障害を持つとき

A5判並製747頁　本文2色刷
定価(本体5800円＋税)